高等职业教育财经商贸类新编系列教材·经济管理基础课

管理学基础与实务
——"理论·案例·实训"一体化教程
（第3版）

叶 萍 主 编 ◎

冯彬蔚　张玉玲　赵媛媛　**副主编** ◎

电子工业出版社

Publishing House of Electronics Industry

北京·BEIJING

内 容 简 介

本书结合高等职业教育的特点，融合作者多年的教学实践经验，在内容与体例等方面力求创新。在内容编排上，全书分三大篇九个项目：管理认知篇包括项目 1 走近管理活动、项目 2 领悟管理思想；职能实务篇包括项目 3 科学决策与计划、项目 4 组织设计与运行、项目 5 有效领导与激励以及项目 6 实施监督与控制；职场训练篇包括项目 7 自我管理能力训练、项目 8 团队管理能力训练以及项目 9 工作管理能力训练。在体例设计上，既注重理论知识的教学，也注重应用技能的培养，还注重课内教学与课外训练的结合。

本书既可作为高等职业院校经管类专业通用教材，也可作为社会相关在职人员的学习参考用书。

未经许可，不得以任何方式复制或抄袭本书之部分或全部内容。
版权所有，侵权必究。

图书在版编目（CIP）数据

管理学基础与实务："理论·案例·实训"一体化教程/叶萍主编. —3 版. —北京：电子工业出版社，2020.1
ISBN 978-7-121-35504-2

Ⅰ.①管… Ⅱ.①叶… Ⅲ.①管理学－高等学校－教材 Ⅳ.①C93

中国版本图书馆 CIP 数据核字（2018）第 252489 号

责任编辑：朱干支
印　　刷：北京七彩京通数码快印有限公司
装　　订：北京七彩京通数码快印有限公司
出版发行：电子工业出版社
　　　　　北京市海淀区万寿路 173 信箱　邮编 100036
开　　本：787×1 092　1/16　印张：17　字数：435.2 千字
版　　次：2007 年 6 月第 1 版
　　　　　2020 年 1 月第 3 版
印　　次：2024 年 7 月第 11 次印刷
定　　价：49.80 元

凡所购买电子工业出版社图书有缺损问题，请向购买书店调换。若书店售缺，请与本社发行部联系，联系及邮购电话：(010) 88254888，88258888。
质量投诉请发邮件至 zlts@phei.com.cn，盗版侵权举报请发邮件至 dbqq@phei.com.cn。
本书咨询联系方式：(010) 88254573，zgz@phei.com.cn。

前　　言

管理学是一门科学性与艺术性有机结合的实用性很强的学科。本书是以培养学生职业综合能力为目标的新型管理学教材，紧紧围绕管理知识、技能培养与工作应用这一主线，力图体现职业化人才培养的要求。

本书第 2 版自 2013 年出版后，得到众多师生的认可。根据本书使用过程中出现的一些问题、管理科学的发展及高职高专教育的要求，我们对原教材进行了修订。修订的主要内容包括：一是职能实务篇按计划、组织、领导和控制四大职能重新整合了内容，使之更具有系统性；二是增加了以培养管理者的职场通用管理能力为主线的训练内容，引导学生将管理知识与管理实践相结合，提升学生的职场发展能力；三是增加了管理游戏、管理思考、任务训练、管理智库等栏目，有助于展开互动式教学，增强读者学习兴趣；四是对教材体例、编排进行了调整；五是将二维码技术应用于教材中，读者可以通过扫描二维码的方式浏览参考答案或拓展资料，以及观看微视频进行扩展性学习。

全书分为三大篇九个项目，主要内容如下图所示。

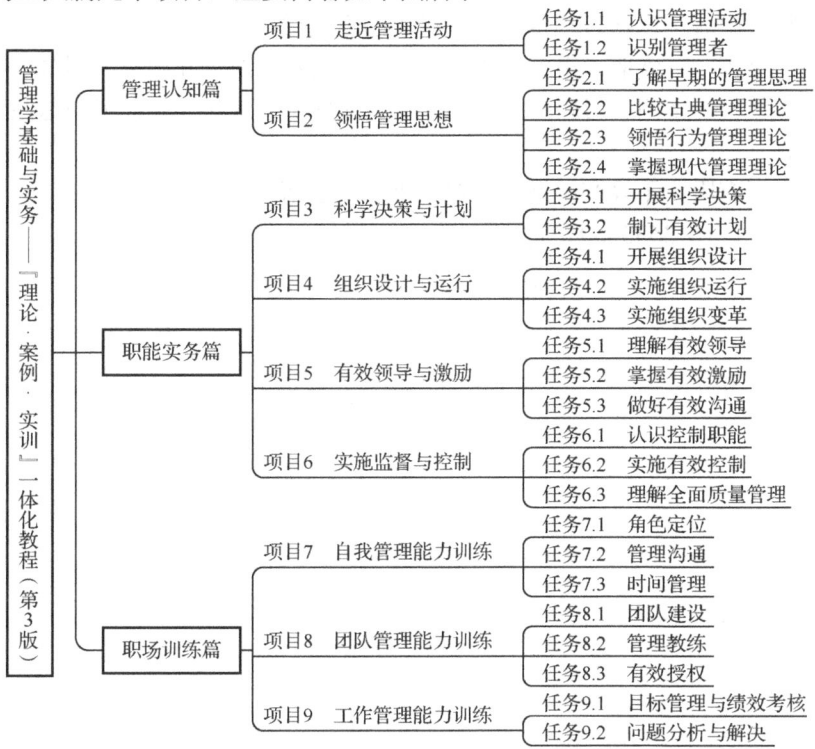

在第 3 版修订中，本书突出了以下四大特色：

（1）注重技能培养。教材知识性内容简明、易懂、适度，突出技能的培养，用足够的篇幅设置了任务训练和项目实训，通过大量测试与训练来检验和实践，强化技能培养。新增加的职场训练篇更是注重学生在职场上的通用管理能力的培养。

（2）形成系统的学习体系。教材结合高等职业教育的特点，融合作者多年的教学实践经验，在内容与体例等方面力求创新。在总体设计上，构建管理职能、技能培养、职场训练三层架构的实用型管理学体系，有利于学习的循序渐进、前后贯通，符合教学规律。在各项目的体例设计上，以任务引领、过程考核、拓展学习作为逻辑框架，形成完整的教与学的循环。

（3）内容丰富、有趣可读。提供相关的管理游戏、管理思考、管理定律、管理智库、视频欣赏等内容，开阔管理视野、提升管理素养、增长管理知识，增加趣味性和可读性。

（4）注重课内教学与课外训练的结合。通过课堂的管理思考+过程考核（或任务训练）和课后的项目实训+拓展学习，并利用二维码技术将读者阅读范围扩展至互联网中的管理知识、视频讲座等，启发管理思维，提升管理素质，同时体现教师从主导者向引导者角色转变的要求，体现鼓励学生参与性学习、自主性学习的思想。

本书由广州科技贸易职业学院叶萍教授担任主编，负责第3版的整体设计及统稿；广州科技贸易职业学院冯彬蔚老师、张玉玲老师和广东农工商职业技术学院赵媛媛老师担任副主编；武汉理工大学刘琼老师、中国海洋大学黄昭莹同学参与编写。具体分工为：项目1、项目7、项目8由叶萍执笔；项目2由赵媛媛执笔；项目3、项目9由冯彬蔚执笔；项目4、项目5由刘琼执笔；项目6由张玉玲执笔；全书的管理思考、管理智库及课后知识拓展的学习素材由黄昭莹负责资料的收集与整理。

本书提供丰富的教学资源包，内容包括教学大纲、教学课件和参考答案等，需要者可登录华信教育资源网（www.hxedu.com.cn）免费下载。为了拓展知识面和方便教学，本书提供部分案例和阅读材料，读者可以通过扫描书中二维码的方式进行阅读。

在本书编写过程中，汲取了很多第1版、第2版读者的意见和建议，同时引用和借鉴了大量的相关著作、教材、案例、习题资料、视频及国内外研究成果，在此谨向这些作者、译者表示由衷的感谢。

由于编者水平有限，不妥和疏漏之处在所难免，敬请广大读者批评指正。

编者联系方式：1013533459@qq.com

编　者

目 录

管理认知篇

项目1 走近管理活动 (3)
 任务1.1 认识管理活动 (4)
  1.1.1 管理的定义 (4)
  1.1.2 管理的职能 (5)
  1.1.3 管理的属性 (6)
  1.1.4 管理的对象 (7)
 任务1.2 识别管理者 (9)
  1.2.1 管理者的层次 (10)
  1.2.2 管理者的角色 (11)
  1.2.3 管理者的技能 (12)
 实训1.1 管理测试：测试你的三大管理技能 (16)
 实训1.2 小组活动：管理者访谈 (17)
 实训1.3 项目测试题 (18)

项目2 领悟管理思想 (23)
 任务2.1 了解早期的管理思想 (24)
  2.1.1 中国古代的管理思想 (24)
  2.1.2 外国早期的管理思想 (27)
 任务2.2 比较古典管理理论 (28)
  2.2.1 科学管理理论 (29)
  2.2.2 一般管理理论 (31)
  2.2.3 行政组织理论 (32)
 任务2.3 领悟行为管理理论 (35)
  2.3.1 人际关系学说 (35)
  2.3.2 行为科学理论 (36)
 任务2.4 掌握现代管理理论 (37)
  2.4.1 现代管理理论学派 (38)
  2.4.2 管理理论新发展 (39)
  2.4.3 管理发展新趋势 (41)
 实训2.1 管理测试：测试你的管理能力有多强 (46)
 实训2.2 小组活动：进行管理实践活动 (46)
 实训2.3 项目测试题 (47)

职能实务篇

项目 3　科学决策与计划 (55)
　　任务 3.1　开展科学决策 (56)
　　　　3.1.1　决策的含义及特性 (56)
　　　　3.1.2　决策的类型 (57)
　　　　3.1.3　决策的过程 (61)
　　　　3.1.4　决策的方法 (64)
　　任务 3.2　制订有效计划 (71)
　　　　3.2.1　计划的概念、作用及性质 (72)
　　　　3.2.2　计划的类型 (73)
　　　　3.2.3　计划的编制 (75)
　　实训 3.1　管理测试：测试你的决策能力有多强 (82)
　　实训 3.2　小组活动：编制计划书 (83)
　　实训 3.3　项目测试题 (83)

项目 4　组织设计与运行 (89)
　　任务 4.1　开展组织设计 (90)
　　　　4.1.1　组织概述 (90)
　　　　4.1.2　组织设计概述 (91)
　　　　4.1.3　组织结构设计 (92)
　　　　4.1.4　组织职权配置 (97)
　　任务 4.2　实施组织运行 (100)
　　　　4.2.1　人员配备 (101)
　　　　4.2.2　组织协调联系与组织管理规范 (103)
　　任务 4.3　实施组织变革 (106)
　　　　4.3.1　组织变革概述 (106)
　　　　4.3.2　组织变革的实施 (108)
　　实训 4.1　管理测试：测试团队组织能力 (113)
　　实训 4.2　小组活动：管理实践 (113)
　　实训 4.3　项目测试题 (114)

项目 5　有效领导与激励 (119)
　　任务 5.1　理解有效领导 (120)
　　　　5.1.1　领导概述 (120)
　　　　5.1.2　领导理论 (123)
　　任务 5.2　掌握有效激励 (130)
　　　　5.2.1　激励概述 (131)
　　　　5.2.2　激励理论 (132)
　　　　5.2.3　激励实务 (138)
　　任务 5.3　做好有效沟通 (142)
　　　　5.3.1　沟通概述 (142)

  5.3.2　沟通的类型与网络 …………………………………………………………（144）
  5.3.3　有效沟通的实现 ……………………………………………………………（147）
 实训5.1　管理测试：领导风格的诊断及能够激励你的因素 ………………………（153）
 实训5.2　小组活动：管理实践 ………………………………………………………（154）
 实训5.3　项目测试题 …………………………………………………………………（155）

项目6　实施监督与控制 ……………………………………………………………（161）
 任务6.1　认识控制职能 ………………………………………………………………（162）
  6.1.1　控制概述 ……………………………………………………………………（162）
  6.1.2　控制的类型 …………………………………………………………………（165）
 任务6.2　实施有效控制 ………………………………………………………………（167）
  6.2.1　控制的实施原则 ……………………………………………………………（168）
  6.2.2　控制的实施过程 ……………………………………………………………（169）
  6.2.3　控制的实施方法 ……………………………………………………………（171）
 任务6.3　理解全面质量管理 …………………………………………………………（177）
 实训6.1　小组活动：管理实践 ………………………………………………………（180）
 实训6.2　项目测试：分析案例并回答问题 …………………………………………（181）

职场训练篇

项目7　自我管理能力训练 …………………………………………………………（185）
 任务7.1　角色定位 ……………………………………………………………………（186）
  7.1.1　角色概述 ……………………………………………………………………（187）
  7.1.2　管理者的角色分析 …………………………………………………………（188）
  7.1.3　管理者的角色定位 …………………………………………………………（190）
  7.1.4　管理者的角色扮演 …………………………………………………………（193）
 任务7.2　管理沟通 ……………………………………………………………………（197）
  7.2.1　管理沟通概述 ………………………………………………………………（197）
  7.2.2　管理沟通的技巧 ……………………………………………………………（198）
  7.2.3　管理沟通的三个维度 ………………………………………………………（199）
 任务7.3　时间管理 ……………………………………………………………………（203）
  7.3.1　时间管理概述 ………………………………………………………………（204）
  7.3.2　时间管理方法 ………………………………………………………………（205）
  7.3.3　时间管理策略 ………………………………………………………………（208）

项目8　团队管理能力训练 …………………………………………………………（213）
 任务8.1　团队建设 ……………………………………………………………………（214）
  8.1.1　认识团队管理 ………………………………………………………………（215）
  8.1.2　高绩效团队建设 ……………………………………………………………（217）
 任务8.2　管理教练 ……………………………………………………………………（226）
  8.2.1　认识管理教练 ………………………………………………………………（227）
  8.2.2　管理教练技能 ………………………………………………………………（230）
  8.2.3　管理教练的实施 ……………………………………………………………（232）

任务 8.3　有效授权 …………………………………………………………………（235）
　　　　8.3.1　认识授权 …………………………………………………………………（235）
　　　　8.3.2　授权的程序 ………………………………………………………………（236）
　　　　8.3.3　授权的障碍分析 …………………………………………………………（238）
　　　　8.3.4　有效授权技巧 ……………………………………………………………（238）
项目 9　工作管理能力训练 …………………………………………………………………（243）
　　任务 9.1　目标管理与绩效考核 ……………………………………………………（244）
　　　　9.1.1　目标管理 …………………………………………………………………（244）
　　　　9.1.2　绩效考核 …………………………………………………………………（250）
　　任务 9.2　问题分析与解决 …………………………………………………………（255）
　　　　9.2.1　认识问题 …………………………………………………………………（255）
　　　　9.2.2　提出问题 …………………………………………………………………（257）
　　　　9.2.3　分析问题 …………………………………………………………………（259）
　　　　9.2.4　解决问题 …………………………………………………………………（261）
参考文献 ………………………………………………………………………………………（264）

管理认知篇

管理导航

　　管理活动是与人类社会的生产和生活相伴而生的。随着生产力和社会的发展，劳动和社会分工逐步细化，其协作程度也不断加深，再加上社会、政治、经济结构日益复杂化，使得管理活动已经成为人们社会生活的重要组成部分，并朝专业化、科学化、高效化和民主化方向发展，广泛渗透到社会生活的各个领域和各个方面。在现实生活中，大到一个国家、小到一个家庭，都离不开管理活动。管理是一门神奇的科学，学习管理、能够让你领悟许多道理。对于管理者而言，正确认识管理，准确把握管理活动的性质与发展规律，对于管理工作的开展至关重要。

项目 1

走近管理活动

管理名言

管理是一种工作，它有自己的技巧、工具和方法；管理是一种器官，是赋予了生命的、能动的、动态的器官；管理是一门学科，是一种系统化的并到处适用的知识；同时管理也是一种文化。

——管理学大师彼得·德鲁克

项目导图

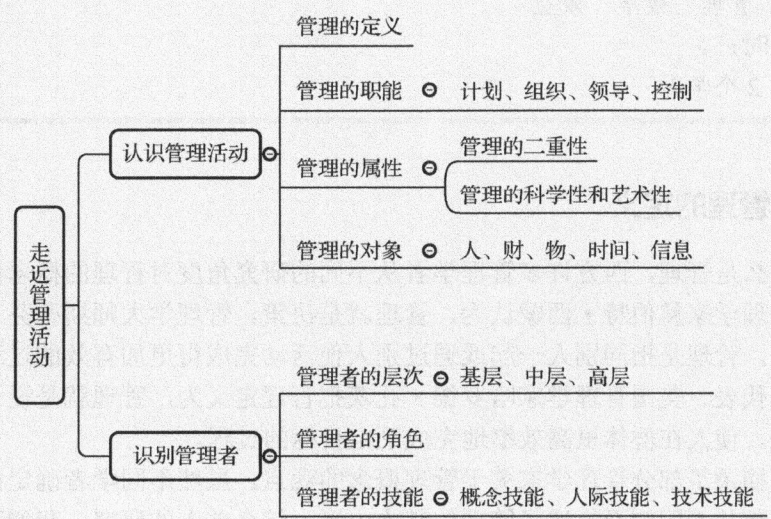

项目导入

管理活动是与人类社会的生产和生活相伴而生的。在原始社会，社会分工的产生、经济的发展和社会公共生活的要求，使得人类社会产生了简单的管理活动。随着生产力的发展和社会的进步，劳动和社会分工逐步细化，其协作程度也不断加深，社会、经济、政治结构日益复杂化,从而使得生产和社会管理的要求不断提高,管理活动逐渐与其他社会活动相分离,成为专门的社会活动。到了资本主义阶段,科学技术和生产力得到迅猛发展,社会分工和生产的社会化达到空前规模,社会、经济、政治结构高度分化,管理活动趋于专业化、科学化、高效化和民主化,并广泛渗透到社会生活的各个领域和各个方面。

管理游戏

进入21世纪以来,管理活动和管理理论在全球化、国际化大潮的冲击下,面临着前所未有的机遇和挑战,必须适应社会变革和内外部环境的变化,不断创新和发展。

任务 1.1　认识管理活动

> **知识目标:**
> ▲ 理解管理的定义及其重要性与必要性
> ▲ 掌握管理的基本职能和属性
> ▲ 掌握有效管理的判断标准
>
> **能力目标:**
> ▲ 能够运用管理的二重性原理认识和分析管理活动和管理行为
> ▲ 能够运用管理原理认识和分析管理实践中的具体活动和行为
> ▲ 能够准确判断管理活动的有效性
>
> **关键概念:**
> ▲ 管理　效率　效益
>
> **建议学时:**
> ▲ 2个学时

1.1.1　管理的定义

对于什么是管理,西方许多管理学者从不同的研究角度对管理的概念做出了不同阐述。美国管理学家赫伯特·西蒙认为,管理就是决策。管理学大师斯蒂芬·罗宾斯对管理的定义是,管理是指同别人一起或通过别人使活动完成得更加有效的过程。当代管理过程学派的代表、美国管理学家哈罗德·孔茨把管理定义为,管理就是设计和保持一种良好的环境,使人在群体里高效率地完成既定目标的过程。

上述仅摘录了部分管理学家关于管理概念的观点。虽然不同学者确定的管理含义千差万别,但都从不同侧面描述了管理的基本内涵。综合前人的研究,我们可以对管理的概念做如下表述:管理是在特定的环境和条件下,对组织资源进行计划、组织、领导和控制,实现组织目标的社会实践活动和过程。

这一表述包含以下几层含义。
(1)管理是为实现组织目标服务的,是一个有意识、有目的进行的过程。
(2)管理工作的过程是由一系列相互关联、连续进行的活动所构成的。这些活动包括计划、组织、领导、控制等，它们是管理的基本职能。

（3）管理的对象是组织的各种资源，管理的有效性集中体现在对组织资源的投入、产出的比较上。所以，管理者必须把提高效益作为管理目标。

（4）管理工作是在一定的环境条件下开展的，管理的环境和条件是相当复杂的，环境既提供了机会，也构成了威胁。管理活动必须适应特定的管理环境和条件的要求，采用不同的管理方法和手段，审时度势，灵活应变。

◆**管理思考 1.1**

分　粥

有七个人住在一起，每天共喝一桶粥，显然粥每天都不够。一开始，他们抓阄决定每天轮流一个人来分粥。于是，每周下来，他们只有一天是饱的，就是自己分粥的那一天。接着，他们开始推选一个道德高尚的人分粥。强权就会产生腐败，大家开始挖空心思去讨好他、贿赂他，使得整个小团体乌烟瘴气。后来，大家开始组成三人的分粥委员会及四人的评选委员会，互相攻击扯皮下来，粥吃到嘴里全是凉的。最后，他们想出来一个方法：轮流分粥，但分粥的人要等其他人都挑完后拿剩下的最后一碗。为了不让自己吃到最少的，每人都尽量分得平均，就算不平均，也只能认了。大家快快乐乐，和和气气，日子越过越好。

管理启迪

思考：结合对管理的认识，从分粥故事中你得到什么启迪？

1.1.2 管理的职能

在管理实践中，一般把管理的基本职能划分为计划、组织、领导和控制四个方面。作为基本职能，它们集中体现了管理的基本活动和功能，并且涵盖了管理其他方面的职能。

1. 计划职能

计划职能是对未来活动要达到的目的和结果所进行的事先筹划或安排。该职能是管理活动的首要职能，它是管理活动的起点，是确定管理目标的首要步骤，也是实现管理目标的必经途径。计划职能对于管理活动具有至关重要的作用。

2. 组织职能

组织职能是管理者按照组织的特点和原则，通过组织设计，构建有效的组织结构，合理配置各种管理资源并使之有效运行，以实现管理目标的活动。组织是管理的载体和基本途径，是其他一切管理活动的保证和依托，对管理具有基础性和工具性意义。

3. 领导职能

领导职能是管理者按照管理目标和任务的要求，运用法定的管理权力，影响他人行为和引导员工，为了管理目标的实现而贡献力量和积极行动的活动。领导职能是管理过程的活的灵魂，集中体现了管理者的素质、能力和管理艺术，是实现管理效能的关键。

4．控制职能

控制职能是按照既定的目标和标准，对组织的管理活动和管理过程进行衡量校验，发现偏差并分析原因，采取有效措施纠正偏差，保证组织目标实现的过程。控制职能是管理过程的监视器和调节器，它对于管理过程的顺利进行具有重要的保证作用。

上述职能不是截然分开的，而是相互交叉、渗透，融合成一个有机整体。随着人类管理活动范围的扩大，管理手段的不断发展，管理的职能也会不断地丰富和完善。

1.1.3　管理的属性

管理的属性是由管理活动的自身性质和特点产生和形成的。一般来说，管理活动具有如下基本特性。

1．管理的二重性

管理的二重性是管理的本质属性，是社会化生产过程中生产力和生产关系共同作用的结果。管理的二重性包括管理的自然属性和社会属性。

（1）管理的自然属性。管理的自然属性是指管理与生产力、社会化大生产相联系的属性。管理的自然属性表明了在共同劳动条件下管理的必要性，它取决于生产力发展水平和劳动社会化程度，是管理的一般属性。

（2）管理的社会属性。管理的社会属性是指管理与生产关系、社会制度相联系的属性。作为一种社会活动，管理是在特定的社会、经济、政治关系中进行的，不同的社会制度类型、不同的社会历史发展阶段、不同的社会意识形态和社会文化结构，都使管理呈现出一定的差异，从而使管理更具特殊性和个性。

深刻认识管理的二重性，对于我们正确把握管理的性质和要求，正确地批判与继承、学习与创新世界各国的管理经验和管理成果，都具有重要的现实意义。

2．管理的科学性和艺术性

管理不仅是一门科学，还是一门艺术，是科学性与艺术性的统一。

（1）管理的科学性。管理作为一个活动过程，其间存在着一系列基本客观规律。管理的科学性是指管理系统化的理论知识体系，是由一系列概念、原理、原则和方法构成的科学体系。这些规律与方法是人们经过长期实践的失败和成功总结出来的。这就要求在管理过程中，必须遵循管理的规律，运用科学的管理理论和方法来指导实践。

（2）管理的艺术性。管理的艺术性是指管理的实践性、创造性和灵活性，是把已经科学化的管理理论知识具体化为要操作的管理方法、管理技巧和管理手段。它强调管理活动除了要掌握一定的理论和方法外，还要有灵活运用这些知识和技能的技巧和诀窍，这就要求管理工作者以管理的理论原则和基本方法为基础,结合实际,对具体情况进行具体分析,以求得问题的解决方案,从而实现组织的目标。

管理的科学性与艺术性是管理活动中不可分割的两个方面。管理的科学性是管理艺术性的基础,揭示管理的本质和理性;管理的艺术性是管理科学性的升华,揭示管理的现象和感性。在管理过程中,应实现科学性和艺术性的有机统一。

◆ 管理思考 1.2

国王的画像

古时候,一个小国国王一腿跛、一眼瞎,一日酒足饭饱之余,性情所致,唤宫中画师为其作画。第一位画师按写实技法如法炮制,结果换来一顿暴打,又唤第二位画师。第二位画师借以前车之鉴,将皇帝着意美化,国王一看这是"俺"吗,结果更惨。国王余怒未消,放下狠话:"隔日再画,如若粗制滥造,小心性命之忧。"两位画师惶恐地回到画室,苦思冥想,及至天明也没主张。适一青年才俊登门造访,见状问其故,两位画师道以原委。青年才俊深思后,附耳告以良策。两位画师听罢大喜,次日合力完成画作,国王看后龙颜大悦,并施以重赏。原来,画面是国王的狩猎场景,只见国王跛腿蹬乱石,手持猎枪,瞎眼紧闭作瞄准状,一幅生龙活虎的场景跃然纸上,国王还是那个国王,身体瑕疵被天衣无缝地掩盖,国王不乐才怪。

管理启迪

思考:结合管理的科学性与艺术性,说说由此故事你得到了什么启迪。

1.1.4 管理的对象

管理对象也称为管理的客体,是指管理者实施管理活动的对象,包括人、财、物、时间、信息五个要素。

1. 人

人是管理对象中的核心要素,包括被管理的生产人员、技术人员及下属管理人员等,所有管理要素都是以人为中心而存在和发挥作用的。对人的管理主要涉及人员分配、人员调用、工作评价、奖惩、人力开发等。高效管理应该使人尽其才,才尽其用,用人所长。

2. 财

财指经济和财务,是一个组织在一定时期内所掌握和支配的物质资料的价值表现。对财的管理主要涉及财务管理、预算控制、成本控制、资金使用、效益分析等,应该按经济规律进行有效管理,使资金的使用保证管理计划的完成。

3. 物

物指组织中的设备、材料、能源及物资等，是社会组织开展职能活动、实现目标的物质条件与保证。物资设备管理主要涉及资源的利用，物料的采购、存储与使用，设备的保养与更新，办公条件和办公设施等。科学的物资设备管理，应物尽其用，提高利用率。

4. 时间

时间是物质存在的一种客观形式，表现为速度和效率，由过去、现在、将来构成连绵不断的系统。对时间的管理主要指合理安排工作时间并提高工作效率，在最短的时间内达到组织目标等。管理者应树立"时间就是金钱"的意识，科学运用时间，提高工作效率。

5. 信息

信息是具有新内容、新知识的消息。信息既是组织运行、实施管理的必要手段，又是一种能带来效益的资源。对信息的管理主要涉及对组织外部与内部信息的快速收集、传递、反馈、处理与利用，对发展趋势的准确预测等。

◆管理智库 1.1

管理基本概念比喻集结

1. "两个车轮"——管理与技术。
2. "工业工程"——连接这两个车轮的车轴。
3. "放之四海而皆准"的管理方法不存在。
4. "一技之长""才重一技""隔行如隔山""不熟不做"——管理人员的技术技能。
5. "一根筷子折不断""众人摇桨划大船"——协调的作用，会产生 1+1>2 的效果。
6. "借力"——管理工作。
7. "管理即管人的工作"——管理的艺术性。
8. "急流险滩"——环境的不确定性与动态性，致使管理者的工作是一种不断经受干扰的过程。

任务训练 1.1

1. 单项选择题

（1）管理活动的本质是（　　）。
　　A. 对人的管理　　　　　　　　　B. 对物的管理
　　C. 对资金的管理　　　　　　　　D. 对技术的管理
（2）管理的核心在于对现实资源进行有效的（　　）。

A．计划 B．配置 C．整合 D．组织

（3）原材料、生产设施装备属于以下哪种资源？（ ）

A．人力资源 B．金融资源 C．物质资源 D．信息资源

（4）管理具有一般性和特殊性，这说明（ ）。

A．管理受普遍规律和特殊规律的双重约束
B．管理的普遍规律和特殊规律是一致的
C．管理的普遍规律通过特殊规律体现
D．管理的特殊性融合在普遍规律之中

（5）管理的首要职能是（ ）。

A．组织职能 B．领导职能 C．计划职能 D．控制职能

2．多项选择题

（1）管理是（ ）和（ ）的统一。

A．主观性 B．客观性 C．科学性 D．艺术性

（2）根据管理二重性的原理，与自然属性相联系的是（ ）。

A．生产力 B．生产关系 C．社会化大生产 D．社会制度

（3）管理的对象包括（ ）。

A．人员 B．资金 C．设备 D．信息

3．判断题

（1）管理是随着人类社会的发展而产生的，在原始社会是不存在管理的。（ ）

（2）管理既是一门科学又是一门艺术。随着时间的推移、管理研究的深化、管理理论的繁荣，以及环境变化的日益加快，管理活动随着科学性的不断加强，其艺术性将呈下降趋势。（ ）

任务 1.2　识别管理者

知识目标：
  ▲ 掌握管理者的层次
  ▲ 了解管理者的角色和技能

能力目标：
  ▲ 能够正确认识管理者的角色定位和角色转换
  ▲ 掌握管理者的技能要求

关键概念：
  ▲ 管理者　概念技能　人际技能　技术技能

建议学时：
  ▲ 2个学时

任何管理活动都是通过人来进行的，人是进行管理活动的主体。管理者是履行管理职能、对实现组织目标负有领导责任和影响力的人。一般来说，管理者要指挥、监督和协调某项工作。在管理过程中，管理者肩负着特定的任务和职能，他既要制定组织的目标、筹划工作的开展，还要控制管理过程的运行、激发组织成员的潜能，以达到管理工作的目标。由此可见，管理者是组织的核心和灵魂，他们对组织的生存和发展起着至关重要的作用。

1.2.1 管理者的层次

根据管理者在组织中所处的不同层次，通常把管理者分为高层管理者、中层管理者和基层管理者，同时，整个组织人员层次还包括基层作业人员。组织人员层次图如图 1-1 所示。

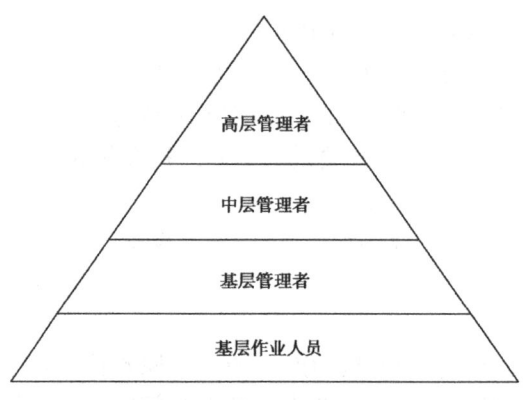

图 1-1 组织人员层次图

1. 基层管理者

基层管理者（First-level Manager），也叫一线管理者（First-line Manager），是组织中对他人工作进行管理的最低一层。其主要职责是直接指挥和监督现场作业人员，保证完成上级下达的各项计划和指令。他们最关心的是具体任务的完成情况。

2. 中层管理者

中层管理者（Middle Manager）是处于高层管理者和基层管理者之间的承上启下的一个或若干个中间层次的管理人员。其主要职责是贯彻执行高层管理者制定的决策，指挥、监督和协调基层管理者的活动。他们更注重日常的管理事务。

3. 高层管理者

高层管理者（Top Manager）处于组织的最高层，是对整个组织的管理负有全面责任的人。其主要职责是制定组织的大政方针、掌握组织的大政方针、评价组织的绩效、作为组织的代表沟通组织与外界的交往联系。在西方，企业中的高层管理者一般是指 CEO

（首席执行官）、COO（首席运营官）及 CFO（首席财务官）等。在我国企业中，董事长、总经理等都属于高层管理者。

◆管理智库 1.2

事必躬亲的诸葛亮

在大多数人眼里，三国时蜀国的宰相诸葛亮是智慧的化身，并且非常勤政，连他自己都说"鞠躬尽瘁，死而后已"。但是，他也有一个缺点，就是事必躬亲，不相信别人，比如对待李严。李严在刘备眼里，其才能仅次于诸葛亮，刘备临终时说："严与诸葛亮并受遗诏辅少主，以严为中都护，统内外军事，留镇永安。"刘备的目的很明确，是让诸葛亮在成都辅助刘禅主政务，让李严屯永安拒吴并主军务。诸葛亮秉政后，本应充分发挥好李严等人的作用，然而他仍是事无巨细，都要亲自过问，惹得李严不高兴，矛盾日渐加深。接着，诸葛亮以第五次北伐为借口削了李严的兵权，调他至汉中负责后勤工作。后来又因运粮事件，"废严为民，徙梓潼郡"，自己亲自担任运粮官，结果导致五丈原对峙旷久，军心涣散。司马懿闻后断言："亮将死矣。"果如其言，不久诸葛亮就被活活累死了。

1.2.2 管理者的角色

管理者的角色是指特定的管理行为类型和范畴。20 世纪 70 年代，管理学家亨利·明茨伯格的研究表明，管理者扮演着十种不同但却高度相关的角色，这十种角色可以进一步合成三个方面：人际关系方面的角色、信息传递方面的角色、决策制定方面的角色。明茨伯格的管理者角色理论如表 1-1 所示。

表 1-1 明茨伯格的管理者角色理论

角色	描述	特征活动
人际关系方面		
① 挂名首脑	象征性的首脑	必须履行许多法律性的或社会性的例行义务，迎接来访者，签署法律文件
② 领导者	负责激励和动员下属，负责人员配备、培训和交往	实际上从事所有的有下级参与的活动
③ 联络者等角色	维护自行发展起来的外部接触和联系网络，向人们提供信息	发感谢信，从事外部委员会工作，从事其他有外部人员参加的活动
信息传递方面		
① 监听者	寻求和获取各种特定的信息（其中许多是即时的），以便透彻地了解组织与环境；作为组织内部和外部信息的神经中枢	阅读期刊和报告，保持私人接触
② 传播者	将从外部人员和下级获取的信息传递给组织的其他成员——有些是关于事实的信息，有些是解释和综合组织的有影响的人物的各种价值观点	举行信息交流会，用各种方式传达信息

续表

角色	描述	特征活动
③ 发言人	向外界发布有关组织的计划、政策、行动、结果等信息,作为组织所在产业方面的专家	举行董事会议,向媒体发布信息
决策制定方面		
① 企业家	寻求组织和环境中的机会,制定"改进方案"以发起变革,监督某些方案的策划	制定战略,检查会议决议执行情况,开发新项目
② 混乱驾驭者	当组织面临重大的、意外的动乱时,负责采取补救行动	制定战略,检查陷入混乱和危机的时期
③ 资源分配者	负责分配组织的各种资源——事实上是批准所有重要的组织决策	调度、询问、授权,从事涉及预算的各种活动和安排下级的工作
④ 谈判者	在主要的谈判活动中作为组织的代表	参与工会进行合同谈判

◆ **管理思考 1.3**

跟屁虫的悲哀

有一种名叫列队虫的小昆虫,它就是我们常说的跟屁虫。之所以有这么难听的名字,是因为它有一种独特的爬行方式。当很多列队虫在一起爬的时候,它们会一只只地首尾相接,成一行前进。带头的那只列队虫就负责找桑树叶——它们最主要的食物。不管这只虫爬向哪里,后面的一定会跟着。

有位科学家以一组列队虫做了一次有趣的试验,将它们绕成一个圆圈,让带头者和最后一只首尾相接。这样一来就没有领导者和跟随者之分了。在圆圈的中央,他放上一盘桑叶。这位科学家想知道,这种没有领导者和跟随者之分的情景能维持多久。他认为,等它们饿得厉害时,这个圆圈一定会解散,大家会抢着去吃桑叶。但结果却大出他的预料。这些列队虫最后饿得奄奄一息,仍然首尾相接形成一个圆圈,食物虽然就在中间,离它们仅十几厘米远,但它们仍然只知道一只跟着一只爬行,不知道自己应该去寻找食物。

故事启迪

1.2.3 管理者的技能

不管什么类型的组织中的管理者,也不管他处于哪个管理层次,都需要具有一定的管理技能,主要包括概念技能、人际技能和技术技能三个方面。

1. 概念技能

概念技能是管理者对复杂情况进行抽象和概括的能力。概念技能体现管理者的抽象思维能力,具体地说,是指洞察组织与环境相互影响因素的能力、确定与协调各方面关系的能力,以及权衡不同方案的优劣和内在风险的能力。一般来说,管理者所处的层次越高,其面临的问题越复杂,越无先例可循,就越需要概念技能。

2. 人际技能

人际技能是指处理与人际关系有关的技能，或者说是理解、激励他人并与他人打交道的能力。人际技能包括沟通、领导和激励三个方面的能力。实践证明，人际技能是一种非常重要的技能，对于高、中、低层管理者激励、引导和鼓舞员工的工作热情和信心，最大限度地调动员工的积极性和创造性，都具有重要的意义。

3. 技术技能

技术技能是指使用某一专业领域内有关的工作程序、技术和知识，完成组织任务的能力。对管理者来说，虽然没有必要使自己成为精通某一领域技能的专家，但也要掌握一定的技术技能，否则就很难与自己所主管的专业技术人员进行有效的沟通，从而也就无法对自己所管辖的各项业务工作进行具体的指导。

上述三种技能是各个层次管理者都需要具备的，但不同的管理层要求的重点又不相同。对于基层管理者来说，技术技能十分重要；对于高层管理者来说，概念技能要求更高一些。管理层次与管理者技能之间的关系示意图如图1-2所示。

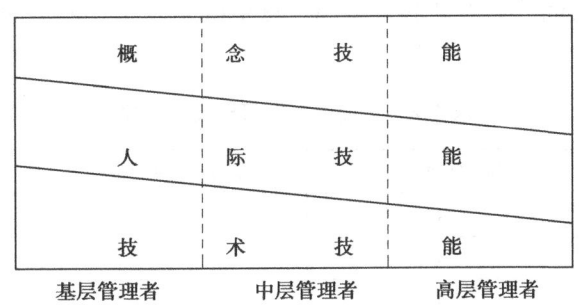

图1-2　管理层次与管理者技能之间的关系示意图

◆管理智库1.3

不听工匠言

《吕氏春秋·别类》中有以下论述：宋国大夫高阳要建造一所房子，买了一堆木料。工匠对他说："木料没有干，现在还不能动工。在没干的木料上盖起来的房子，当时看起来挺好，过后一定会倒塌的。"高阳因急于住进新房，反驳道："根据你说的道理，房子是倒塌不了的。因为木料和泥巴都一天比一天干燥，木料越干越硬，泥巴越干越轻，用越来越硬的木料去承受越来越轻的泥巴，房子怎么会塌呢？"工匠被他反驳得无言以对。可高阳的房子刚盖好时看上去不错，后来果然倒塌了。

技术技能是指从事自己管理范围内的工作所需要的技术和方法，具备了这种技能便被称为"内行"，否则就是"外行"。过去关于外行能不能领导内行的问题引起过争论，现在看来，在知识经济时代，外行领导内行确实存在很多困难。

任务训练 1.2

1. 单项选择题

（1）分析以下几种人，谁是管理者。（　　）
　　A．厨师　　　　　B．运动员　　　　C．护士长　　　　D．列车员
（2）有一种观点认为：一个繁忙的管理者不是一个好的管理者。对这种观点应该如何评价？（　　）
　　A．不对。管理者责任比下属大，应该比员工繁忙
　　B．不对。管理者既要管理下属，又要处理事务性工作，当然应该比较繁忙
　　C．对。管理者工作的重点应该是调动下属的积极性，而不是自己埋头工作
　　D．对。管理顾名思义就是管辖、梳理别人的工作，而不是自己做
（3）某综合性大学分设 10 个学院，那么，学院院长属于哪一层管理者？（　　）
　　A．基层管理者　　B．中层管理者　　C．高层管理者　　D．综合管理者
（4）人际、概念和技术技能是合格的管理者必须具备的三项基本技能，但在三者组合比例上，不同层次的管理者就各不相同。试根据如表 1-2 所示的数据，标明第一列中相应的管理层次是什么？（　　）

表 1-2　管理层次及管理技能的要求

管理层次	人际技能要求（%）	概念技能要求（%）	技术技能要求（%）
Ⅰ	42	31	27
Ⅱ	35	47	18
Ⅲ	35	18	47

　　A．Ⅰ基层，Ⅱ中层，Ⅲ高层　　　　B．Ⅰ高层，Ⅱ中层，Ⅲ基层
　　C．Ⅰ中层，Ⅱ高层，Ⅲ基层　　　　D．Ⅰ基层，Ⅱ高层，Ⅲ中层
（5）管理者运用波士顿矩阵法进行业务组合分析，以决定公司各项业务的战略地位。这种能力属于（　　）。
　　A．计划技能　　　B．概念技能　　　C．人际技能　　　D．技术技能

2. 多项选择题

（1）按照管理层级划分，管理者的层次有（　　）。
　　A．基层管理者　　　　　　　　　B．中层管理者
　　C．部门管理者　　　　　　　　　D．战略管理者　　　E．高层管理者
（2）以下属于高层管理者的有（　　）。
　　A．项目经理　　　　　　　　　　B．车间主任
　　C．首席财务官　　　　　　　　　D．首席信息官　　　E．总经理
（3）管理人员与一般工作人员的根本区别在于（　　）。
　　A．需要与他人配合完成组织目标　　B．需要从事具体的文件签发审阅工作

C．需要对自己的工作成果负责　　　D．需要协调他人的工作以实现组织目标

3．判断题

（1）财务管理者、人事管理者、业务管理者、行政管理者都属于职能管理者。（　　）

（2）有效的管理者应该既要学习理论知识，又要具备管理技巧与管理工具运用的能力。（　　）

（3）基层管理人员必须具备技术技能。（　　）

管理定律

经典管理定律之一

1．奥卡姆剃刀定律

事情总是朝着复杂的方向发展，复杂会造成浪费，而效能则来自单纯。在你做过的事情中，可能绝大部分是毫无意义的，真正有效的活动只是其中的一小部分，而它们通常隐含于繁杂的事物中。

奥卡姆剃刀定律在企业管理中可进一步深化为简单与复杂定律：把事情变复杂很简单，把事情变简单很复杂。

2．酒与污水定律

酒与污水定律：如果把一匙酒倒进一桶污水中，你得到的是一桶污水；如果把一匙污水倒进一桶酒中，你得到的还是一桶污水。

几乎在任何组织里，都存在几个难以管理的人物，他们存在的目的似乎就是把事情弄糟。他们到处搬弄是非，传播流言，破坏组织内部的和谐。一个正直能干的人进入一个混乱的部门可能会被吞没，而一个无德无才者能很快将一个高效的部门变成一盘散沙。组织系统往往是脆弱的，是建立在相互理解、妥协和容忍的基础上的，它很容易被侵害、被毒化。

3．手表定律

手表定律是指一个人有一只表时，可以知道现在是几点钟，而当他同时拥有两只手表时却无法确定。两只手表并不能告诉一个人更准确的时间，反而使看表的人无法准确地把握时间。

手表定律告诉我们：对同一个人或同一个组织不能同时采用两种不同的方法或同时由两个人来指挥，不能同时设置两个不同的目标，否则将使企业或个人无所适从。

4．"二八"法则

在任何一组东西中，最重要的只占其中一小部分，约20%，其余约80%的尽管是多数，却是次要的。社会约80%的财富集中在约20%的人手里，而约80%的人只拥有约20%的社会财富。这种统计的不平衡性在社会、经济及生活中无处不在，这就是"二八"法则。

"二八"法则告诉我们，不要平均地分析、处理和看待问题，企业经营和管理中要抓住关键的少数点；要找出那些能给企业带来约80%利润、总量却仅占20%的关键客户，加强服务，达到事半功倍的效果；企业领导人要对工作进行认真分类、分析，要把主要精力放在解决主要问题、抓主要项目上。

5．华盛顿合作规律

华盛顿合作规律说的是，一个人敷衍了事，两个人互相推诿，三个人则永无成事之日。该规律多少有点类似"三个和尚"的故事。

管理的主要目的不是让每个人做到最好，而是避免内耗过多。

知识拓展：国外名企的
人本管理

知识拓展：卓有成效的
管理者

项目总结

（1）管理是在特定的环境和条件下，对组织资源进行计划、组织、领导和控制，实现组织目标的社会实践活动和过程。管理具有计划、组织、领导和控制四项基本职能。

（2）管理具有自然属性和社会属性，是科学性和艺术性的统一。

（3）管理者是履行管理职能，对实现组织目标负有领导责任和影响力的人。通常把管理者分为高层管理者、中层管理者和基层管理者三个层次。管理者扮演着人际关系方面的角色、信息传递方面的角色、决策制定方面的角色。

（4）管理者应该具备以概念技能、人际技能、技术技能为主体的管理技能。

项目实训

实训1.1　管理测试：测试你的三大管理技能

1．测试说明

对下列问题按照如下标准进行打分：5分——我总是这样；4分——我常常这样；3分——我有时这样；2分——我很少这样；1分——我从不这样。注意加"*"的项目是反向打分的：1分——我总是这样；2分——我常常这样；3分——我有时这样；4分——我很少这样；5分——我从不这样。C代表概念技能，H代表人际技能，T代表技术技能。

2．测试题目

（1）当需要做许多工作或作业时，我先设定重点，并按照截止日期进行组织。（C）

（2）多数人认为我是一个优秀的倾听者。（H）

（3）当为自己决定行动方案时（如追求的爱好、要学习的语言、要从事的工作、想要参与的项目等），我一般都会考虑做出这种选择之后的长期（一年或更长）影响。（C）

（4）与包括文学、心理学或社会学的课程相比，我更喜欢包括技术的课程。（T）

（5）当与其他人存在分歧时，我坚持与他人交流，直到完全克服为止。（H）

（6）当完成一个项目或任务时，我考虑的是细节，而不是问题的概况。（*C）

（7）与和其他人一起度过许多时间进行比较，我更愿意一个人坐在计算机面前。（T）

（8）我努力把他人纳入活动中来，或者在谈论问题时邀请其他人参与。（H）

（9）当选择一门课程时，我会把刚学到的知识与以前学过的课程或概念联系起来。（C）

（10）当有人犯错误时，我会去纠正，并让他知道正确的答案或方法。（*H）

（11）我认为，在与他人谈话时，讲究效率比较好，而不是考虑他人的需求，这样能解决自己的实际问题。（T）

（12）我制定了自己的长期职业远景、家庭远景和其他活动远景，并已经认真考虑过。（C）

（13）当解决问题时，我更喜欢分析一些数据或统计资料，而不愿意与许多人一起讨论。（T）

（14）当我为一个集体项目工作时，有人并不竭尽全力，我很可能向朋友抱怨，而不是去面对这个懒鬼。（*H）

（15）与他人讨论思想或概念可以令我感到兴奋。（C）

（16）本书所使用的管理活动类型简直是在浪费时间。（T）

（17）我认为，礼貌待人，不伤害他人的感情为好。（*H）

（18）我对数据和事情要比他人更感兴趣。（T）

3．评分说明

对上述问题按照下列的分类进行分值汇总。本次测试各项技能总分为 30 分，你的得分是：

（1）、（3）、（6）、（9）、（12）、（15）概念技能（Conceptual Skills）总分_____；

（2）、（5）、（8）、（10）、（14）、（17）人际技能（Human Skills）总分_____；

（4）、（7）、（11）、（13）、（16）、（18）技术技能（Technical Skills）总分_____。

测试分析

实训1.2　小组活动：管理者访谈

由学生自愿组成小组，每组 6~8 人。利用课余时间，选择企业或学校某个部门管理者进行访谈，按如表 1-3 所示的要求完成管理实践活动：向他了解企业或学校的管理层次划分，他的职位、工作职责、胜任该职务所必需的管理技能等情况。同时，对访谈及收获进行小组总结，上交总结报告（访谈表作为附件附后），并用 PPT 进行汇报。

表 1-3 管理者访谈表

拜访对象情况	姓名： 职务： 所在部门：
企业或学校管理层次划分	
拜访对象的工作职责	
拜访对象的工作职责的时间比例	
胜任该职务所需的管理技能	
对管理者工作的总体认识	（不少于 5 点）

访谈记录者： 访谈日期： 年 月 日

（评分标准：满分为 100 分，访谈组织及质量占 30%，小组总结报告占 30%，PPT 汇报表现占 20%，团队合作占 20%）

实训 1.3 项目测试题

1. 判断题（1 分×10=10 分）

（1）概念技能是组织高层管理者所具备的最重要的一种技能。（ ）
（2）人是管理对象的核心要素。（ ）
（3）大部分时间都花在自己身上的人不能称为管理人员。（ ）
（4）基层第一线管理人员大部分时间是在对工人进行直接的监督管理。（ ）
（5）技术技能是指沟通、领导、激励下属的能力。（ ）
（6）管理的基本活动对任何组织都有普遍性，但营利性组织比非营利性组织更需要加强管理。（ ）
（7）中层管理人员往往处理现场管理、指导操作等技术性工作较多。（ ）
（8）从本书给"管理"所下的定义中，可以得出这样的结论，管理的对象就是组织各种资源。（ ）
（9）管理者在小型组织和大型组织中从事的工作基本相同。（ ）
（10）低水平的管理绝大多数是无效率和无效果的。（ ）

2. 单项选择题（1 分×20=20 分）

（1）中层管理人员的主要工作是（ ）。
A．管理　　　　　　　　　　　　B．现场管理

C．开拓创新 D．组织协调

（2）没有受过正规管理教育的管理人员，为了取得事业的成功主要依靠的是（　　）。

A．专业经验 B．技术经验
C．多方面经验 D．行政管理经验

（3）企业的基层领导要成为一个内行的领导，必须具备下列哪些知识与技能？（　　）

A．管理知识与能力 B．技术知识与能力
C．战略知识与能力 D．领导知识与能力

（4）在做出是否收购其他企业的决策时，管理者必须从多个角度出发，全面分析拟购企业的目前状况及可能发展的余地等情况，这时管理人员需要的技能是（　　）。

A．诊断技能 B．人际关系技能
C．概念技能 D．技术技能

（5）管理的二重性是指（　　）。

A．科学性与艺术性 B．自然属性与科学属性
C．自然属性与社会属性 D．社会属性与科学属性

（6）对于基层管理者来说，具备良好的（　　）是最为重要的。

A．人际技能 B．概念技能
C．技术技能 D．管理技能

（7）某技术专家，原来从事专业工作，业务精通，绩效显著，近来被提拔到所在科室负责人的岗位。随着工作性质的转变，他今后应当注意把自己的工作重点调整到（　　）。

A．放弃技术工作，全力以赴抓好管理和领导工作
B．重点仍以技术工作为主，以自身为榜样带动下级
C．以抓管理工作为主，同时参与部分技术工作，以增强与下级的沟通和理解
D．在抓好技术工作的同时，做好管理工作

（8）从发生的时间顺序来看，下列四种管理职能的排列方式，哪一种更符合逻辑？（　　）

A．计划、控制、组织、领导 B．计划、领导、组织、控制
C．计划、组织、控制、领导 D．计划、组织、领导、控制

（9）对于管理人员来说，一般需要具备多种技能，如概念技能、人际技能、技术技能等。越是处于高层的管理人员，其对于概念技能、人际技能、技术技能的需要，就越是按以下哪种顺序排列。（　　）。

A．首先是概念技能，其次是技术技能，最后是人际技能
B．首先是技术技能，其次是概念技能，最后是人际技能
C．首先是概念技能，其次是人际技能，最后是技术技能
D．首先是人际技能，其次是技术技能，最后是概念技能

（10）管理活动既具有科学性，又具有艺术性。随着时间的推移、管理研究的不断深化、管理理论的不断繁荣，以及环境变化速度的日趋加快，管理活动最有可能发生的变化是（　　）。

A. 随着科学性的不断增强，其艺术性将呈下降趋势
B. 其科学性和艺术性都将会不断增强
C. 随着艺术性的不断增强，其科学性将呈下降趋势
D. 科学性不断增强，其艺术性绝不会降低

（11）在以下几项管理业务中，哪一项该由企业总经理亲自处理和拍板？（　　）
A. 关于公司各部门办公计算机的分配方案
B. 对一位客户投诉的例行处理
C. 对一家主要竞争对手突然大幅削价做出反应
D. 对一位公司内部违纪职工按规章进行处理

（12）领班属于下述（　　）管理人员。
A. 基层　　　　B. 中层　　　　C. 高层　　　　D. 以上均不是

（13）管理者在作为组织的官方代表对外联络时，他扮演的角色是（　　）。
A. 信息情报方面　B. 决策方面　　C. 人际关系方面　D. 业务经营方面

（14）中层管理人员的主要工作是（　　）。
A. 战略管理　　B. 现场管理　　C. 组织协调　　D. 开拓创新

（15）20世纪80年代，日本企业管理模式一度引起各国企业的关注和借鉴。然而，东南亚金融风暴的出现，反映了日本经济脆弱的一面。此时，许多人又下结论，日本企业管理模式已经过时，美国企业管理模式更加有效。对于这种情况，你赞同以下哪种说法？（　　）
A. 对管理模式的评价必须随世界经济的发展而变
B. 每种管理模式都有其自身的环境适应性与局限性
C. 美国的管理模式长期以来都比日本的优秀
D. 日本的管理模式不适应知识经济时代的需要

（16）"组织是共同劳动而产生的，反映了社会协作劳动本身的要求，力求用先进的科学方法合理地组织生产力，以保证生产过程的顺利进行。"这是指管理的（　　）。
A. 科学性　　　　　　　　　　B. 艺术性
C. 自然属性　　　　　　　　　D. 社会属性

（17）"由社会生产关系决定，反映一定社会形态中统治阶级的要求，受到生产关系或经济基础的影响和制约，按统治阶级意志调整人们之间的相互关系，维持和完善生产关系。"这是指管理的（　　）。
A. 科学性　　　　　　　　　　B. 艺术性
C. 自然属性　　　　　　　　　D. 社会属性

（18）在现代管理中，（　　）是管理的主体。
A. 人　　　　　B. 财　　　　　C. 物　　　　　D. 信息

（19）企业在销售产品时，需要预估货款回收的可能性。为此，信用审核部门力图以一种低成本的方式处理有关客户资信的材料，但因为处理速度太慢，使许多客户另求他处购货。该项信用审核工作可以说是（　　）。

A．重效率、轻效果　　　　　　　　B．效率和效果都重视
C．重效果、轻效率　　　　　　　　D．效率和效果都不重视

（20）大众天天是一家公司制企业，总经理田利先生的职责被界定为执行董事会制定的各项政策。田利作为该公司的总经理，下列哪种说法最恰当地描述了他的管理职能？（　　）

A．田利只负责操作性的作业工作，不做任何决策
B．田利将负责公司所有经营管理问题的决策，但职工思想政治工作除外
C．田利主要负责管理决策
D．田利肯定不持有公司的股票

3．多项选择题（2分×10=20分）

（1）管理者在管理过程中承担的职能有（　　）。
A．计划　　　　　B．组织　　　　　C．领导　　　　　D．控制

（2）管理的性质有（　　）。
A．科学性　　　　B．实践性　　　　C．艺术性　　　　D．创造性

（3）管理的特征包括（　　）。
A．管理是一种社会现象　　　　　　B．管理是一种文化现象
C．管理的"载体"是组织　　　　　　D．管理的核心是处理各种人际关系
E．管理既是一门科学，又是一门艺术

（4）管理人员按其所处的层次可分为（　　）。
A．高层管理人员　　　　　　　　　B．中层管理人员
C．基层管理人员　　　　　　　　　D．综合管理人员

（5）以下属于高层管理者的有（　　）。
A．项目经理　　　B．车间主任　　　C．首席财务官　　D．总经理

（6）关于高层、中层和基层管理者三者的关系，可以描述为（　　）。
A．他们所履行的管理职能是相同的
B．高层管理者花在计划职能上的时间要比基层管理者多
C．高层管理者花在控制职能上的时间要比基层管理者少
D．高层管理者花在领导职能上的时间要比基层管理者少

（7）明茨伯格通过实证研究发现：管理者在组织中扮演十种角色，这些角色被分为（　　）。
A．人际关系角色　　　　　　　　　B．组织角色
C．信息角色　　　　　　　　　　　D．决策角色

（8）管理者在行使各种管理职能、扮演三类管理角色时，必须具备（　　）。
A．信息技能　　　B．技术技能　　　C．人际技能　　　D．概念技能

（9）管理的目标就是有效地实现组织的目标。有效包括（　　）。
A．效率　　　　　B．效益　　　　　C．效应　　　　　D．效果

（10）管理学是一门科学，它具有的科学的特点，表现为（　　）。

A．客观性　　　B．实践性　　　C．系统性　　　D．发展性

4．简答题（5分×4=20分）

（1）管理者应具备哪些技能？不同层次的管理者所要求的技能有何不同？
（2）有效的管理者一定是成功的管理者吗？请说明理由。
（3）怎样理解管理的含义？
（4）请比较分析大学校长与企业董事长的管理行为有何相同点和不同点。

5．论述题（10分×1=10分）

谈谈如何正确理解管理既是一门科学又是一门艺术。在实践工作中如何运用这一基本原理？

6．案例分析题（20分×1=20分）

多 面 手

老郑是一位有名的多面手，深圳一家公司高薪聘请他，但是他没有去，他表示要为家乡建设做出贡献。2017年老郑被调往规模和档次都较低的县委招待所担任一把手。上任伊始，他从加强管理出发，本着"宾客至上、服务第一"的宗旨，将原来的县委招待所改造成为服务和娱乐设施齐全的"后乐园宾馆"，执当地娱乐服务行业的牛耳，一跃成为涉外三星级宾馆。2018年底，他又被调到当地医院担任院长。虽然他没有学过医，但是，他很快就使一个二甲级老医院焕发青春。不到半年的时间，就扭亏为盈。使该医院的各项工作有了新的起色，赢得了社会各界的一致好评。有人问他："郑院长，你是学管理的，又不是学医的，怎么调到医院也搞得这么好，有什么诀窍呢？"他回答得既干脆又简单："靠科学管理。"他一来这家医院，就到各科室去坐班，了解情况。待基本掌握医院的情况后，他又率领院内有关人员到各地考察，学习外地医院的好的经验，然后按照现代管理理论，结合本院的具体实际情况，因地制宜地制定了各种有效的、可操作的激励机制和制约机制，建立了各类人员的岗位责任制，把任务落实到人。针对医院经济亏损的基本原因是制度不严、漏洞较多，医院增设了审计室，实行三方（药房、收费处、审计室）共同制约的制度后，经济收入逐月增加。过去医院内卫生与花卉等没有明确的专人负责，医院环境卫生不好还被媒体曝了光。自从各项工作责任到人，并有严格的检查、监督机制后，情况就变了样，医院环境卫生得到了患者和领导的一致赞扬。

问题：

（1）为什么说老郑是一位"多面手"？他成为"多面手"的条件和基础是什么？（6分×1=6分）

（2）人们常说"外行不能领导内行"。作为外行的老郑在当地医院的管理的成功经验说明了什么？（6分×1=6分）

（3）结合本案例，联系你的大学生活，谈谈如果今后要成为一名优秀管理者，作为大学生应该提高自身的哪些素质，如何提高？（8分×1=8分）

项目 2

领悟管理思想

管理名言

管理是一种实践,其本质不在于"知",而在于"行";其验证不在于逻辑,而在于成果;唯一权威就是成就。

——管理学大师彼得·德鲁克

项目导图

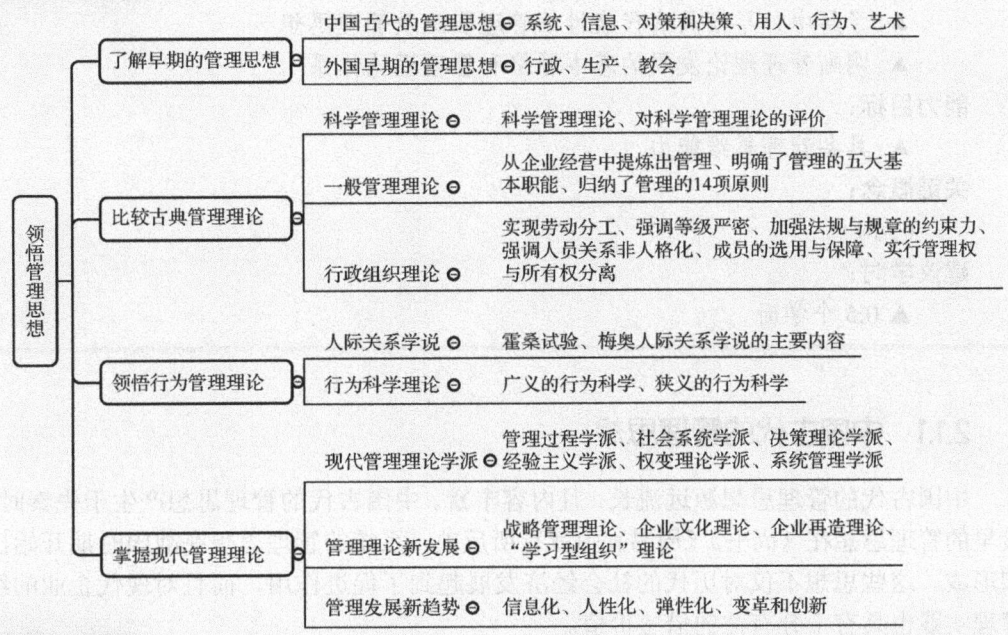

项目导入

管理是随着人类历史的产生而产生、随着人类历史的发展而发展的。随着社会生产力的发展和管理活动的开展,管理思想逐步形成;人们把各种管理思想加以归纳和总结,就形成了管理理论;同时,人们又运用管理理论去指导管理实践,以取得预期的效果,并且在管理实践中补充和完善管理理论,这就是管理学的形成过程。管理实践、管理思想与管理理论的关系如图2-1所示。

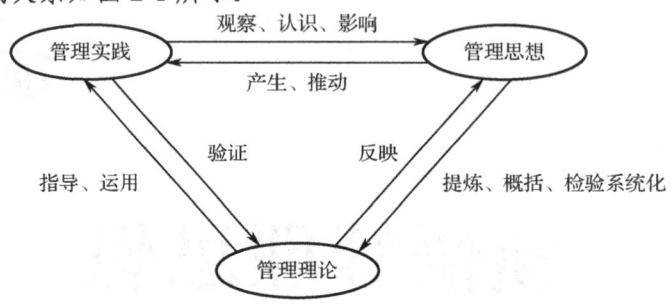

图2-1 管理实践、管理思想与管理理论的关系

人类的管理思想发展历史可分为早期的管理思想、古典管理理论、行为管理理论和现代管理理论四个阶段。

管理游戏

任务2.1 了解早期的管理思想

> **知识目标:**
>   ▲ 了解中外早期具有代表性的管理实践及管理思想
>   ▲ 明晰管理理论发展的基本脉络和管理理论体系
> **能力目标:**
>   ▲ 具备管理思维能力
> **关键概念:**
>   (无)
> **建议学时:**
>   ▲ 0.5个学时

2.1.1 中国古代的管理思想

中国古代的管理思想源远流长,且内容丰富。中国古代的管理思想产生于先秦时期,最早的管理思想在《尚书》《周易》中就有所反映,系统的管理思想在战国时期开始出现和形成。这些思想不仅对历代的社会经济发展起到了促进作用,而且对现代企业的经营管理实践也具有十分有益的借鉴价值。

1. 系统管理思想

中国古代的系统管理思想十分丰富。古代的应用辩证思想,把事物的各种因素联系起来作为整体进行系统的分析，从而取得了一系列辉煌的成就。我国古代许多工程，如都江堰水利工程、北宋"一举三得"的皇宫修复工程等，都是古人运用系统管理思想的典范。

◆管理智库 2.1

北宋皇宫修复工程

宋真宗年间，皇宫失火，一夜之间，大片宫室楼台、殿阁亭榭变成了废墟。宋真宗让大臣丁渭主持修复皇宫工程。丁渭运筹规划，制定了高明的施工方案。首先，他下令"凿通衢取土"，因为远道取土麻烦，因而就下令在交通要道上挖土，从施工现场向外挖了若干条大深沟，挖出的土作为施工用土。这样一来，取土问题就地解决了；其次，把汴河的水引入新挖的深沟中，"引诸道竹木筏排及船运杂材，尽自堑中入至宫门"，这样，又解决了大批木材、石料的运输问题；最后，等宫殿修复完毕，再排除堑水，把废弃的垃圾和用剩的土回填到沟中，又恢复了大道。这一施工方案，收到了"一举而三役济，计省费以亿万计"的最佳效果。这种"一举三得"的皇宫修复工程堪称运用系统管理、统筹规划的范例。

2. 信息管理思想

我国古代著名的军事家孙武十分重视信息和情报的作用，《孙子兵法》载："知己知彼，百战不殆；不知彼而知己，一胜一负；不知彼不知己，每战必败。"古代人不仅在军事上运用信息管理手段，在经济管理上也运用信息管理手段。

◆管理智库 2.2

驿道快马传递信息

唐代刘晏以朝廷用驿道快马传递公文的办法，设置知院官，收集各种庄稼的好坏、市场价格的变动、四方物资的余缺等情报交给招募来的"驶足"，由他们一站接一站地传递。数日内可将全国各地的信息迅速传递到刘晏处，再由刘晏等人综合各地信息，做出决策。由于信息灵活，渠道多，市场长期保持稳定，使国家拥有足够的资金。所以，虽经数十年战乱，唐代仍保证了国富民安。

3. 对策和决策管理思想

对策和决策思想早在战国时期就大放异彩，其丰富经验对于今天的决策科学化很有参考价值。"凡事预则立，不预则废""人无远虑，必有近忧""先谋后事者昌，先事后谋者亡"，这些都告诉我们无论做什么事情都要先谋而后动，只有谋划充分、合理、科学，才能在执行过程中游刃有余，做事情才能成功而不失败。《孙子兵法》中的著名论断"不战而屈人之兵，善之善者也"，体现了《孙子兵法》中以智取胜的思想，"不战而屈人之兵"既是谋攻的最高原则，也是战略的最高目标。

◆ **管理智库 2.3**

田忌赛马

战国时孙膑的对策思想在"田忌赛马"的故事中得到生动的反映。当时,齐将田忌与齐威王赛马,田忌屡赛屡败。后来,田忌听从孙膑计策,用自己的上、中、下等马,分别与齐王进行中、下、上等马比赛,结果以 2∶1 获胜。这是一种"整体优化"的对策。

4．用人管理思想

中国古代很早就提出了选才用人的管理思想,认识到"知人善任,礼贤下士"的重要性。墨子提出要"察其所能而慎予官"。荀子告诫执政者"无私人以官职事业",切不可任人唯亲,而主张任人唯贤,唯才是举。孔子主张治国要"为政以德",用道德和礼教来治理国家,实行"礼治"或"德治",把德礼施之于民,是治理国家的理想方案。在具体方法上,他提出要重教化,要"富而后教"。

◆ **管理智库 2.4**

刘邦成功的启迪

汉高祖刘邦在总结自己能够成功登基时说:"夫运筹帷幄之中,决胜千里之外,吾不如子房。镇国家,扶百姓,给馈饷,吾不如萧何。连百万大军,战必胜,功必取,吾不如韩信。此三者,皆人杰也,吾能用之,此吾所以取天下也。"这些观点体现了刘邦善于用人所长的领导思想。而对于现代企业管理来说,最关键的问题则是领导者如何发挥团队的集体作用,以达到管理组织的最终目标。

5．行为管理思想

"以人为本"的思想在中国古代管理思想中始终占主导地位,认为人是构成国家整体的第一要素,要求把人作为管理的重心,提倡"爱人贵民"。韩非曰:"天有大命,人有大命。"即天有天的规律,人有人的规律。孙子提出:"人情之理,不可不察。"就是说对于人的心理活动应该进行研究,不研究是不行的。在激励和奖惩方面,孙子还提出:"合军聚众,务在激气。"主张"文武兼施""恩威并重"。诸葛亮指出:"赏以兴功,罚以禁奸,赏不可不平,罚不可不均。""诛罚不避亲戚,赏赐不避仇怨。"应做到"无党无偏"。

6．艺术管理思想

古人极重视管理的艺术性,孔子在《论语·为政篇》中指出:"君子不器。"即领导者应主要从事管理工作,而不应自己一味"冲锋陷阵"。孙子指出:"兵无常势,水无常形,能因之就化而取胜者,谓之神。"强调战略战术上的"奇正相生"和灵活运用的重要性。《三十六计》，旨在应付千差万别、千变万化的复杂局面，要"审时度势""时变境迁""运用之妙，存乎一心"。

综上所述，中国古代管理思想虽未形成独立的理论体系，也很少有专门的研究，但毕竟是我们先人深入思考的结果，其价值极高，对现代管理科学的发展做出了不可估量的贡献。中国古代管理思想及管理实践都是十分丰富的。

2.1.2 外国早期的管理思想

外国的管理实践和思想同样有着悠久的历史。在早期西方社会，管理实践和思想主要体现在指挥军队作战、治国施政和管理教会等活动之中。

1．行政管理思想

行政管理思想是人类管理史上发展最早也最全面的成果之一。在这方面，公元前2000多年前的古巴比伦王国，就有了较为成熟的管理形式，具体表现就是制定了有名的《汉谟拉比法典》——人类历史上第一部成文法典。它共有282条，内容涉及贸易、人的行为、工资、惩罚及社会生活的许多方面，甚至对最低工资、会计和收据的处理都做出了规定。

古代埃及在行政管理方面的主要贡献是设立宰相职务，从而把神权和世俗权力区分开来。据《旧约全书》记载，其中一个有名的宰相就是约瑟。《圣经》中也提到许多有关管理的思想，如处于萌芽状态的管理咨询制度、例外原则、授权等。

古代印度的行政管理思想也有较大成就。孔雀王朝的大臣查纳卡雅·考底里耶（约公元前332—公元前298年）曾著有《政事论》一书，论述了如何维护经济、社会和政治秩序，论述行政管理人员应具备的条件及选人、用人的方法等。《政事论》成为印度公共行政管理的奠基之作。

2．生产管理思想

古代生产管理思想可以从15世纪和16世纪时威尼斯造船厂的管理中体现出来。该船厂占有60英亩（1英亩≈4 047平方米）水陆面积，雇用一两千名工人。其任务有三个方面：制造军舰、武器和装备；储存这些产品；装备和修理。工厂内部划分为若干个职能部门，各有工头负责，一切依计划进行。装配战船，是以流水作业形式完成的。一条战船从海道一端进来，走到尽头，从武器、用具到食物、人员都配备完善，效率极高。

古希腊也留下了宝贵的生产管理思想。在公元前370年，古希腊学者色诺芬曾对劳动分工做了如下论述：在制鞋工厂中，一个人只以缝鞋底为业，另一个人进行剪裁，还有一个人制造鞋帮，再由一个人专门把各种部件组装起来。这里所遵循的原则是：一个从事高度专业化工作的人一定能工作得最好。

3．教会管理思想

欧洲中世纪的教会管理思想最有代表性。罗马天主教会也许是西方文明史上最持久而有效的正式组织之一。它之所以能经久不衰，除了其追求的目标具有诱人的魅力外，其组织之严密、管理技术之高超，无疑也是重要原因。它所实行的既分级又分领地还分部门的一套管理体制，使它能够控制地球各地几亿教徒的几乎全部生活，其中央机构

——罗马教廷,几乎就是一个复杂的政府组织。无怪乎美国通用汽车公司和兰德公司的两名管理人员经过研究得出结论:"可以说,罗马教廷作为一个高效率的部门化和行动协调的典范,也许在整个组织的领域内是无与伦比的。"

总之,古代的管理思想是适应当时的社会需要,在人们不断总结实践经验的基础上产生的。人类早期管理思想是世代相传或从实践中获得,人们凭经验进行管理,尚未对经验进行科学的抽象,形成的只能是一个孤立、分散的理论,不可能形成体系。

任务训练 2.1

1. 单项选择题

(1) 不属于古代管理思想的特点的是( )。
A. 凭经验　　　　　　　　B. 孤立
C. 体系　　　　　　　　　D. 分散

(2) 以下不属于系统管理思想的历史事件是( )。
A. 都江堰水利工程　　　　B. 北宋"一举三得"的皇宫修复工程
C. 万里长城修建　　　　　D. 田忌赛马

2. 多项选择题

(1) 中国古代管理思想产生于先秦时期,最早的管理思想在( )中就有所反映。
A.《尚书》　　　　　　　B.《易经》
C.《论语》　　　　　　　D.《孙子兵法》

(2) 外国早期的一些著名的管理实践和思想主要体现在( )等活动之中。
A. 生产管理　　　　　　　B. 军队作战
C. 治国施政　　　　　　　D. 管理教会

任务 2.2　比较古典管理理论

知识目标:
▲ 掌握古典管理理论的代表人物、主要观点及贡献

能力目标:
▲ 能够运用管理理论分析身边的管理案例
▲ 能够将管理理论应用到日常的管理工作实践中

关键概念:
科学管理理论　一般管理理论　行政组织理论

建议学时:
▲ 1个学时

古典管理理论形成于19世纪末20世纪初。经过产业革命后，先进资本主义国家的生产力发展已经达到一定的高度，科学技术也有了较快的发展，许多新发明开始出现，但是管理仍处于师傅带徒弟的阶段，经验和主观臆断盛行，缺乏科学的依据。随着资本主义自由竞争向垄断过渡，传统的经验管理越来越不能适应管理实践的需要。为了进一步发展生产，必须在管理方面有一个较大的突破，而以往管理经验的积累、管理思想的种种萌芽，也为创建新的管理方法和管理理论提供了有利条件。管理理论正是在这种情况下，在管理实践的基础上建立起来的。19世纪末20世纪初创建的管理理论，被人们称为古典管理理论，主要由泰勒的科学管理理论、法约尔的一般管理理论和韦伯的行政组织理论构成。古典管理理论奠定了现代管理学的理论基础。

2.2.1 科学管理理论

弗雷德里克·温斯洛·泰勒（Frederick Winslow Taylor，1856—1915）是美国古典管理学家，科学管理的创始人。泰勒的主要著作有《科学管理原理》等，书中提出的理论奠定了科学管理的理论基础，标志着科学管理思想的正式形成。

泰勒简介

1．科学管理理论

泰勒及其合作者、追随者所奠定的科学管理理论有三个基本出发点：一是明确科学管理的中心问题是提高效率；二是用科学管理代替旧的传统的管理以提高工作效率；三是要求管理人员和工人双方实行重大的精神变革。泰勒科学管理的内容概括起来主要有六个方面。

（1）工作定额。泰勒认为，科学管理的中心问题是提高劳动生产率。为发掘工人劳动生产率的潜力，他采用时间研究（研究工人在工作期间各种活动的时间构成）和动作研究（研究工人干活时动作的合理性）的方法，制定出所谓标准的作业方法，并按照标准的作业方法和合理的组织与安排，确定工人一天必须完成的标准工作量。他把传统的知识和技艺，归纳成规则、规律、公式，建立起一种科学，以代替过去单凭工人经验进行作业的方法。

（2）能力与工作相适应。在泰勒看来，每一个人都具有不同的天赋和才能，只要工作适合他，就能成为第一流的工人。他经过观察发现，人与人之间的主要差别不是在智能，而是在意志上。第一流的工人是适合于其作业而又努力工作的人，不是像有些人所理解的是一些体力和智力超过常人的"超人"。

（3）制定科学的工作方法。泰勒认为，应采用科学的方法对工人的操作、使用的工具、劳动和休息的时间进行合理的搭配，同时对机器安排和作业环境等进行改进，消除各种不合理的因素，把最好的因素结合起来，从而形成一种标准的作业条件。这也就是一种标准化原理。

（4）按差别计件付酬制。泰勒认为原有的付酬制度不合理，于是提出了自己全新的看法。他认为，要在科学地制定劳动定额的前提下，采用差别计件工资制来鼓励工人完成或超额完成定额。如果工人可超额完成定额，按比正常单价高 25%的价格计酬（不仅超额部分，而且定额内的部分也按此单价计酬）；如果工人完不成定额，则按比正常单价低 20%的价格计酬。泰勒指出，这种计件付酬制度会大大提高工人们的劳动积极性，从而大大提高劳动生产率。

（5）计划职能与执行职能相分离。泰勒认为，应该用科学的工作方法取代经验工作方法。所谓经验工作方法，是指每个工人采用什么操作方法、使用什么工具等，都是根据个人经验来决定的。工人工作效率的高低取决于他们的操作方法和使用的工具是否合理，以及个人的熟练程度和努力程度。为了采用科学的工作方法，泰勒主张把计划职能同执行职能分开，由专门的计划部门来承担计划职能工作，由所有的工人和部分工长来承担执行职能工作。

（6）例外原则。泰勒将管理工作分成两类，即一般事务管理和例外事务管理。企业的高级主管人员应把处理一般事务的权限下放给下级管理人员，自己只负责对下级管理人员的监督和处理例外事务。这在当时集权化管理的背景下，是非常有远见的。这种以例外原则为依据的管理控制原理，后来发展成为管理上的分权化原则和实行事业部制等管理体制。

泰勒认为科学管理的关键是工人和雇主都必须进行一场精神革命，要相互协作，努力提高生产效率。雇主关心的是降低成本，提高利润；工人关心的是提高工资，改善生活。只有劳动率得到极大的提高，他们各自的需要才能得到满足。所以，双方必须变互相指责、怀疑、对抗为互相信任和合作。

2．对科学管理理论的评价

（1）泰勒科学管理理论的贡献。泰勒科学管理理论的最大贡献是提倡用科学的管理方法来代替传统的管理方法。科学管理的精髓是用调查研究和科学知识来代替个人判断、意见和经验，在理论上开创了对管理进行科学研究的先河，使管理从经验上升到科学，标志着管理学作为一门学科开始形成。科学管理理论提出了通过管理科学化来提高劳动效率，从而增加利润的方法，体现了科学的巨大进步。泰勒和他的同事创造和发展了一系列有助于提高生产效率的技术和方法。如时间与动作研究技术和差别计件工资制等。这些技术和方法不仅是过去，而且也是近代合理组织生产的基础。

（2）泰勒科学管理的弊端。泰勒对工人的看法是片面的。他认为工人的主要动机是经济的，工人最关心的是提高自己的金钱收入，即坚持"经济人"的假设。他还认为工人只有单独劳动才能好好干，集体的鼓励通常是无效的。"泰勒制"仅解决了个别具体工作的作业效率问题，而没有解决企业作为一个整体如何经营和管理的问题。

◆**管理思考 2.1**

擦玻璃的学问

小王日本留学期间在一家清洁公司打工。上班第一天，老板问他会不会擦玻璃。小王想：真是小看人，我从小学到中学，每次周六大扫除都要擦玻璃。于是回答："会。"

老板说，那你把这个窗户的玻璃擦给我看。小王用了半个小时把这个窗户的玻璃擦干净了。老板说："你再看我给你擦玻璃。"他只用了十分钟就把另一个窗户的玻璃擦干净了。原来擦玻璃的方法不同。小王是把抹布洗干净捏成一团去擦玻璃，抹布脏了就到桶里洗，中间洗了七八次抹布，最后桶里的水都脏了，抹布也脏了，好不容易才把玻璃擦干净。而老板只洗了两次抹布：第一次洗干净后将抹布叠成手掌大的一块，这面擦了再擦另一面，然后再把抹布重新叠一下，再用干净的一面去擦，直到所有玻璃都擦干净了，再洗一次抹布。老板说："以后就这样擦。"

管理启迪

思考：从擦玻璃的故事中，你得到什么启迪？

2.2.2 一般管理理论

泰勒的科学管理开创了西方古典管理理论的先河。在其正被传播之时，欧洲也出现了一批古典管理的代表人物及其理论，其中影响最大的当数法国的亨利·法约尔及其一般管理理论。法约尔与泰勒一样，都致力于探讨管理的科学性，并建立了一套系统的管理理论。但不同的是，泰勒的研究是从工场或车间的现场管理开始的，主要是技术方面和作业方面的管理；而法约尔则把整个企业组织作为研究对象，他研究的是整个企业的经营管理问题。因此，法约尔的理论被称为一般管理理论。一般管理理论的主要内容如下。

法约尔简介

1．从企业经营中提炼出管理

法约尔区别了经营和管理，认为这是两个不同的概念，且管理包括在经营之中。他认为每个企业的"经营"共有六项活动：技术活动、商业活动、财务活动、安全活动、会计活动和管理活动。

2．明确了管理的五大基本职能

法约尔认为管理有五项基本职能，即把管理活动分为计划、组织、指挥、协调和控制五大管理职能，揭示了管理的本质，并对这五大职能进行了详细的分析。他认为："计划就是探索未来和制定行动方案；组织主要是建立执行工作任务和权力的结构，确定完成任务所需的机器、物资和人力的恰当结合；指挥是使每个人都履行其所负的职责，从而使整个组织运转起来；协调是统一协调企业各部门及各个职工的活动，指导他们走向一个共同的目标；控制是核实情况的发展是否同既定的计划、规章、下达的命令相符合，以便及时发现错误，采取措施，加以纠正。"法约尔对管理五大职能的分析，为管理学科提供了一套科学的理论构架，后来成为管理过程学派的理论基础，也是以后各种管理理论和管理实践的重要依据。

3．归纳了管理的 14 项原则

第一是分工。在技术工作和管理工作中进行专业化分工可以提高效率。

第二是权力与责任。权力是指挥和要求别人服从的力量。在行使权力的同时，必须承担相应的责任，不能出现有权无责和有责无权的情况。

第三是纪律。任何组织都要有效地工作，必须有统一的纪律来规范人的行为。要发展企业，纪律是绝对必要的，没有纪律，任何组织都不能兴旺发达，纪律的实质是对协定的尊重。

第四是统一指挥。组织内的每一个人只能服从一个上级并接受他的命令。违背了这个原则，就会使权力和纪律受到严重的破坏。

第五是统一领导。凡目标相同的活动，只能有一个领导、一个计划。统一领导来自健全的组织，它对行动的统一、力量的协调和精力的集中都是非常重要的。

第六是个人利益服从集体利益。集体的目标必须包含员工个人的目标，但个人利益不能超越集体利益。当两者矛盾时，优先考虑集体利益。

第七是报酬合理。报酬制度应当公平，对工作成绩和工作效率优良者给予奖励，但奖励应有一个限度。法约尔认为："任何优良的报酬制度都无法取代优良的管理。"

第八是集权与分权。提高下属重要性的做法是分权，降低这种重要性的做法是集权。要根据企业的性质、条件、环境、人员的素质来恰当地确定集权和分权的程度。

第九是等级链。等级链是指"从最高的权威者到最低层管理人员的等级系列"。它表明权力等级的顺序和信息传递的途径。为了保证命令的统一，不能轻易违背等级链，请示要逐级进行，指令也要逐级下达。

第十是秩序。秩序是指"有地方放置每件东西，而每件东西都放在该放置的地方；有职位安排每个人，而每个人都安排在应安排的职位上"。

第十一是公平。在待人上，管理者必须做到"善意与公道结合"，应当和蔼、亲切、公正地对待下级，使其有心理上的安全感。

第十二是人员稳定。人员的高流动率会造成工作的低效率，要努力做到有秩序地安排人员并补充人力资源。特别是管理人员的经常变动，对企业很不利。

第十三是首创精神。首创精神是创立和推行一项计划的动力。领导者不仅本人要有首创精神，还要鼓励全体成员发挥他们的首创精神。鼓励员工提出合理化建议，调动员工积极性。

第十四是团结精神。在组织内部要形成团结、和谐和协作的气氛。职工的融洽、团结可以使企业产生巨大的力量。此外，还应加强企业内部的交流。

法约尔的一般管理理论是西方古典管理思想的重要代表，后来成为管理过程学派的理论基础，也是以后各种管理理论和管理实践的重要依据。管理五大基本职能的分析为管理学科提供了一套科学的理论构架，对管理理论的发展和企业管理的历程均有着极为深刻的影响。因此，继泰勒的科学管理之后，法约尔的一般管理理论被誉为管理史上的"第二座丰碑"。

2.2.3 行政组织理论

马克斯·韦伯（Max Weber，1864—1920）是同泰勒和法约尔处于同一历史时期，并且对西方古典管理理论的确立做出杰出贡献的德国著名社会学家和哲学家，是西方古典管理理论的三位先驱之一。他的理论是对泰勒和法约尔理论的一种补充，对后来的管理学家，尤其是组织理论学家有重大影响，因而在管理思想发展史上被人们称为"组织理论之父"。

韦伯简介

韦伯认为，任何组织都必须以某种形式的权力作为基础，韦伯将社会所接受的权力分为三种：法定权力、传统权力和神授权力。它们应该建立在以下基础上。

合理基础——它是以一种对正规规则形式的"法律性"，以及对那些升上掌权地位者根据这些条例发布命令的权力的信任作为基础的（法定权力）。

传统基础——它是以一种对古老传统的神圣不可侵犯性，以及对根据这些传统行使权力者的地位合法性的既定信念作为基础的（传统权力）。

神授基础——它是以对某一个人的特殊的、超凡的神圣性、英雄行为或典范品格的信仰，以及对这个人所启示或发布的规范榜样或命令的信仰作为基础的（神授权力）。

韦伯认为，官僚集权组织是理想的组织形式，这种组织形式以"合理—合法"的权力为基础。所谓"合理—合法"的权力，就是根据组织目标、管理职能所明确规定的各个不同管理层次的相应权力，由被下属信任的领导人行使。

有了适于官僚组织体系的权力基础，韦伯勾画出理想的官僚组织模式，具有下列特征。

（1）实现劳动分工。明确规定每一个成员的权利和责任，并且把这些权利和责任作为正式职责而使之合法化。

（2）强调等级严密。各个职位都按照职权的等级原则组织起来，形成一个指挥体系。这是一种按照职位高低层层控制、井然有序、权责分明的组织体系。各级领导不仅要为自己的行动对上级负责，而且要对自己下级的行动负责。

（3）加强法规与规章的约束力。组织是根据明文规定的法规和规章组成的，法规和规章不变更，组织结构也固定不变。组织的任何一个成员都受法规和规章的控制。他们的工作必须遵循固定的程序，按照规定行使权力。

（4）强调人员关系非人格化。组织成员之间的关系，只是一种职位关系，不受个人情感的影响，成员间只有对事的关系而无对人的关系。

（5）成员的选用与保障。每一职位均根据其资格限制（资历或学历），按自由契约原则，经公开考试合格予以使用，务求人尽其才。

（6）实行管理权与所有权分离。管理者是职业化的官员而不是所管理单位的所有者，他们领取固定的工资并在组织中追求他们职业生涯的成就。

◆管理思考2.2

帕金森定律

英国著名历史学家诺斯古德·帕金森通过长期调查研究，写出了一本《帕金森定律》，他在书中阐述了机构人员膨胀的原因及后果。一个不称职的官员，可能有三条出路：第一是申请退职，把位子让给能干的人；第二是让一位能干的人来协助自己工作；第三是任用两个水平比自己更低的人当助手。第一条路是万万不能走的，因为那样会丧失许多权力；第二条路也不能走，因为那位能干的人会成为自己的对手；看来只有第三条路最适宜。于是，两个平庸的助手分担了他的工作，他自己则高高在上发号施令，他们不会对自己的权力构成威胁。两个无能助手上行下效，再为自己找两个更加无能的助手。

管理启迪

思考：从所描述的官场现象中，你得到什么启迪？

任务训练2.2

1. 单项选择题

（1）泰勒科学管理的研究是以什么为中心展开的？（　　）
  A. 人的因素　　　　　　　　　　B. 分配制度
  C. 生产效率与工作效率　　　　　D. 组织结构

（2）法约尔一般管理理论的主要贡献为（　　）。
  A. 提出了科学管理理论
  B. 提出了行为科学理论
  C. 研究了管理的一般性，构筑了管理理论的科学框架
  D. 提出了权变理论

（3）韦伯的哪一种理论为分析实际生活中各组织形态提供了典型规范？（　　）
  A. 科学管理理论　　　　　　　　B. 行为科学理论
  C. 管理科学体系　　　　　　　　D. 理想的行政组织体系

2. 多项选择题

（1）泰勒科学管理理论的理论要点包括（　　）。
  A. 工作定额　　　　　　　　　　B. 例外原则
  C. 职能工长制　　　　　　　　　D. 设置计划层，实行职能制
  E. 实行新的奖励制度

（2）法约尔一般管理理论的主要内容包括（　　）。
  A. 概括了企业活动　　　　　　　B. 提出了工人是"社会人"的观点
  C. 提出了管理职能　　　　　　　D. 提出了管理的14项原则
  E. 提出了"法约尔跳板"原理

3. 判断题

（1）泰勒推行的职能工长制犯了现代管理多头领导的大忌。（　　）
（2）韦伯认为：只有合理、合法的权力才能作为理想的行政体系的组织基础。（　　）
（3）古典管理理论是指以泰勒、法约尔、梅奥等人为代表的管理理论。（　　）

任务 2.3　领悟行为管理理论

知识目标：
▲ 掌握行为管理理论的形成过程、主要观点及贡献
能力目标：
▲ 能够运用行为管理理论分析身边的管理案例
▲ 能够将行为管理理论应用到日常的管理工作实践中
关键概念：
▲ 人际关系学说　霍桑试验
建议学时：
▲ 0.5 个学时

行为管理理论早期被称为人群关系学说，诞生于 20 世纪 30 年代。行为管理理论对工人在生产中的行为及其产生的原因进行分析研究，目的是解释、预测、控制人的行为，使之有利于达成组织预期的目标，同时使个人获得成长和发展。行为管理理论的诞生是西方管理理论与实践发展的必然结果。20 世纪初期，泰勒科学管理制逐渐行之无效，罢工、怠工现象时有发生，提高劳动生产率问题又成为一大难题。这促使管理学家重新审视科学管理理论，研究新的管理理论，行为科学和行为管理理论应运而生。

2.3.1　人际关系学说

1. 霍桑试验

对行为科学进行专门、系统的研究，进而形成一种较为完整的全新的管理理论，始于 20 世纪 20 年代美国哈佛大学心理学家乔治·埃尔顿·梅奥（George Elton Mayo，1880—1949）等人所继续进行的著名的霍桑试验。

梅奥简介

霍桑试验是 1924—1932 年在美国芝加哥郊外的西方电气公司的霍桑工厂进行的。霍桑工厂具有较完善的福利制度，但是工人们仍然有很强的不满情绪，生产效率很低。为探究原因，1924 年 11 月，美国国家研究委员会组织了一个包括多方面专家的研究小组进驻霍桑工厂，开始进行试验，以判定照明和其他一些条件对工人和生产率的影响。结果他们发现，对试验小组的照明，无论是增强还是减弱，生产率都有提高。在研究人员为此打算宣布整个试验归于失败之际，哈佛大学的梅奥却发现某些不寻常的东西，于是在 1927—1932 年，便和罗特利伯格及其他一些人继续进行研究，包括福利试验、群体试验、访谈试验。研究小组研究了各方面的因素，提出人际关系学说。

2. 梅奥人际关系学说的主要内容

根据霍桑试验，梅奥于 1933 年出版了《工业文明的人类问题》一书，奠定了人际关系理论的基础。在书中，他提出了一些与古典管理理论不同的新见解。

（1）工人是"社会人"，而不是"经济人"。以泰勒为代表的科学管理的基础把人当成"经济人"，认为金钱是刺激人们工作积极性的唯一动力。梅奥认为，工人是"社会人"，影响人们生产积极性的因素，除了物质方面的因素以外，还有社会和心理等方面的因素。

（2）企业中存在着非正式组织。正式组织是为了实现企业目标所规定的企业成员之间职责范围的一种结构。梅奥认为，人是社会的人，在企业的共同工作中，人们必然相互发生关系，由此就形成了一种非正式团体。在该团体中，人们形成共同的感情，进而构成一个体系，这就是非正式组织。

（3）生产率的提高主要取决于工人的工作态度，以及他和周围人的关系。梅奥认为提高生产率的主要途径是提高工人的满意度，即工人对社会因素，特别是人际关系的满足程度。如果满足程度高，工作积极性、主动性和协作精神就高，即士气高，生产效率就高。

2.3.2 行为科学理论

霍桑试验及梅奥的见解提出了管理中一个值得重视的新领域，即人际关系的整合。之后，大批受过专业社会科学训练的研究者，采用更系统的研究方法，从心理学、社会学、人类学和管理学的角度对人际关系进行综合研究，从而建立了关于人的行为及其调控的行为科学理论。行为科学产生于 20 世纪二三十年代，而正式被命名为"行为科学"，是在 1949 年美国芝加哥的一次跨学科的科学会议上。

1. 广义的行为科学

广义的行为科学是包括研究人的各种行为（乃至动物的行为）在内的多种学科，是一个学科群，而不单是一门学科，因而在英文中用复数形式表示；是社会科学的同义语，是包括心理学、社会学、经济学在内的学科群。

2. 狭义的行为科学

狭义的行为科学是运用心理学、社会学、经济学等学科的理论和方法来研究工作环境中个人和群体的行为的一门综合性学科，而不是一个学科群。

任务训练 2.3

1. 单项选择题

（1）管理学的发展过程中，哪一时期进入了行为科学阶段研究。（　　）

A．18世纪中叶　　　　　　　　B．19世纪末20世纪初
C．18世纪末19世纪初　　　　　D．20世纪二三十年代

（2）霍桑实验是由美国行为科学家乔治·梅奥主持的，该实验最引人注目之处就是（　　）。

A．注重提高劳动生产率　　　　B．提出人是社会人的管理观点
C．提出"例外原则"　　　　　　D．重视权利与权威

2．多项选择题

（1）人际关系理论要点包括（　　）。
A．企业中存在着"非正式组织"
B．管理应具有灵活性
C．组织内的信息交流
D．人是"社会人"，人既有物质和金钱上的需求，也有精神和社会上的需求
E．企业管理者要树立新型的领导方式，注重提高职工的满足感

（2）行为科学管理研究内容不包括以下哪项？（　　）
A．人的本性　　　　　　　　　B．人的需要
C．人的行为动机　　　　　　　D．实行"职能工长制"
E．工作中的人际关系

3．判断题

（1）梅奥通过霍桑实验得出职工是"经济人"。（　　）
（2）霍桑实验主要研究生产效率和物质、工作条件之间的关系。（　　）
（3）梅奥等人所创立的人际关系学说，为行为科学的发展奠定了基础。（　　）

任务2.4　掌握现代管理理论

知识目标：
▲ 熟悉现代管理理论各理论学派的发展特点及趋势特征

能力目标：
▲ 能够运用管理理论分析身边的管理案例
▲ 能够将管理理论应用到日常的管理工作实践中

关键概念：
▲ 管理理论丛林　战略管理　企业文化　企业再造　学习型组织

建议学时：
▲ 2个学时

现代管理理论是指第二次世界大战后到现在的西方管理理论。第二次世界大战之

后，随着科技的迅猛发展，生产社会化程度的日益提高，不同的学者从各自不同的背景、不同的角度，用不同的方法对管理进行研究，带来了管理理论的空前繁荣。这种现象被称为"管理理论丛林"。各具代表性的学说和理论的产生和发展对现代管理的发展产生了重要的影响。

2.4.1 现代管理理论学派

现代管理理论是一个知识体系，是近代管理理论的综合，内容十分丰富。不同的现代管理理论学派有其学派的理论观点，各有所长。下面主要介绍几种现代管理理论和学派。

1. 管理过程学派

管理过程学派又称管理职能学派、经营管理学派。这个学派是在法约尔管理思想的基础上发展起来的，是继古典管理理论学派和行为科学学派之后影响最大、历史最久的一个学派。该学派的代表人物有美国的哈罗德·孔茨（Harold Koonts）和西里尔·奥唐奈（Cyril O. Donnell），其代表作为他们两人合著的《管理学》。该学派视管理为一种程序和许多相互关联着的职能，并提供了一个分析研究管理的思想构架。同时，强调管理职能的共同性，尽管不同组织的性质不同，但所应履行的基本管理职能是相同的。

2. 社会系统学派

社会系统学派的创始人是美国的管理学家切斯特·巴纳德（C. I. Barnard），他的代表作是 1937 年出版的《经理的职能》。这一学派以组织理论为研究重点，将组织看作一种人与人相互之间协作的一个系统，是一个社会系统，会受到社会环境各方面因素的影响。

3. 决策理论学派

决策理论是以社会系统论为基础，吸收行为科学和系统论的观点，运用计算机技术和统筹学的方法发展起来的一种理论。这个学派的主要代表人物是西蒙。决策理论的主要观点：管理就是决策，决策贯穿于整个管理过程；决策过程包括情报活动、设计活动、抉择活动、审查活动四个阶段的工作；决策应遵循满意准则、程序化决策和非程序化决策。

4. 经验主义学派

经验主义学派以美国的德鲁克、戴尔等为代表，他们认为，有关企业管理的理论应该从企业管理的实际出发，特别是以大企业管理经验为主要研究对象，将其概括和理论化，然后传授给管理人员或向经理提出实际的建议。

5. 权变理论学派

权变理论是一种较新的管理思想，它的代表人物是英国的琼·伍德沃德（Joan

Woodward)等人。伍德沃德的代表作是《工业组织：理论和实践》。权变理论学派认为，组织和组织成员的行为是复杂的、不断变化的，这是一种固有的性质。而环境的复杂性又给有效的管理带来困难，从而以前各种管理理论所适用的范围就十分有限，例外情况也越来越多。所以说，没有任何一种理论和方法适用于所有情况，管理方式或方法也应该随着情况的不同而改变。

6. 系统管理学派

系统管理学派兴盛于20世纪60年代前后，其代表人物是美国管理学家弗里蒙特·卡斯特（F. E. Kast）、詹姆斯·罗森茨韦克（J. E. Rosenzweig）等人。该学派的理论要点如下：组织是由人们建立起来的、相互联系且共同工作着的要素所构成的系统，这一人造的开放系统同外部环境之间存在着动态的相互作用，并具有内部和外部的信息反馈网络，能够不断地自行调节，以适应环境和本身的需要；企业的组织结构是一个完整的系统，同时也是一个管理信息系统。

2.4.2 管理理论新发展

进入20世纪90年代以来，许多管理的新理论、新方法的产生掀起了管理的新思潮。这些新理论包括战略管理理论、企业文化理论、企业再造理论、"学习型组织"理论等。

1. 战略管理理论

20世纪60年代末至70年代初，美国经济内临石油危机，外遇崛起的日本及欧洲的挑战，科技竞争愈演愈烈。管理学界开始重点研究如何适应充满危机和动荡的国际经济环境的不断变化，谋求企业的生存发展，并获取竞争优势的课题。较为突出的是，来自战争的词汇——"战略"开始被引入管理学界。伊戈尔·安索夫（H. igor Ansoff）《公司战略》（1965）一书的问世，开创了战略规划的先河。1976年，安索夫的《从战略计划到战略管理》出版，标志着现代战略管理理论体系的形成。该书将战略管理明确解释为"企业高层管理者为保证企业的持续生存和发展，通过对企业外部环境与内部条件的分析，对企业全部经营活动所进行的根本性和长远性的规划与指导"。他认为，战略管理与以往经营管理的不同之处在于面向未来，动态地、连续地完成从决策到实现的过程。而迈克尔·波特（M. E. Porter）的《竞争战略》（1980）可谓把战略管理的理论推向了顶峰，书中许多思想被视为战略管理理论的经典，比如五种竞争力（进入威胁、替代威胁、买方砍价能力、供方砍价能力和现有竞争对手的竞争）、三种基本战略（成本领先、标新立异和目标集聚）、价值链的分析等。通过对产业演进的说明和各种基本产业环境的分析，得出不同的战略决策。这一套理论与思想在全球范围内产生了深远的影响。

2. 企业文化理论

企业文化理论是一个全新的企业管理理论，它起源于日本，形成于美国，是继古典管理理论、行为科学管理理论、丛林学派管理理论之后，世界企业管理史上出现的第四个管理阶段的理论,被称为世界企业管理史上的"第四次管理革命"。20世纪80年代初,日本经济持续多年的高速增长引起了全世界的瞩目,为了探究日本经济腾飞背后的因素,美国企业界开始研究日本企业的管理方式。企业文化理论就是这种研究的一项重大成果。最早提出企业文化概念的人是美国的管理学家威廉·大内。他于1881年出版了自己对日本企业的研究成果《Z理论——美国企业如何迎接日本的挑战》。在此书中,他指出:日本企业成功的关键因素是它们独特的企业文化。这一观点引起了管理学界的广泛重视,吸引了更多的人从事企业文化的研究。企业文化理论的基本点是"以人为本"。它强调管理以人为中心,充分尊重员工的价值,重视人的需求的多样性,运用共同的价值观、信念、和谐的人际关系、积极进取的企业精神等文化观念,营造整体的企业人生,使管理从技术上升为艺术。

3. 企业再造理论

20世纪90年代以来,经济全球化及信息技术突飞猛进的发展使企业的内外经营环境发生了深刻变化。这使得传统的经营理念、管理理论和管理方式面临着严峻的挑战,企业面临着过去一百多年来从未有过的巨大变革。企业再造理论的提出就是这种变革的产物。企业再造概念由美国麻省理工学院教授迈克尔·哈默(Michael Hammer)于1990年在《哈佛商业评论》上发表的一篇文章中首先提出的。1993年他与詹姆斯·钱皮(James A. Champy)共同出版《再造公司》一书,标志着企业再造理论的产生。所谓企业再造,是指"为了飞跃性地改善成本、质量、服务、速度等重大的现代企业的营运基准,对工作流程进行根本性的重新思考并进行彻底改革",也就是说,"从头改变,重新设计"。为了能够适应新的世界竞争环境,提高企业竞争力,从业务流程上保证企业能以最小的成本、高质量的产品和优质的服务提供给企业客户,企业必须摒弃已成习惯的营运模式和工作方法,以工作流程为中心,从多角度重新审视其功能、作用、效率、成本、速度、可靠性、准确性,找出其不合理的因素,然后以效率和效益为中心对作业流程和服务进行重新构造,以达到业绩的飞跃和突破。

4. "学习型组织"理论

进入信息时代、知识时代以后,传统的管理模式越来越不能适应企业在科技迅速发展、市场瞬息万变的竞争中取胜的需要。企业家、经济学家和管理学家们都在探寻一种更有效的、能顺应发展需要的管理模式,"学习型组织"理论正是在这样一个大背景下产生的。美国学者彼得·圣吉(Peter M. Senge)在《第五项修炼》一书中提出"学习型组织"观念,其含义为"组织面临变化剧烈的外在环境,应力求精简、扁平化、终生学习、不断自我组织再造,以维持竞争力"。他认为,要使组织变成一个"学习型组织",必须具有系统思考、自我超越、改善心智模式、建立共同愿景、团队学习这五项修炼的求实基础。学习型组织有不同凡响的作用和意义,它的真谛在于两个方面:一方面,学习是为了保证企业的生存,使企业组织具有不断改革的能力,提高企业自身的竞争力;另一方面,学习更是为了实现个人与工作的真正融合,使人们在工作中体现生命的意义。

2.4.3 管理发展新趋势

1. 信息化趋势

随着计算机、微电子技术和网络技术的广泛应用,人类进入了数字信息时代,管理信息化是管理发展的必然趋势。在生产技术、社会需求及市场竞争等日新月异、瞬息万变的情况下,一个企业能否在激烈的竞争中得以生存和发展,它的产品和服务能否跟上时代的要求,在于该企业能否及时掌握必要和准确的信息,能否正确地加工和处理信息,能否迅速地在员工之间传递和分享信息,特别是能否把信息融合到产品和生产服务过程之中,融合到企业的整个经营与管理工作之中。因此,传统的企业管理已经不能适应现代信息技术的要求。企业管理面临着信息化的挑战,信息管理成为企业竞争制胜的重要法宝。管理信息化正在往广度和深度方向发展,这导致信息管理在整个管理中地位的提升。信息管理渗透和体现在政府管理和企业管理的全部过程中。可以说,现代企业和组织若无信息管理,也就谈不上任何管理了。

2. 人性化趋势

在任何管理中,人是决定性因素。管理的这一特征,要求管理理论研究也要坚持以人为中心,把对人的研究作为管理理论研究的重要内容。事实上,在管理理论的研究中,差不多所有的管理理论都是建立在人性的假设理论基础上的。许多学派管理理论的不同,主要是出于对人性认识的不同。20世纪之初泰勒的科学管理是基于"经济人"这一假设的,20世纪30年代梅奥等人的行为管理是基于"社会人"这一假设的,至20世纪50年代又有了基于"自我实现的人"假设的马斯洛的人性管理,20世纪80年代以来出现的文化管理,强调实现自我的企业文化和企业现象。

管理研究发展史表明,管理理论明显地存在着以人为本的管理思想。为此,管理都要以人为中心,把提高人的素质、处理人际关系、满足人的需求、调动人的主动性、积极性和创造性的工作放在首位。在管理方式上,现代管理更强调用"柔"的方法,尊重个人的价值和能力,通过激励、鼓励人,以感情调动职工的积极性、主动性和创造性,以实现人力资源的优化及合理配置。

3. 弹性化趋势

由于社会环境的不断变化,现代管理从固定的组织系统向富有弹性的组织系统发展,要求组织机构应该趋于灵活而富有弹性,以求信息畅通并行动敏捷,能够具有很强的环境适应能力。为了简化发号施令和相互沟通的渠道,组织管理者缩小机构,减少层次。在企业各下属机构变小的同时,赋予它们更大的自主权,实行经营权和管理权下放。这既有利于发挥下属人员的专长和创造精神,又有利于使企业领导把主要精力集中在高层战略决策问题上。这种具有较强的应变能力,机动灵活而不僵化、形式多种多样、有较高的工作效率、富有弹性的组织就是柔性组织。虚拟公司就是柔性组织中的一种。这种没有组织机构,也没有领导层级,而是一种为利用某种特定的机遇而通过信息技术迅速联合起来的协作集团。一旦机遇来临,就采取行动;一旦机遇不存在了,就解体。在虚拟公司内,取众家之长,各家分摊费用、分享技术,共同占领全球市场。随着信息技术的不断进步、网络经济的不断发展,组织机构必然会越来越趋于随意和多样,相应的组织管理,也必将日趋弹性化。

4. 变革和创新

世界是在不断变化中发展的,人类社会的发展史就是一部变革史和创新史。在经济全球化和市场竞争加剧的今天,无论什么样的组织都将面临着变革和创新的挑战,变革和创新是必然的。

变革是组织为适应外部环境变化而进行的自身改变。这些改变既包括结构重组、规模合理化、全面质量管理、业务流程再造、企业系统创新、企业文化重塑、开发新产品、占领新市场等,也包括员工价值观、理想和行为等内在因素深层次的变革。其目的在于改进企业的经营方式,使组织更好地适应变化了的市场环境,增强竞争力。变革是组织的现实,对付变革是每个管理者工作中不可分割的部分。

创新是指形成创造性思想并将其转换为有用的产品、服务或作业方法的过程。可以看到,富有创新力的组织能够不断地将创造性思想转变为某种有用的结果。

不同的企业对变革和创新的态度不同,出现了两种变革和创新的形式。有的组织主动地进行变革和创新,这些主动变革、积极创新的组织能预见组织面临的威胁和机遇,发现自身的问题,从而有计划地进行变革,主动地实现组织的目标;有的组织则被动地变革和创新,这些被动变革怠于创新的组织,在遇到问题后被迫做出反应,通常没有周密的整体计划,变革和创新的道路比较曲折。

在 21 世纪,企业变革的迫切性变得更加突出。美国宾夕法尼亚大学沃顿商学院 SEI 高级管理研究中心,在听取某些顾问、院士及某些领导人意见的基础上,描绘了 21 世纪公司的特征的图画,并与 20 世纪公司的特征进行比较。通过比较,不仅指出了 21 世纪组织变革和创新的主要方向,而且也说明了组织变革和创新的任重而道远。组织领导层如果不能预见变革和创新的需求,把握变革和创新的方向,适时地推进变革和创新,将使组织陷于非常危险的境地。20 世纪与 21 世纪公司特征的差异如表 2-1 所示。

表 2-1 20 世纪与 21 世纪公司特征的差异

20 世纪公司的特征	21 世纪公司的特征
以目标为指导	以想象力为指导
关注价格	关注价值
产品质量观念	全面质量观念
产品驱动	客户驱动
为股东负责	为利益相关者负责
财务导向	速度导向
高产、稳定	创新、开拓精神
等级体制	平等、分权体制

续表

20 世纪公司的特征	21 世纪公司的特征
基于机器	基于信息
功能的	功能交叉的
严格的、负责任的	柔性的、广博的
地方、地区、全国的	全球的
纵向一体化	网络型、相互依存

任务训练 2.4

1. 单项选择题

（1）经验学派主张通过分析经验来研究管理学问题，被称为（　　）。
A．经验教学　　　　　　　　　　B．案例学派
C．案例教学　　　　　　　　　　D．经验学派

（2）管理科学学派是（　　）的继续和发展。
A．泰勒的科学管理理论　　　　　B．法约尔的一般管理理论
C．韦伯的理想行政组织体系理论　D．梅奥的人际关系理论

（3）否认管理理论的普遍价值，主张从"实例研究""比较研究"中导出通用规范，由经验研究来分析管理，这是（　　）的基本观点。
A．管理过程学派　　　　　　　　B．社会系统学派
C．经验主义学派　　　　　　　　D．权变理论学派

2. 多项选择题

（1）人际关系理论要点包括（　　）。
A．企业中存在"非正式组织"
B．管理应具有灵活性
C．组织内的信息交流
D．人是"社会人"，人既有物质和金钱上的需求，还有精神和社会上的需求
E．企业管理者要树立新型的领导方式，注重提高职工的满足感

（2）人际关系行为学派（　　）。
A．注重个人　　　　　　　　　　B．注重人的动因
C．突出个人　　　　　　　　　　D．不重视人的动因
E．把人的动因作为一种社会心理现象

3. 判断题

（1）主张通过与管理者职能相联系的办法把有关管理知识汇集起来，力图把用于管

理实践的概念、原则、理论和方法融合在一起，以形成管理学科的学派是管理过程学派。（ ）

（2）"管理理论丛林"现象的存在，意味着管理理论的不成熟。（ ）

（3）权变理论认为，组织和组织成员的行为是复杂的、不断变化的，这是一种固有的性质。（ ）

管理定律

经典管理定律之二

1. 马太效应

马太效应是指好的愈好、坏的愈坏、多的愈多、少的愈少的一种现象，即两极分化。马太效应告诉我们：企业要想在某一个领域保持优势，就必须在此领域迅速做大。当你成为某个领域的领头羊时，即使投资回报率相同，你也能更轻易地获得比弱小的同行更大的收益。如果没有实力迅速在某个领域做大，就要不停地寻找新的发展领域，才能保证获得较好的投资回报。

2. 木桶法则

木桶法则的意思是，一只沿口不齐的木桶，它盛水的多少，不在于木桶上那块最长的木板，而在于木桶上最短的那块木板。要想使木桶多盛水——提高水桶的整体效应，不是去增加最长的那块木板的长度，而是下功夫依次补齐木桶上较短的木板。木桶法则告诉我们：在管理过程中要下功夫狠抓单位的薄弱环节，否则，单位的整体工作就会受到影响。人们常说"取长补短"，即取长的目的是补短，只取长而不补短，就很难提高工作的整体效应。

3. 鲇鱼效应

鲇鱼效应：挪威人喜欢吃沙丁鱼，尤其是活沙丁鱼。活沙丁鱼的市场价格要比死的高许多，所以渔民总是千方百计地让沙丁鱼活着回到渔港。虽然经过种种努力，绝大部分沙丁鱼还是在中途因窒息而死亡，但有一条渔船总能让大部分沙丁鱼活着回到渔港。船长严格保守着秘密。直到船长去世，谜底才被揭开。原来，船长在装满沙丁鱼的鱼槽里放进了一条以鱼为主要食物的鲇鱼。鲇鱼进入鱼槽后，由于环境陌生，便四处游动。沙丁鱼见了鲇鱼十分紧张，左冲右突，四处躲避，加速游动。这样一来，一条条沙丁鱼活蹦乱跳地回到了渔港。

鲇鱼效应告诉我们：企业经营时，必须不断地补充新鲜血液，引入生力军，激发群体内相互竞争；同时通过引进先进管理模式、先进技术、先进设备，提高自身市场竞争力。

4."250 定律"

美国著名推销员乔·拉德在商战中总结出了"250 定律"。他认为每一个顾客身后，大概有 250 个亲朋好友。如果您赢得了一个顾客的好感，就意味着赢得了 250 个人的好感；反之，如果你得罪了一个顾客，也就意味着得罪了250个顾客。这一定律有力地论证了"顾客就是上帝"的真谛。

由此，我们可以得到如下启示：必须认真对待身边的每一个人，因为每一个人的身后，都有一个相对稳定的、数量不小的群体。善待一个人，就像拨亮一盏灯，会照亮一大片。

5. 彼得原理（"向上爬"原理）

美国学者劳伦斯·彼得提出：每个组织都是由各种不同的职位、等级或阶层的排列所组成的，每个人都属于其中的某个层级。在各种组织中，总是趋向于根据成就将雇员晋升到其不称职的地位，最终造成组织人浮于事、效率低下，影响企业经营发展。这就要求改变单纯的根据贡献决定企业员工晋升的晋升机制，不能因某人在某个岗位上干得很出色，就推断此人一定能够胜任更高一级的职务。将一名职工晋升到一个无法很好发挥才能的岗位，不仅不是对本人的奖励，反而使其无法很好地发挥才能，从而给企业带来损失。

知识拓展：西方文明古国的管理思想与管理实践

知识拓展：现代六维管理

项目总结

（1）管理思想是管理理论的核心，是指从长期的管理实践活动中提炼、概括出来的，指导人们在管理活动中所遵循的一般性原则、观念和方法，是人们对管理过程中发生的各种关系的认识的总和，它是由一系列观念或观点构成的知识体系。管理思想的正确与否，直接关系到各项管理活动的效率和效益。一个现代的管理人员要进行有效的管理，就必须了解人类管理思想的发展过程。

（2）管理理论是由一系列管理原理、管理形式、管理方法和管理制度等组成的，它是对管理实践活动的理论概括。最早形成的比较系统的管理理论是19世纪末至20世纪初，随着生产力的高度发展和科学技术的进步，在西方形成并蓬勃发展起来的古典管理理论。它包括以泰勒为代表的科学管理理论、以法约尔为代表的一般管理理论和以韦伯为代表的行政组织理论。

（3）以梅奥、赫茨伯格等为代表的行为科学理论，抛弃了以物质为中心的管理思想，以人为中心进行管理理论的研究。梅奥的人际关系理论，使人们开始关注人的因素，为管理变革指明了方向，开辟了管理学研究的新领域。

（4）第二次世界大战以后，随着管理热潮的掀起，许多学者和管理学家从不同的角度提出了各自的理论和新学说，产生了多种现代管理理论，形成了"管理理论丛林"。随着科学技术的进步和知识经济时代的到来，管理的新思想不断涌现，管理理论充满了发展活力，主要包括管理过程学派、社会系统学派、决策理论学派、经验主义学派、权变理论学派、系统管理学派。

（5）随着信息革命、知识经济时代进程的加快，企业面临前所未有的竞争环境的变化，传统的组织模式和管理理念已越来越不适应现实环境，产生了许多管理的新理论、新方法，从而掀起管理理论的新思潮。其中，最突出的有企业战略管理、组织文化管理、学习型组织、企业再造等。

项目实训

实训2.1　管理测试：测试你的管理能力有多强

1．测试说明

以下15道题，表示"肯定"的计1分，表示"否定"的计0分，把分数填写在测试题目后面的括号里。做完后通过扫描二维码将总分与结果对照。

2．测试题目

（1）习惯于行动之前制订计划？（　　）
（2）经常出于效率上的考虑而更改计划？（　　）
（3）能经常收集他人的各种反映？（　　）
（4）实现目标是解决问题的继续？（　　）
（5）临睡前思考和筹划明天要做的事情？（　　）
（6）事务上的联系、指令常常是一丝不苟的？（　　）
（7）有经常记录自己行动的习惯？（　　）
（8）能严格制约自己的行动？（　　）
（9）无论何时何地，都能有目的地行动？（　　）
（10）能经常思考对策，扫除实现目标中的障碍？（　　）
（11）能每天检查自己当天的行动效率？（　　）
（12）经常严格查对预定目标和实际成绩？（　　）
（13）对工作的成果非常敏感？（　　）
（14）今天预先安排的工作绝不拖延到明天？（　　）
（15）习惯于在掌握有关信息的基础上制定目标和制订计划？（　　）

测试分析

实训2.2　小组活动：进行管理实践活动

请按如表2-2所示的要求完成管理实践活动。

表2-2　管理实践要求

实训项目	分析中国古代管理思想及其对现代管理实践活动的启迪
实训目标	1．理论结合实际，加深对中国古代管理思想的认识与理解。

续表

实 训 目 标	2．培养学生对管理思想的分析与应用能力。 3．培养学生的表达、合作、学习能力
实训内容 及组织	1．由学生自愿组成小组，每组6~8人，通过多种渠道，搜集体现儒、道、法、兵家其中一种管理思想的案例和资料。 2．分析内容如下： （1）所分析的管理思想的主要观点、代表人物。 （2）所分析的管理思想对现代管理的启迪。 （3）所分析的管理思想在现代管理中的有效运用的个案分析。 3．把握分析材料的具体要领：先介绍管理思想及代表人物，然后重点分析、评价该管理思想对现代管理的启迪，列举一个与该管理思想相符的企业管理案例进行分析，注意联系管理实际，最后写出自己的体会
活 动 考 核	1．每组提交一份分析报告。 2．制作PPT，组织一次课堂交流与讨论。 3．以小组为单位，先分别由组长和每个成员根据各成员在合作学习中的表现进行评估打分；再由教师根据各成员的分析报告与PPT汇报中的表现分别评估打分；最后将上述诸项评估得分综合为本次实训成绩

实训2.3　项目测试题

1．判断题（1分×10=10分）

（1）自管理科学成为独立的学科以来，大体经历了三个发展阶段：古典管理理论阶段、行为科学理论阶段和现代管理理论阶段。（　　）

（2）古典管理理论把人当成"经济人"，行为科学家提出了"社会人"的观点。（　　）

（3）决策理论学派提出在决策过程中应遵循"最优化原则"。（　　）

（4）法约尔认为，管理就是计划、组织、指挥、协调和控制。（　　）

（5）泰勒的科学管理理论既重视技术因素，也重视社会因素。（　　）

（6）韦伯认为理想的组织形态是行政性组织。（　　）

（7）梅奥等人的霍桑试验奠定了管理的行为科学的基础，其通过实验得出的结论构成了管理中的人际关系学说。（　　）

（8）霍桑试验的研究发现，工作环境和物质条件直接影响劳动生产率的提高。（　　）

（9）合理—合法权力是一种按职位等级合理分配，经规章制度明确规定并有能力胜任其职的人依靠合法手段而行使的权力，统称职权。（　　）

（10）人们通常所说的西方现代管理理论不是指一种管理理论，而是对各种不同管理学派理论的统称。（　　）

2．单项选择题（1分×20=20分）

（1）古典管理理论的主要特点是（　　）。

A．把管理的对象视为被动的受支配者和理性经济人、机器的附属物

B．认为管理中要关注人的本性问题，重视人的行为和社会的因素

C. 主要集中研究个体行为、团体行为与组织的行为
D. 在管理中重视被管理者不同的需要，激励被管理者工作的积极性

（2）（　　）是科学管理理论的奠基人。
A. 法约尔　　　　B. 韦伯　　　　C. 泰勒　　　　D. 梅奥

（3）泰勒的科学管理的中心问题是（　　）。
A. 挑选一流的人员　　　　　　B. 实行标准化管理
C. 实行奖励性的报酬制度　　　D. 提高劳动生产率

（4）（　　）是管理过程理论的创始人。
A. 法约尔　　　　B. 韦伯　　　　C. 马斯洛　　　D. 梅奥

（5）管理学的发展过程中，（　　）进入了行为科学研究阶段。
A. 20世纪20年代　　　　　　　B. 18世纪末19世纪初
C. 19世纪末20世纪初　　　　　D. 19世纪中叶

（6）韦伯认为，组织必须以（　　）作为组织体系的基础。
A. 法定的权力和权威　　　　　B. 传统的权力
C. 超凡的权力　　　　　　　　D. 神赋予的权力

（7）霍桑试验是由美国行为科学家梅奥主持的，该试验最引人注目之处就是（　　）。
A. 注重提高劳动生产率　　　　B. 提出人是"社会人"的管理观点
C. 提出"例外原则"　　　　　　D. 实行标准化管理

（8）1980年，（　　）认为现代管理学派林立，已形成了"管理理论丛林"。
A. 赫茨伯格　　　　　　　　　B. 孔茨
C. 奥尔德弗　　　　　　　　　D. 卢因

（9）企业中存在着"非正式组织"的观点来源于（　　）。
A. 现代管理理论　　　　　　　B. 管理过程理论
C. 科学管理理论　　　　　　　D. 霍桑试验结论

（10）按照（　　）的观点，现实中不存在一成不变、普遍适用的理想化管理理论和方法，管理应随机应变，即采用什么样的管理理论、方法及技术应取决于组织环境。
A. 管理过程学派　　　　　　　B. 社会系统学派
C. 经验主义学派　　　　　　　D. 权变理论学派

（11）泰勒的科学管理理论出现在（　　）。
A. 19世纪末20世纪初　　　　　B. 20世纪30年代
C. 20世纪40年代　　　　　　　D. 20世纪60年代

（12）决策学派的代表人物主要是（　　）。
A. 孔茨　　　　　　　　　　　B. 赫茨伯格
C. 西蒙　　　　　　　　　　　D. 伍德沃德

（13）引起管理界的轰动，从此建立学习型组织并进行修炼，最终成为管理理论与实践的热点的是（　　）。
A. 海默的《企业再造工程》　　B. 孔茨的《管理学》
C. 德鲁克的《管理的实践》　　D. 圣吉的《第五项修炼》

（14）梅奥等人通过霍桑试验得出结论：人们的生产效率不仅受到物理、生理因素的影响，还受到社会环境、社会心理因素的影响。由此创立了（　　）学说。
  A．行为科学　　　　　　　　　B．人文关系
  C．社会关系　　　　　　　　　D．人际关系

（15）标志着古典管理理论形成的事件是（　　）。
  A．霍桑试验
  B．甘特发明横道图
  C．泰勒的《科学管理原理》一书出版
  D．A和C两项都是

（16）有一天，某公司总经理发现会议室的窗户很脏，好像很久没有打扫过，便打电话将这件事告诉了行政后勤部负责人。该负责人立刻打电话告诉事务科长，事务科长又打电话给公务班长，公务班长便派了两名员工，很快就将会议室的窗户擦干净了。过了一段时间，同样的情况再次出现。这表明该公司在管理方面存在着什么问题？（　　）
  A．组织层次太多
  B．总经理越级指挥
  C．各部门职责不清
  D．员工缺乏工作主动性

（17）把管理理论的各个学派称为"管理理论丛林"的管理学家是（　　）。
  A．泰勒　　　　　　　　　　　B．孔茨
  C．韦伯　　　　　　　　　　　D．马斯洛

（18）霍桑试验表明（　　）。
  A．非正式组织对组织目标的达成是有害的
  B．企业应采取一切措施来取缔非正式组织
  C．非正式组织对组织目标的达成是有益的
  D．企业应该正视非正式组织的存在

（19）（　　）提出了重视管理中人的因素。
  A．科学管理理论　　　　　　　B．一般管理理论
  C．行政组织理论　　　　　　　D．行为管理理论

（20）管理学形成的标志是（　　）。
  A．泰勒科学管理理论　　　　　B．法约尔管理过程理论
  C．韦伯理想行政组织理论　　　D．梅奥的霍桑试验结论

3．多项选择题（2分×10=20分）

（1）泰勒科学管理理论的理论要点包括（　　）。
  A．工作定额原理　　　　　　　B．贯彻"例外管理"
  C．职能工长制　　　　　　　　D．设置计划层，实行职能制
  E．实行新的奖励制度

（2）法约尔一般管理理论的主要内容有（　　）。

A．概括了企业活动
B．提出了工人是"社会人"的观点
C．提出了管理职能
D．提出了管理的 14 项原则
E．提出"法约尔跳板"原理

（3）法约尔的贡献在于（　　）。
A．关于动作和工时的研究
B．激励理论的研究
C．组织管理的研究
D．专业化和劳动分工的研究
E．管理组织和管理过程的职能划分理论

（4）霍桑试验的结论是（　　）。
A．职工是"社会人"
B．企业中存在着非正式组织
C．职工是"经济人"
D．管理者应具备技术经济能力
E．新型领导能力在于提高职工的满意度

（5）管理学形成之后，管理理论可以划分为（　　）三个阶段。
A．早期管理思想阶段　　　　　　B．古典管理理论阶段
C．管理产生的萌芽阶段　　　　　D．行为管理理论阶段
E．现代管理理论阶段

（6）古典管理理论是指（　　）。
A．科学管理理论　　　　　　　　B．管理科学理论
C．管理过程理论　　　　　　　　D．一般管理理论
E．行政组织理论

（7）人际关系理论要点包括（　　）。
A．企业中存在着非正式组织
B．管理应具有灵活性
C．组织内的信息交流
D．人不仅有物质和金钱上的需求，还有精神和社会上的需求
E．企业管理者要树立新型的领导方式，注重提高职工的满足感

（8）法约尔提出的管理的 14 条原则包括（　　）。
A．集权与分权　　　　　　　　　B．等级链与跳板
C．统一指挥　　　　　　　　　　D．首创精神
E．报酬合理

（9）管理过程学派的基本观点是（　　）。
A．管理是一个过程　　　　　　　B．管理过程具有五个职能
C．管理具有普遍性　　　　　　　D．管理具有多样性

E. 管理具有灵活性

（10）我国古代典籍（　　）反映了我国古代的管理思想。

A.《墨子》　　　　　　　　　B.《周礼》
C.《法经》　　　　　　　　　D.《西游记》
E.《孙子兵法》

4. 简答题（4分×6=24分）

（1）简述科学管理理论的基本要点。
（2）法约尔对管理的主要贡献是什么？
（3）梅奥人际关系学说的主要思想是什么？
（4）如何理解学习型组织？

5. 论述题（10分×1=10分）

试述西方管理史发展的主要线索及主要观点。

6. 案例分析题（16分×1=16分）

知难而上：克莱斯勒公司挑战90年代

在20世纪80年代，李·艾珂卡因拯救濒临破产边缘的美国汽车巨头公司之一克莱斯勒公司而声名鹊起。之后，克莱斯勒公司又面临另外一项挑战：在过热的竞争和预测到的世界汽车产业生产能力过剩的环境中求生存。为了渡过这场危机并在此成功地进行竞争，克莱斯勒不得不先解决以下问题。

首先，世界汽车产业的生产能力过剩，意味着所有汽车制造商都将竭尽全力保持或增加自己的市场份额，不仅美国的汽车公司要靠增加投资来提高效率，而且日本的汽车制造商也不断在美国增加，这就带来了问题。另外，欧洲和韩国的厂商也想增加他们在美国的市场份额。艾珂卡承认，需要对某些车型降价。为此，他运用全面打折和其他激励手段来吸引消费者进入克莱斯勒的汽车陈列室。

可是，艾珂卡和克莱斯勒也认为，价格是唯一得到更多买主的方法。事实上，那不是最好的方法，尤其从长期性来看。相反，克莱斯勒必须解决第二个问题：改进它所生产的汽车的质量和性能。艾珂卡认为，他犯了个错误，因为他把注意力过分集中在市场份额和财务方面，而把产品开发拱手让给了其他厂家。此外，克莱斯勒还必须重视向消费者提供的售后服务的质量。产业分析家一致认为，优良的消费者服务在一种饱和市场中至关重要。

艾珂卡必须解决的第三个问题，是把美国汽车公司和克莱斯勒的运作结合起来。兼并美国汽车公司意味着克莱斯勒不得不解雇许多员工，既有蓝领工人又有白领阶层的工人。剩余的员工对这些解雇工人的态度从愤怒到担心，这种局面给克莱斯勒的管理带来巨大的压力，难以和劳工方面密切合作，一边平定骚乱，一边要求提高汽车质量和劳动生产率。

为了生存，克莱斯勒承认，公司各级管理人员和员工必须通过协作，以团队的形式开发和制造与消费者的需要相匹配的高质量产品。克莱斯勒的未来还要以提高效率为基础。克莱斯勒一直注重降低成本、提高质量并靠团队合作的方式提高产品开发的速度，并发展与供应商和消费者更好的关系。在其他方面，艾珂卡要求供应商提供降低成本的建议——他已收到这样的提议。艾珂卡说，降低成本的关键是"让全部（1万名）员工都谈降低成本"。

艾珂卡现在已经从克莱斯勒公司总裁的职位退休。有些分析家开始预见克莱斯勒的艰难时光。一位前管理人员说："感受到克莱斯勒的时光确实一去不复返，艾珂卡与其说是一种资产不如说是一种负债。"但一位现任主管却反诘道：克莱斯勒有一项大优势，那就是它从前有过一次危机，却又渡过了危机并生存了下来，所以，克莱斯勒能够从过去学到一些宝贵的东西。

问题：

（1）如何用当代管理学方法解决克莱斯勒面临的问题？（5分×1=5分）

（2）如何用权变管理的思想解决克莱斯勒面临的问题？（5分×1=5分）

（3）克莱斯勒在今天该怎么做？（6分×1=6分）

职能实务篇

管理导航

　　管理是人们进行的一项实践活动,是人们的一项实际工作,也是一种行动。人们发现在不同的管理者的管理职能工作中,管理者往往采用程序具有某些类似、内容具有某些共性的管理行为,比如计划、组织、领导、控制等,人们对这些管理行为加以系统性归纳,逐渐形成了"管理职能"这一被普遍认同的概念。所谓管理职能(Management Function),是管理过程中各项行为的内容的概括,是人们对管理工作应有的一般过程和基本内容所做的理论概括。作为管理者,必须掌握这些管理职能的技巧和方法,并熟练应用,只有这样,才能有效地开展管理活动,实现管理目标。

项目 3

科学决策与计划

管理名言

夫未战而庙算胜者,得算多也;未战而庙算不胜者,得算少也;多算胜,少算不胜,而况于无算乎!

——《孙子兵法》

不谋万世者,不足谋一时;不谋全局者,不足谋一域。

——[清]陈澹然

人生就是所有选择的总和。

——阿尔贝·加缪(Albert Camus)

项目导图

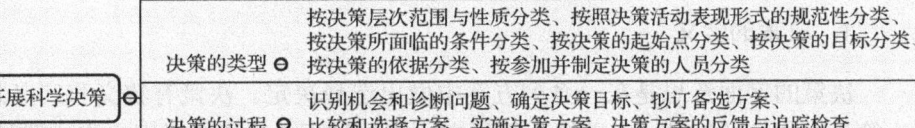

项目导入

计划职能是管理的首要职能,是管理活动的起点。科学的计划将使我们的工作事半功倍,相反,则会使我们的工作事倍功半,甚至一无所获。要使组织富有成效,就得制订良好的计划、做出正确的决策,这是增强组织竞争能力的重要途径和有力工具。

管理游戏

任务 3.1 开展科学决策

> **知识目标：**
> ▲ 理解决策的概念及特性
> ▲ 区分决策类型及应用条件
> ▲ 掌握各种决策方法及应用特点
>
> **能力目标：**
> ▲ 培养一定的科学决策能力
> ▲ 能够用常用的决策方法进行决策
>
> **关键概念：**
> ▲ 决策 战略决策 管理决策 程序化决策 非程序化决策 确定型决策 风险型决策 不确定型决策 定性决策法 定量决策法
>
> **建议学时：**
> ▲ 2个学时

决策是管理的主要职能之一，贯穿了管理活动的始终。各项管理职能的履行在本质上都是由决策活动支配的，"管理过程是决策的过程"，西蒙的这句话说明了决策与管理的关系。决策是管理者的主要任务，是领导者的一种管理艺术。决策的质量影响组织的活力和组织的绩效。

3.1.1 决策的含义及特性

1. 决策的含义

决策的字面意思是在一系列方案中做出选择决定。决策有狭义和广义之分。狭义的决策是指决策的行动；广义的决策是指决策的过程，是指对组织未来实践的方向、目标、原则和方法做出决定的过程，包括认识现状、识别问题、分析问题、拟订方案、选择方案、使方案生效等一系列环节。

在这里，我们把决策这一概念定义为组织或个人为了达到某一目标、目的或企图，在众多方案中选择一个最满意的方案或策略，并加以实施的过程。这一定义有三层含义：决策的目的是需要实现的一定目标；决策的对象是一系列可行的实施方案；决策要完成的是在诸多可行方案中择优的任务。

2. 决策的特性

完整地理解决策的概念，必须把握决策的以下特性。

（1）过程性。不能把决策理解为决定采取哪个方案的一刹那的行动，而应理解为诊断活动→设计活动→选择活动→执行活动的整个过程，没有这个过程就很难有合理的决策。决策是一个循环过程，贯穿于整个管理活动。

（2）目的性。决策前必须明确所要达到的目标，而且必须将局部的目标置于组织的总体目标体系中。如果目标模糊或整个目标体系杂乱无章，那合理的决策就无从谈起了。

（3）择优性。决策需在多个方案中做出抉择。决策是在目标的引导下，对现有的多个行动方案进行评价和筛选，最后优选出一个特定方案的过程。择优性的特征排斥只有一个方案的决策。

（4）满意性。决策追求的是"满意"标准。人们做任何事，都不可能做到完美无缺。对于决策者而言，由于人的认知能力的局限，决策者只能以足够好地达到组织目标的方案作为准则，得到一个适宜或满意的方案，而不可能得到最优的方案。

（5）未来性。未来性又称风险性，指未来行动的不确定性。决策是现在决定未来的行动，包含风险和失败的可能性。信息的不完备性和决策者的有限理性决定决策的风险性。优秀的管理者都勇于接受自己做出的决定所带来的可能风险。

例如，柯达公司的高层经理们做出了若干个将会在未来数十年里影响企业的决策：公司出售了一些化工和健康业务，在此过程中减少了 70 亿美元的债务；开发了一款新型高级相机和胶片产品线，在新兴技术上投入巨资，包括数字照相技术。但是分析家们认为，这些决策的效果至少要 6 年之后才能看得出来。

◆ **管理思考 3.1**

布里丹毛驴效应

布里丹毛驴效应指决策中犹豫不定、迟疑不决的现象，是任何战略决策的大忌！

法国哲学家布里丹养了一头小毛驴，他每天都向附近的农民买一堆草料来喂它。

这天，送草的农民出于对哲学家的景仰，额外送了一堆草料，放在旁边。这下，毛驴站在两堆数量、质量和与它的距离完全相等的草料之间，可是为难坏了。它虽然享有充分的选择自由，但由于两堆草料价值相等，客观上无法分辨优劣，于是它左看看、右瞅瞅，始终无法分清究竟选择哪一堆好。

于是这头可怜的毛驴就这样站在原地，一会儿考虑数量，一会儿考虑质量，一会儿分析颜色，一会儿分析新鲜度，犹犹豫豫，来来回回，在无所适从中活活地饿死了。

思考：从这个故事中，你得到什么启迪？

3.1.2 决策的类型

决策要解决的问题是多方面的，为了进行正确的决策，必须对决策进行科学分类。根据不同的标准，我们可以把决策分为不同的类型。

1. 按决策层次范围与性质分类

按决策层次范围与性质的不同，可将决策分为战略决策、管理决策和业务决策。

(1) 战略决策又称经营决策，是对事关组织未来生存发展的全局性、长期性、决定性的大政方针方面的决策，往往与长期计划和重大问题相联系，是所有决策中最重要的，如经营目标与方针、新产品开发、企业上市等决策。其特点包括：关系组织全局；实施时间较长，对组织起较长远的指导作用；风险性较大，常依赖决策者的经验和判断能力。

(2) 管理决策又称战术决策，是对组织中人、财、物等有限资源进行调动或改变其结构的决策，是为了实现战略决策而做出的带有局部性的具体决策。管理决策侧重于价值过程，往往与中期计划相联系，如营销计划与营销策略组合、资金筹措与使用等。它直接关系着为实现战略决策所需要的资源的合理组织和利用，以提高经济效益和管理效能。

(3) 业务决策又称日常管理决策或作业决策，是组织在日常生产和业务活动中，为了提高工作效率而做出的决策，如每日产量、职工洗澡时间、食堂的就餐环境等。业务决策具有琐碎性、短期性、常规性和局部性等特点，往往与作业控制结合起来处理一些细节问题，一般涉及范围较小。

2．按决策活动表现形式的规范性分类

按决策活动表现形式的规范性不同，可将决策分为程序化决策和非程序化决策。这是决策理论学派创始人西蒙对决策所做出的划分。

(1) 程序化决策又称结构良好决策或常规决策，是指对经常重复出现的问题，运用一定的程序、模式及标准来处理的决策，如企业中财务和统计报表的定期编制与分析。程序化决策一般授权低层管理者来做，它能够提高组织的效率，因此管理工作应尽量程序化。例如，星巴克在采购咖啡杯、餐巾纸时就采用程序化决策，其雇员都经过了严格的培训。

(2) 非程序化决策，是指不经常出现的偶然性决策或非重复出现的新决策，没有既定的程序及模式为依据。这类决策由于缺乏准确可靠的统计数据和资料，在很大程度上依赖于决策者的知识、经验、洞察力和创造性思维。高层管理者所做出的决策如兼并、收购、接管及组织设计决策多属于此类决策，由于要求决策者具有很大的主观性，决策风险也较大，因此非程序化决策对管理者，特别是高层管理者提出了更高的素质要求。

3．按决策所面临的条件分类

按决策所面临的条件不同，可将决策分为确定型决策、风险型决策和不确定型决策。

(1) 确定型决策，是指各种可选的方案和条件都是已知的和肯定的，而且各种方案未来的预期结果也是非常明确的。在这种情形下，决策者只要比较各个不同方案的结果，就可以做出选择。例如，某地区的少年儿童的人口年龄分布是确定的，少年儿童的入学需求也是确定的，于是创办什么样的学校，就是一种确定型决策。解决这类决策问题，一般可利用一些定量方法进行决策，如线性规划、经济批量模型、盈亏平衡点分析等方法。

(2) 风险型决策，是指在不肯定情况下的决策，即各种备选方案都存在两种以上的

自然状态，决策者不知道哪些状态会发生，但可测定每种状态发生的概率。企业经营中大量碰到这种风险型决策问题，如新产品开发决策、新工厂投资决策、企业兼并决策等。对于这种决策，由于决策者无法肯定未来的情况，无论选择哪种方案都有一定的风险。通常根据期望值对各个备选方案的优劣进行评价，一般可利用决策树法、边际分析方法等来解决。

（3）不确定型决策，是指各种备选方案都存在两种以上的自然状态，决策者不知道哪些自然状态会发生，也不能测定各种自然状态发生的概率。由于此类决策存在许多不可控的因素，不能肯定每种方案的执行结果，决策者主要凭自己的经验、感觉和估计做出决策。这种决策关键在于尽量掌握相关的信息资料，根据决策者的直觉、经验和判断果断行事。

4．按决策的起始点分类

按决策的起始点不同，可将决策分为初始决策和追踪决策。

（1）初始决策，是指在对组织内外环境认识的基础上，对从事某种活动或从事该种活动的方案进行的初次选择。

（2）追踪决策，是指由于环境的变化或组织对环境认识发生了变化，在初始决策的基础上，对组织活动方向、内容或方式进行重新调整。组织中的大部分决策都属于追踪决策。

5．按决策的目标分类

按决策的目标不同，可将决策分为单目标决策和多目标决策。

（1）单目标决策，是指只用一个目标来评价和选择方案的决策。由于组织所要求达到的目标只有一个，因此对决策方案的选择依据也只有一个。

（2）多目标决策，是指达到的是一系列相互联系的多个目标。因此在进行决策时，必须统筹考虑组织的各项要求。多个目标决策有两个特点：一是所做出的决策不是一个，而是一组；二是这一组决策不仅是相关的，而且前一项决策会直接影响后一项决策的做出。

6．按决策的依据分类

按决策的依据不同，可将决策分为经验决策和科学决策。

（1）经验决策，是指依靠过去的经验和对未来的直觉进行的决策。主要受决策者的主观判断和个人价值观的作用。这种决策偏重于感性，理性分析较少，在瞬息万变的现代经济环境下，往往导致失误。但由于人们在日常生活、工作和管理中往往无法获得充分的信息，所以经验决策仍起着重要作用。

（2）科学决策，是指在科学理论指导下，按科学程序，对重大科学研究和实验、重大工程项目和重大管理实践活动等，运用科学的方法做出具有科学依据的决策。科学决策有一套严密的程序：首先是进行调查、分析和预测工作；其次是根据目标制定各种备选方案；然后权衡备选方案的利弊，进行多方面的分析和论证；最后进行方案择优，执行选定方案。

◆ 管理思考 3.2

错误的决策

《梦溪笔谈》记载：海州知府孙冕很有经济头脑，他听说发运司准备在海州设置三个盐场，便坚决反对，并提出了许多理由。后来发运使亲自来海州谈盐场设置之事，还是被孙冕顶了回去。当地百姓拦住孙冕的轿子，向他诉说设置盐场的好处，孙冕解释道："你们不懂得做长远打算。官家买盐虽然能获得眼前的利益，但如果盐太多卖不出去，三十年后就会自食恶果了。"然而，孙冕的警告并没有引起人们的重视。

他离任后，海州很快就建起了三个盐场，几十年后，当地刑事案件增多，流寇盗贼、徭役赋税等都比过去大大增多。由于运输、销售不通畅，囤积的盐日益增加，盐场亏损很多，许多人都破了产。这时，百姓才开始明白，在这里建盐场确实是个祸患。

一时的利益显而易见，人们往往趋利而不考虑后果。这种现象，古今皆然。看到什么行业赚钱，就一窝蜂而上，结果捷足先登者也许能获利，步人后尘者往往自食恶果。这样的例子可以说是数不胜数。

管理启迪

思考：从这个故事中，你得到什么启发？

7. 按参加并制定决策的人员分类

按参加并制定决策的人员，可将决策分为集体决策和个人决策。

（1）集体决策，是指多个人一起做出的决策。

（2）个人决策，是指单个人做出的决策。

◆ 管理思考 3.3

通用电气的全员决策

美国通用电气公司是一家集团公司，杰克·韦尔奇接任总裁后，认为公司管得太多，而领导得太少，"工人们对自己的工作比老板清楚得多，经理们最好不要横加干涉"。为此，他实行了"全员决策"制度，使那些平时没有机会互相交流的职工、中层管理人员都能出席决策讨论会。"全员决策"的开展，避免了公司中官僚主义的弊端，减少了烦琐程序。

"全员决策"使公司在经济不景气的情况下取得巨大进展。杰克·韦尔奇被誉为全美最优秀的企业家之一。

杰克·韦尔奇的"全员决策"有利于避免企业中权力过分集中这一弊端。让每个员工都体会到自己也是企业的主人，从而真正为企业的发展着想，绝对是一个优秀企业家的妙招。

如果你希望部属全然支持你，你就必须让他们参与，而且越早越好。

管理启迪

思考：集体决策与个人决策有何优缺点？

3.1.3 决策的过程

决策是一项非常复杂、非常重要的管理工作,有其自身的规律性。决策者要想做出正确的决策,提高决策的有效性,需要遵循一定的科学决策程序。一般来说,一项决策的制定应经过如图3-1所示的程序。

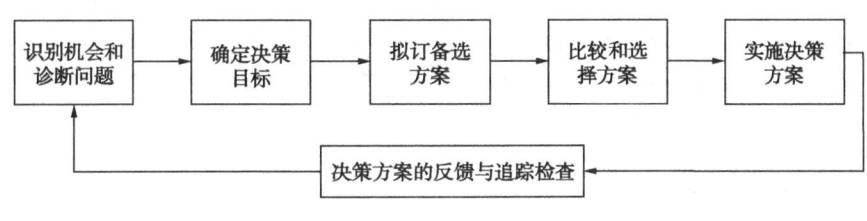

图 3-1 决策制定程序

1. 识别机会和诊断问题

问题是决策的起点,决策是为了解决一定问题而制定的。所谓问题是指实际状况和应有期望的状况之间的差距或差异。决策的目的就是消除这种差距或差异,实现组织内部活动及其目标与外部环境的动态平衡。因此,制定决策时首先要分析这种差距或差异是否存在,是什么性质的,它对组织的不利影响是否有必要改变组织活动。

分析组织活动中的问题,确定差距和差异的性质,把其作为决策的起点,是组织高层管理人员的职责。这不仅因为他们要对组织的活动效果负责,而且他们在组织中的地位使他们能够统观全局,易于找出问题的关键所在。

2. 确定决策目标

目标是指管理者在特定的条件下所要达到的一定结果。确定目标是决策中的重要一环,目标一错,失之毫厘,谬以千里。明智的决策者有这样的体会:目标一旦定好,决策问题已经解决一半。确立目标时要注意以下几个问题。

(1) 目标应明确而具体。决策目标要明确,否则无法制定决策方案或做出正确的方案选择。决策目标还应具体,要有具体衡量实现程度的标准,才能有效地去执行,充分发挥目标的作用。对于定性的指标,也要尽可能使之量化,才能使目标具有考核性。

(2) 目标要分清主次,具有系统性。在决策过程中,目标往往有多个,众多目标之间既有协调一致的时候,也会有发生冲突和矛盾的时候。在处理多目标问题时,一般要注意两个问题:一是要在满足决策需要的前提下尽量减少目标的个数;二是要分析各个目标的重要程度,分清主次,避免在决策实施中将组织的主要资源和精力投放到非主要目标的活动中去。

(3) 要规定目标的约束条件。目标的约束条件既包括客观存在的约束条件(如人、财、力)的限制,也包括主观要求规定的约束条件,如企业除了制定盈利目标,还会附加一定的市场拓展目标等。

（4）决策目标既要先进又要合理。决策目标应该是经过努力可以实现的，有现实可行性，不能过高；但目标又不能过低，否则就失去了先进性。

3．拟订备选方案

备选方案是指为解决某一问题而设计出的多个可行的供决策者抉择的方案。备选方案至少需要有两个或两个以上，决策者才可能从中进行比较，然后选出最理想的方案。一般而言，可供选择的方案数量越多，被选方案的相对满意程度就越高，决策就越有可能完善。因此，在方案拟订阶段，要充分利用组织内外的专家，通过他们献计献策，拟订尽可能多的可行方案。

4．比较和选择方案

拟订出各种备选方案之后，就要根据已定目标的要求，对各个方案进行评价、比较和选择。方案的评价、比较和选择有以下三个标准。

（1）价值标准。方案的价值就是方案的作用、意义、效果等，用来衡量方案的好坏。

（2）满意标准。决策方案要好到什么样的程度才算符合要求？现代决策理论提出了一个现实的标准，认为"足够满意"即可。

（3）期望值标准。对于不确定条件下的决策，一个方案在执行时可能产生几种结果，在这种情况下，选择标准通常采用最大期望值标准。

根据上述标准进行的选择，不仅要有确定能够产生综合优势的实施方案，而且要准备好环境发生预料到的变化时启用的备用方案。确定备用方案的目的是对可预测到的未来变化准备充分的必要措施，以避免临时应变可能造成的混乱。

◆**管理思考 3.4**

选择越多越好吗

有选择好，选择越多越好，这几乎成了人们生活中的常识。但是，最近由美国哥伦比亚大学、斯坦福大学共同进行的研究表明：选项多反而可能带来负面效果。科学家们曾经做了一系列实验，其中一个实验是让一组被测试者在 6 种巧克力中选择自己想买的，另一组是被测试者在 30 种巧克力中选择。结果，后一组中有更多的人感到所选择的巧克力不太好吃，对自己的选择有点后悔。

另一个实验是在斯坦福大学附近的一个以食品种类繁多而闻名的超市进行的。工作人员在超市里设置了两个试吃摊位，一个有 6 种口味，另一个有 24 种口味。结果显示：有 24 种口味的摊位吸引的顾客较多，242 位经过的客人中，60%的客人会停下试吃；而 260 位经过 6 种摊位的客人中，停下试吃的只有 40%。不过，最终的结果是出乎意料的。在有 6 种口味的摊位前停下的顾客中，30%的至少买了其中一种口味的该产品，而在有 24 种口味的摊位前的试吃者中，只有 3%的人购买该产品。

管理启迪

思考：这两个实验给了你什么启迪？

5. 实施决策方案

决策的正确与否及其效果要以执行结果来验证。决策执行结果，不仅取决于决策方案的选择，而且取决于执行过程中的工作质量。因此，实施过程中要注意做好以下工作。

（1）制定相应的具体措施，保证方案的正确实施。

（2）确保与方案有关的各种指令能被所有有关人员充分接受和彻底了解。

（3）应用目标管理方法把决策目标层层分解，落实到每一个执行单位和个人。

（4）建立重要的工作报告制度，以便及时了解方案进展情况，及时进行调整。

◆ 管理思考 3.5

决策执行的控制与调整

1962 年，英、法航空公司开始合作研制"协和"式超音速民航客机，其特点是快速、豪华、舒适。经过十多年的研制，耗资上亿英镑，终于在 1975 年研制成功。十几年时间的流逝，情况发生了很大变化：能源危机、生态危机威胁着西方世界，乘客和许多航空公司改变了对民航客机的要求。乘客的要求是票价不要太贵，航空公司的要求是节省能源、多载乘客、噪声小。但"协和"式飞机却不能满足这些要求。首先是噪声大，飞行时会产生极大的声响，甚至会震碎建筑物上的玻璃。还有因燃料价格增长快，运行费用也相应大大提高。这些导致消费者对这种飞机的需求量不会很大，因此不应大批量投入生产。但是，由于公司没有决策运行控制计划，也没有重新进行评审，而且，飞机是由两国合作研制的，雇用了大量人员参与这项工作，如果中途下马，就要大量解雇人员。上述情况使得飞机的研制生产决策不易中断，后来两国对是否要继续协作研制生产这种飞机发生了争论，但由于缺乏决策运行控制机制，只能勉强地继续实施下去。结果，飞机生产出来后卖不出去，宠儿变成了弃儿。

管理启迪

思考：这个故事给了你什么启迪？

6. 决策方案的反馈与追踪检查

即使是一个优化方案，在执行过程中，由于主、客观情况的变化，发生这样或那样与目标偏离的情况也是常有的。因此，反馈与追踪检查也是决策实施过程中的一个重要环节。

在贯彻实施方案中，遇到的问题大致可归纳为三种情况：一是执行人员没有按规定完成任务；二是执行中遇到实际困难，发现方案中有不妥当的问题；三是已经按方案执行了，但未达到预期目标。对发生的问题要做具体分析，第一种是对执行人员进行教育和落实的问题；第二种是需要修正方案，使其更加切合实际、日臻完善的问题；第三种情况，如果已危及决策目标的实现，需要对决策进行根本性的修正，甚至要改变决策目标，这就需要进行追踪决策。如果证明原决策是完全错误的，那就不属于追踪决策的问题，而是要推倒重来的问题了。

◆ 管理智库 3.1

铱星的悲剧

曾耗资 50 多亿美元建造 66 颗低轨卫星系统的美国铱星公司，背负着 40 多亿美元的债务宣告破产。铱星所创造的科技童话及其在移动通信领域的里程碑意义，使我们在惜别铱星的时刻猛然警醒：电信产业的巨额投资往往使某种技术成为赌注，技术的前沿性固然非常重要，但决定赌注胜负的关键却是市场。

铱星的悲剧告诉我们，技术不能代替市场，决策失误导致铱星陨落。

铱星代表了未来通信发展的方向，但仅凭技术的优势并不能保证市场的胜利。"他们在错误的时间、错误的市场，投入了错误的产品。"这是业界权威对铱星陨落的评价。

第一，技术选择失误。铱星系统技术上的先进性在当时的卫星通信系统中处于领先地位。但这一系统风险大，成本过高，维护成本相当高。

第二，市场定位错误。谁也不能否认铱星的高科技含量，但用 66 颗高技术卫星编织起来的科技童话在商用之初却把自己的位置定在了"贵族科技"上。当时铱星手机价格每部高达 3 000 美元，加上高昂的通话费用，使得通信公司运营最基础的前提——用户发展数量远低于它的预想。在开业的前两个季度，铱星在全球只发展了 1 万个用户，而根据铱星方面的预计，初期仅在中国市场就要达到 10 万个用户，这使得铱星公司前两个季度的亏损即达 10 亿美元。尽管铱星手机后来降低了收费，但仍未能扭转颓势的局面。

第三，决策失误。有专家认为，铱星系统投入商业服务的决定是"毁灭性的"。受投资方及签订的合约所限，在系统本身不完善的情况下，铱星系统迫于时间表的压力而匆匆投入商用，差劲的服务给用户留下的第一印象对于铱星公司来说是灾难性的。因此，到铱星公司宣布破产保护时为止，铱星公司的客户只有 2 万多个，而该公司要实现赢利至少需要 65 万个用户，每年仅维护费就要几亿美元。

第四，销售渠道不畅。铱星系统投入商业运营时未能向零售商们供应铱星电话机。有需求而不能及时得到满足，这也损失了不少用户。

第五，作为一个全球性的个人卫星通信系统，理论上它应该是在全球通信市场开放的情况下，由一个经营者在全球统一负责经营，而事实上这是根本不现实的。

以上这些原因造成了铱星债务累累，入不敷出。

3.1.4 决策的方法

决策的方法有两大类：定性决策法和定量决策法。没有一种方法是万能的，问题在于如何根据具体决策问题的性质和特点灵活运用。

1. 定性决策法

定性决策法又称软方法，是指决策者充分依靠自身的知识、经验、能力，探索事物的规律性，在把握事物内在本质联系的基础上进行决策的方法，也称主观决策法。它主要运用于高层次战略问题、多因素错综复杂的问题，涉及社会心理因素较多的问题。定性决策在组织决策中占十分重要的地位，现将主要的几种定性决策方法做一下简单的介绍。

（1）经验决策法。经验决策法又称经理（领导）人员决策法。它是指组织领导层凭借自己的知识、经验和才智，对决策目标和备选方案做出评价、判断和优选的一种决策方法。这种决策方法有利于集中高层管理者的智慧和经验，利用他们在知识、经验、判断能力等方面的优势，相互启发，比较评议，抓住实际，从而做出决策。这是组织常用的一种决策方法。

（2）专家论证决策法。专家论证决策法，是指组织通过不同的形式，组织有关专家针对决策问题提出的决策目标和备选方案，进行可行性讨论，然后根据专家的意见做出决策的方法。这种方法能够利用专家的专长，对组织所面临的一些关系重大、影响因素众多，以及需要进行严密论证的决策问题，做出正确的评价和判断，以提高企业决策的科学性。目前常用的专家论证决策方法主要有如下两种。

① 头脑风暴法，又称智力激励法，是由美国创造学家奥斯本在1939年首次提出的，1953年正式发表。头脑风暴法是产生创造性方案的一种相对简单的方法。它鼓励提出任何种类的设计思想，同时禁止对各种方案的任何评价。

头脑风暴会议常常在一种自由、宽松的氛围中进行，参加者先随便谈些有趣的话题或问题，使思维处于轻松和活跃的境界。群体领导者简明扼要地介绍有待解决的问题，有关问题的信息介绍过多会限制人的思维，干扰思维创新的想象力。经过一段时间讨论后，大家对问题已经有了较深程度的理解。大家的发言当场被记录下来并整理。通过对记录的整理和归纳，找出富有创意的见解，以及具有启发性的表述，供下一步畅谈时参考。畅谈阶段是头脑风暴法的创意阶段，这个阶段应遵守下列规则：不私下交谈，鼓励每个人独立思考；不妨碍他人发言；对别人的意见不允许反驳；意见越多越好，允许相互之间存在矛盾。但是头脑风暴法仅是一个产生思想的过程，而不能提供决策。这种方法的鉴别与评价意见的工作量比较大。

② 德尔菲法，是20世纪初美国兰德公司的专家们为避免集体讨论存在的屈从于权威或盲目服从多数的缺陷提出的一种定性预测方法。为消除成员间的相互影响，参加的专家可以互不了解。它运用匿名方式反复多次征询专家意见和进行背靠背的交流，以充分发挥专家的智慧、知识和经验等方面的优势，最后汇总得出一个能够反映群众意志的预测结果。这种方法的优点主要是简便易行，具有一定的科学性和实用性，可以避免会议讨论时害怕权威而随声附和，或固执己见，或因碍于情面不愿与他人意见冲突等弊病；同时也使大家发表的意见较快收敛，参加者也易接受结论，具有一定程度综合意见的客观性。缺点是由于专家一般时间紧，回答往往比较草率，同时由于预测主要依靠专家，因此归根结底仍属专家们的集体主观判断。

2．定量决策法

与定性决策法相对应的是定量决策法，又称硬方法，是利用数学模型进行优选决策方案的决策方法。其核心是把决策的变量与变量、变量与目标之间的关系用数学式表示出来，即建立数学模型，然后根据决策条件，通过计算求得答案。定量决策法特别适用于方案的比较和评价。根据数学模型涉及的决策问题的性质不同，定量决策方法一般分为确定型决策法、风险型决策法和不确定型决策法三类。

（1）确定型决策法。确定型决策法的特点是只要满足数学模型的前提条件，决策方案就肯定会出现模型给出的特定结果。属于确定型决策法的模型有很多，下面主要介绍盈亏平衡点分析法。

盈亏平衡点分析法是进行产量或销量决策常用的方法。企业追求的目标是利润最大化，因此在确定的条件下，利润为零点的是行动是否可行的一个分界点，这个点通常被称为保本点，即盈亏平衡点。该方法的特点是把成本分为固定成本和可变成本，然后与总收益进行对比，以求出盈亏平衡时的产量或某一盈利水平的产量。用数学模型来表示盈亏平衡时的产量为

$$Q=\frac{F}{P-V}$$

式中，Q 为盈亏平衡点时的产量，F 为固定成本，P 为单位销售价格，V 为单位变动成本。

例如，某企业生产 A 产品，年支出固定成本 F 为 300 万元，A 产品单位变动成本 V 为 60 元，销售单价 P 为 75 元，求盈亏平衡点产量。

解：根据题意可知 F=3 000 000，V=60，P=75，

盈亏平衡点产量的公式为 $Q=\dfrac{F}{P-V}$，将已知条件代入公式得：

$$Q=\frac{3\,000\,000}{75-60}=\frac{3\,000\,000}{15}=200\,000（件）=20\,万（件）$$

答：盈亏平衡点的产量为 20 万件。

（2）风险型决策法。一个决策方案对应两个或两个以上相互排斥的可能状态，每一种状态都以一定的可能性出现，并对应特定的结果，这种已知方案的各种可能状态及其发生的可能性大小的决策称为风险型决策。在企业经营中经常需要进行风险决策。决策树法是风险决策中应用最广、效果最显著的方法。决策树是决策问题的图形表达方式，对分析多阶段的决策问题十分有效。它指明了未来的决策点和可能发生的偶然事件，并用记号标明各种不确定事件可能发生的概率，把可行方案、所冒风险及可能的结果直观地表达出来。因图的形状像树，所以被称为决策树。决策树法方便简捷、层次清楚，能形象地显示决策过程。

① 决策树有五个要素。

一是决策点，即所要决策的问题，用方框表示。

二是方案枝，从决策点引出的枝条，表示一个个可行方案。

三是收益点，也称状态节点，表示各自然状态所能获得的收益值，用圆圈表示。

四是概率枝，是从收益点引出的枝条，表示一个个自然状态。

五是损益值点，反映在各种自然状态下可能的收益值或损失值，用三角形表示。

决策树的典型结构如图 3-2 所示。

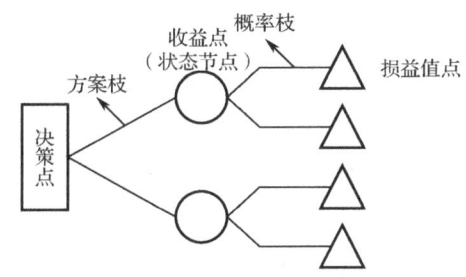

图 3-2 决策树的典型结构

② 决策树的编制方法。

第一步，绘制决策树。

第二步，计算各方案的期望值（要从右向左依次进行）。

第三步，方案选优（或称剪枝），比较各方案的期望值，如方案实施有费用发生，应用损益点值减去方案的费用后再进行比较，将最优值写在收益点（状态节点）的上方，对应方案枝为最优方案，并在其他方案枝上标注"//"符号，表示被剪枝（放弃备选方案）。

例如，某企业为扩大某产品的生产，拟建设新厂，根据市场预测，产品销路好的概率为 0.7，销路差的概率为 0.3，有三种方案可供企业选择。

第一，投资 300 万元建大厂。根据初步估计，销路好时，每年可获利 100 万元；销路差时，每年亏损 20 万元，服务期为 10 年。

第二，投资 200 万元建中型厂。销路好时，每年可获利 70 万元；销路差时，每年仍可获利 10 万元，服务期为 10 年。

第三，投资 100 万元建小厂。销路好时，每年可获利 40 万元；销路差时，每年仍可获利 20 万元，服务期为 10 年。

试用决策树法进行决策。

分析：根据上述三种可行方案情况画出决策树后，就会得出一个最佳方案。

解：

第一步，绘制决策图，从左至右，首先绘出决策点，引出方案枝，在方案枝的末端画出收益点（状态节点），引出概率枝，在概率枝的末端绘制损益值点，并将相关参数注明于图上。

第二步，计算各方案对应的期望值。

方案 1：（100×0.7−20×0.3）×10 − 300 = 340（万元）

方案 2：（70×0.7+10×0.3）×10 − 200 = 320（万元）

方案 3：（40×0.7+20×0.3）×10 − 100 = 240（万元）

第三步，经比较，应选择方案 1（建大厂），故将方案 2 和方案 3 剪去。

决策树图解过程如图 3-3 所示。

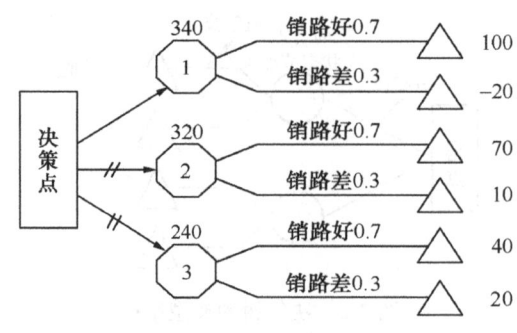

图 3-3　决策树图解过程

（3）不确定型决策法。在风险决策中，概率是计算期望值的必要条件，因而也是按期望值标准进行方案选择的必要条件。但在现实经济活动中经常很难知道某种状态发生的客观概率，因此也无法根据期望值标准进行方案选择。这时的方案选择主要依赖决策者对待风险的态度。

① 大中取大法，即乐观决策法。大中取大法是指愿承担风险的决策者在方案取舍时，以各方案在各种状态下的最大损益值中取最大者为对应的方案。

例如，某企业拟开发新产品，有三种设计方案可供选择，有关资料如表 3-1 所示。

表 3-1　某企业产品开发的设计方案

损益值＼状态＼方案	销 路 好	销 路 一 般	销 路 差
A	120	50	−20
B	85	60	10
C	40	30	20

在不知道各种状态的概率时，用大中取大法选择方案如下：各方案的损益值中找出最大者，即{120，85，40}，在所有方案的最大损益值中找到最大者，即 max{120，85，40} = 120，对应的方案 A 即为用该方法选取的决策方案。

这是一种乐观而积极的决策方法，常被一些敢冒风险、勇于进取的决策者和实力雄厚的企业采用。其优点是有可能取得最好成果；缺点是承担的风险较大，所以要慎重使用。

② 小中取大法，即悲观决策法。与大中取大法相反，悲观决策法的决策者在进行方案取舍时，以各方案在各种状态下的最小损益值为标准（即假定每个方案最不利的状态发生），再从各方案的最小损益值中取最大者为对应的方案。

仍以如表 3-1 所示的数据为例，用悲观决策法先找出各方案在各种状态下的最小损益值，即 {−20，10，20}，然后再从中选取最大值，即 max {−20，10，20} = 20，对应的方案 C 即为用该方法选取的决策方案。该方案可以保证在最坏的情况下获得不低于 20 单位的收益，而其他方案则无此保证。该决策方法是在收益最少、最不利的自然状态下进行选择的，最后选定的方案是最坏结果中最好的方案，所以是一种保守的决策方法。这种方法的优点是风险较小；缺点是有可能失去获得高额利润的机会，而使组织缺乏勇于进取的精神。

③ 折中法。以上两种方法都以各方案不同状态下的最大或最小极端值为标准,但多数场合下,决策者既非完全的保守者,也非极端的冒险者,所以会在介于两个极端的某一位置寻找决策方案,即折中法。

折中法的决策步骤如下。

第一步,找出各方案在所有状态中的最小值和最大值。

第二步,决策者根据自己的风险偏好程度给定最大值一个系数 a($0<a<1$),最小值的系数随之确定为 $1-a$。a 也叫乐观系数,是决策者冒险程度的度量。

第三步,用给定的乐观系数 a 和对应各方案的最大、最小损益值计算各方案的折中收益值。

第四步,取折中收益最大的损益值对应的方案为所选方案。

仍以如表 3-1 所示的数据为例,假设风险偏好程度系数值为 0.4,各方案的最大值、最小值及折中收益值如表 3-2 所示。

表 3-2 各方案的最大值、最小值及折中收益值统计表

方 案	max	min	折中收益值($\alpha=0.4$)
A	120	−20	120×0.4+(−20)×(1−0.4)=36
B	85	10	85×0.4+10×(1−0.4)=40
C	40	20	40×0.4+20×(1−0.4)=28

折中收益最大者 max{36,40,28}=40,对应的方案 B 即为折中法的最佳方案。

用折中法选择方案的结果取决于决策者风险偏好程度系数的确定。当 $a=0$ 时,结果与悲观决策法相同;当 $a=1$ 时,结果与乐观决策法相同。这样,悲观决策法与乐观决策法便成为折中法的两个案例。

④ 最小后悔值法,也称后悔值决策法。最小后悔值是指在某种状态下因选择某方案而未选取该状态下的最佳方案而少得的收益。例如,在某种状态下某方案的损益值为100,而该状态下该方案要比最佳方案少收益 50,即后悔值为 50。用后悔值决策法进行方案选择的步骤如下。

第一步,计算后悔矩阵。方法是用各状态下的最大损益值分别减去该状态下所有方案的损益值,从而得出各方案的相应后悔值。

第二步,找出各方案的最大后悔值。

第三步,在各方案最大后悔值中选取最小者对应的方案,即为最小后悔值选取的方案。

◆ 管理智库 3.2

对不同类型的决策要有不同的思考原则

决策按所处的条件不同,主要可以分为确定型、风险型、不确定型和竞争型决策四种。决策者在优选方案时,要有不同的思考原则,区别对待,做不同的考虑和处置。

(1)对于确定型决策,既然结果是确定有把握的,决策就是根据已有的情报选择最佳方案。对此,领导者要果断地下决心,竭尽全力去获得最佳的结果。决心不大、措施

不力，就会贻误时机，纵然决定了最佳方案，也会因时过境迁而最后得不到最佳效果，这是确定型决策失误的常见原因。

（2）对于风险型决策，应着重考虑以下几点：选择最有希望的行动方案；准备相关必要的应变方案，当不测事情发生时，能应变自如或进行补救；留有余地，如作战要有预备队，投资建设要有后备基金等；通过试点、实验和追踪反馈等途径，使风险型决策增加确定性因素，使风险型决策转化为确定型决策。

（3）对于不确定型决策，领导者应该注意以下几点：一要"摸着石头过河"，步子不要太快，切忌刚愎自用，轻率莽撞；二要在试点实验时多方案并进，每个方案都要有原则差异，这样不仅成功的希望大了几倍，而且即使失败，也可积累经验，为今后的成功打下基础；三要把力量集中在信息反馈上，注意收集资料，及时总结经验，以便随时应变。在不确定型决策中，失误是难免的，重要的是查找失误原因，实事求是地总结经验、纠正失误。

任务训练 3.1

1. 单项选择题

（1）号称"钟表王国"的瑞士在 1969 年研制出第一只石英电子手表，但擅长机械表制造技术的瑞士企业界领袖们认为石英表没有发展前途，并未给予充分重视。日本人则认为，石英表这项新技术大有前途，遂投资进行大批量生产。结果，日本的石英表技术誉满全球，仅用 5 年时间就挤垮了 100 多家瑞士手表厂。这个例子说明了以下哪种观点？（　　）
 A．决策对企业生存发展的影响至关重大
 B．技术管理更能给企业带来竞争力
 C．技术要发挥作用离不开资本的投入
 D．瑞士的钟表界缺乏技术创新精神

（2）决策程序的首要环节是（　　）。
 A．确定决策原则　　　　　　　　B．确定决策方法
 C．确定决策目标　　　　　　　　D．拟定可行方案

（3）在管理决策中，许多管理人员认为只要选取满意的方案即可，而无须刻意追求最优的方案。对于这种观点，你认为以下哪种解释最有说服力？（　　）
 A．现实中不存在所谓的最优方案，所以选中的都只是满意方案
 B．现实管理决策中常常由于时间太紧而来不及寻找最优方案
 C．由于管理者对什么是最优决策无法达成共识，只有退而求其广
 D．刻意追求最优方案，常常会由于代价太高而最终得不偿失

（4）某公司生产某产品的固定成本为 50 万元，产品单位售价为 80 元，本年度产品订单为 10 000 件。据此，单位可变成本降到（　　）元/件时才不至于亏损。
 A．300　　　　　B．130　　　　　C．60　　　　　D．30

2. 多项选择题

（1）集体决策的优点是（　　）。

A．能得到更多的认同
B．受个体能力影响很大
C．更好地沟通
D．能拟订更多的备选方案

（2）下列属集体决策的是（   ）。
A．头脑风暴法　　B．德尔菲法　　C．量本利分析法　　D．边际分析法

（3）按决策环境可控程度的不同，可把决策分为（   ）。
A．确定型决策　　B．不确定型决策　　C．风险型决策　　D．非程序性决策

（4）SWOT 分析法就是对组织的（   ）进行分析，从而对组织的机会进行评价。
A．优势　　　　B．劣势　　　　C．机会　　　　D．威胁

3．判断题

（1）在决策实践中，在特定时间、资源和人的认识能力等条件的约束下，不存在"最优化"的方案，只存在"最满意"的方案。（   ）

（2）因为人们很难获得最优决策，只能接受满意决策，而满意决策完全取决于决策者的主观判断，所以结果往往是"走一步，看一步，摸着石头过河"。（   ）

（3）在任何情况下，群体决策都优于个人决策。（   ）

（4）事关企业兴衰成败、带有全局性、长远性的大政方针所做的决策，如企业方针、目标与计划等，都属于战术决策。（   ）

任务 3.2　制订有效计划

知识目标：
▲ 理解计划的职能和特性
▲ 掌握各种计划编制方法的要求及适用范围
▲ 理解目标管理的含义及基本思想

能力目标：
▲ 具备科学计划管理意识
▲ 能够按照科学的编制流程制订计划
▲ 能够按编制要求制订各类计划书
▲ 初步具备目标管理能力

关键概念：
▲ 计划　战略计划　行动计划　SWOT 分析法　滚动计划法　甘特图法
　目标管理

建议学时：
▲ 4 个学时

计划职能是管理的基本职能之一。计划是关于未来行动的蓝图，也是减少风险性的一种手段。要使组织富有成效，就得制订良好的计划。良好的计划是增强组织竞争能力的重要途径和有力工具。

3.2.1 计划的概念、作用及性质

1．计划的概念

在管理学中，计划具有两重含义：一是计划工作，是指根据对组织外部环境与内部条件的分析，提出在未来一定时期内要达到的组织目标及实现目标的行动；二是计划形式，是指用文字和指标等形式所表述的组织及组织内不同部门和不同成员，在未来一定时期内关于行动方向、内容和方式安排的方案。一项计划工作主要包括组织的目标、组织的战略及组织各层次的具体计划体系。西方管理学对计划工作的内容归纳为"5W1H"，即 Why（确定计划工作的原因和目的）、What（明确所进行活动的内容和要求）、Who（规定由哪些部门和人员负责实施计划）、When（规定计划中各项工作的起始和完成时间）、Where（规定计划的实施地点）、How（制订计划实施的手段和措施）。

2．计划的作用

计划的作用在于计划可以给出方向，使置身于复杂多变和充满不确定性环境的组织，始终把其主要的注意力集中在既定目标上，使组织所有的行动保持同一方向。计划在管理中有以下作用。

（1）良好的计划可以为组织成员指明行动的方向，协调组织活动。

（2）良好的计划有助于管理者预见未来的变化，制定措施，把风险降到最低限度。

（3）良好的计划还可以减少重叠和浪费性的活动，有效地配置组织资源，提高经济效益。

3．计划的性质

计划的性质概括起来有如下几个方面。

（1）目的性。任何计划首先都要为某项活动制定目标，使每个员工理解目标，要预测哪些行动有利于达到目标，明白组织期望他们完成什么目标和如何完成。

（2）主导性。计划工作同组织其他五项职能相比，居于首要地位，这主要是由于管理过程中的其他职能都是为了支持、保证目标的实现，没有计划工作，其他工作无从谈起。

（3）普遍性。虽然计划工作的特点和范围随各级主管人员职权的不同而不同，但它却是各级主管人员的一个共同职能，做计划工作是每位管理者必须履行的职能工作。

（4）预见性。计划是谋划未来的活动，是在预测组织内外部环境变化的基础上制订的，必须考虑未来的机遇和可能的威胁，指导组织未来的活动，因此，计划必须具有预见性。

(5) 经济性。计划工作不仅要正确确定组织的目标，又要确定制订计划与执行计划所有产出与所有投入之比，即要保证各种资源的配置、使用是正确的和有效的。

3.2.2 计划的类型

由于目标及实现目标的方案有不同的类型，因此计划工作也有不同的种类。需注意的是，各种计划不是彼此割裂的，而是由分别适用于不同条件下的计划组成的一个计划体系。

1．按照计划的期限划分

按照计划的期限划分，可将计划分为长期计划、中期计划和短期计划。

（1）长期计划。五年以上的计划为长期计划，只规定组织的目标和达到目标的总的方法，而一般不规定具体做法。

（2）中期计划。介于一年到五年期间的计划为中期计划，具体说明各年度应达到的阶段目标。中期计划既赋予了长期计划的具体内容，又为短期计划指明了方向。

（3）短期计划。一年以内的计划为短期计划，通常比中期计划更为具体，更具有可操作性，主要规定具体的要求，能够直接指导各项活动的开展。

2．按计划的对象划分

按计划的对象划分，可将计划分为综合计划、部门计划和项目计划。

（1）综合计划是具有多个目标和多方面内容的计划，其涉及的内容是多方面的，关联整个组织或组织中的许多方面。

（2）部门计划是在综合计划的基础上，为了达到组织的分目标而制订的，部门计划只涉及某一特定的部门或职能，内容比较专一。

（3）项目计划是为某项特定的活动而制订的计划，如某项产品的开发计划、职工俱乐部的建设计划等。

3．按计划范围及对企业经营影响程度划分

按计划范围及对企业经营影响程度的不同，可将计划分为战略计划和行动计划。

（1）战略计划。战略计划是指应用于整体组织，为组织设立总体目标以寻求组织在环境中的地位的计划。它具有长远性、全局性和指导性，一般周期较长，通常为长期计划。

（2）行动计划，也称作业计划，是在战略计划所规定的方向、方针、政策框架内，确保战略目标的落实和实现，确保资源的获取与有效运用的具体计划。这种计划的周期通常很短，具有一次性、局部性和指令性的特征。

4．按计划的表现形式划分

按计划的表现形式划分，计划包括企业中各种未来的行动方案，具体表现为以下形式。

（1）宗旨，是指一个组织最基本的目标，即组织存在的基本理由。

（2）目标，是对企业的使命和活动方向及各项任务的一般表述。

（3）战略，是指明方向和资源配置的优先次序，不是具体说明企业如何实现目标。

（4）政策，是管理者决策时考虑问题的指南，明确处理各种问题的一般规定。

（5）程序，是规定了某些经常发生的问题的解决方法和步骤，是一种经过优化的计划。

（6）规章制度，是一种简单的计划，规定了在某种情况下采取或不能采取某种具体行动，作为是非标准以指导下属的具体行动，明确必须遵守的各种规则和程序。

（7）规划，是为了实施既定方针所必需的目标、政策、程序、规则、任务分配、执行步骤、使用资源及其他要素等而制订的综合性计划。

（8）预算，是一种数字化的计划，明确了活动的投入与产出的数量、时间和方向。

5．按计划的内容规定的明确性程度划分

按计划的内容规定的明确性程度划分，可将计划分为指导性计划与具体性计划。

（1）指导性计划规定一般的方针和行动原则，它确定最终的目标，但不确定具体的目标和具体的活动方案，给予了行动者较大的自由处置权。

（2）具体性计划具有明确规定的目标，它以指导性计划的目标为最终目标，具有明确的可衡量的具体目标及一套可操作的行动方案。

◆**管理思考3.6**

保险销售员的故事

有位同学举手问老师："老师，我现在从事保险行业，我的目标是想在一年内赚100万元！请问我应该如何计划我的目标呢？"

"我们来看看，你要为实现自己的目标做出多大的努力。根据我们的提成比例，100万元的佣金大概要做300万元的业绩。一年要做300万元业绩；一个月要做25万元业绩；一天要做8 300元业绩。"老师说，"一天做8 300元业绩，大概要拜访多少个客户？"

"大概要50个客户。"

老师接着问他："那么一天要50个，一个月要1 500个；一年呢？就需要拜访18 000个客户。"

这时老师又问他："请问你现在有没有18 000个A类客户？"他说没有。"如果没有的话，就要靠陌生拜访。你平均一个人要谈上多长时间呢？"他说："至少20分钟。"老师说："每个人要谈20分钟，一天要与50个客户交谈，也就是说你每天要花16个小时在与客户交谈上，还不算路途时间。请问你能不能做到？"他说："不能。老师，我懂了。目标不是凭空想象的，是在一个能达成的计划的基础上制定的。"

管理启迪

思考：从这个故事中，你得到什么启迪？

3.2.3 计划的编制

1. 计划的编制原则

制订切实可行的计划，应遵循以下原则。

（1）目的性，即计划必须为了达到一定的目的，而且此目的必须明确。
（2）可靠性，即计划必须在实事求是的基础上制订，避免偏见与臆断。
（3）协调性，即企业不同层次、不同部门的计划相互衔接、彼此配合而非冲突、混乱。
（4）可监控性，即必须设定需要达到的标准，并监控计划的执行。
（5）灵活性，即计划可以根据实际情况而修改完善，并非一成不变。
（6）可行性，即计划必须是经过努力可以实现的，既具有激励性，又具有现实性。

2. 计划的编制流程

计划的编制流程如图 3-4 所示。

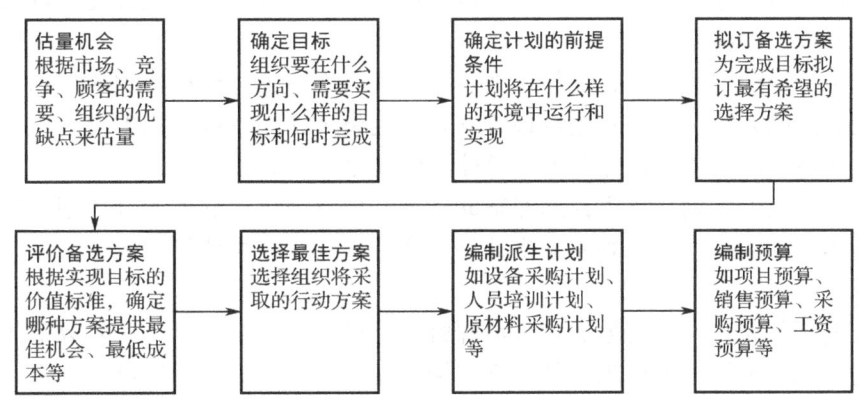

图 3-4 计划的编制流程

（1）估量机会。估量机会是对管理者在环境中可能取得成功的机会进行估量，这项工作并非是计划的正式过程，但它是整个计划工作的起点。其内容包括：对未来可能出现变化和预示的机会进行初步分析，形成判断；根据自己的长处和短处，弄清自己所处的地位；了解自己利用机会的能力；列举主要的不肯定因素，分析其发生的可能性和影响程度；在反复斟酌的基础上，下定决心，扬长避短。在估量机会时，通常采用 SWOT 分析法。这种方法对企业内部条件的优势（Strengths）、劣势（Weaknesses）和外部环境的机会（Opportunities）、威胁（Threats）进行分析，目的是找出企业的优势（强项）与劣势（弱项），并依据企业的优势与劣势情况，充分利用其优势把握环境中的机会，认清劣势从而避开环境中的威胁，或利用环境中的机会强化企业的优势、弥补企业的劣势。

（2）确定目标。确定目标是计划工作的第一步，确定时要遵循 SMART（S：Specific

具体的；M：Measurable 可衡量的；A：Attainable 能够达到的；R：Relevant 相关的；T：Time-bound 有时限的）原则。目标的选择是计划职能最为关键的内容，一个成功的计划绝不会在选择目标上存在偏差。确定目标的主要内容包括：指导资源最合理分配；充分发挥全体员工的积极性和潜力；促进组织内部团结一致，对外享有良好的声誉；达到组织经营活动的最佳效果等。

（3）确定计划的前提条件。确定计划的前提条件就是要确定整个计划活动所处的未来环境，即执行计划时的预期环境。按照组织的内外环境，计划工作的前提条件分为外部前提条件和内部前提条件；按可控程度，计划工作前提条件分为不可控的、部分可控的和可控的三种前提条件。通过预测一些重要的前提条件，可以给计划工作提供依据或参考。

（4）拟订备选方案。计划前提确定后，就要拟订各种可行的计划方案供评价和选择。实现目标往往有几个可能方案供选择，计划工作是要将这些方案的数量减少，并确定两个以上的最有希望的可能方案作为备选方案。

（5）评价备选方案。通过比较各个方案的利弊，选出最有可能以最低的成本获得最高的效益的方案。评价方案的依据应包括两个内容：一是组织目标确定的一系列对实施方案的评价项目和标准；二是各评价项目和标准对组织目标的贡献程度，以及它们之间的相对重要性，即权数。

（6）选择最佳方案。选择最佳方案是指从备选方案中，根据组织的目标选定一个最合理、最满意的方案，并正式通过该方案。这是整个计划流程中的关键一步，也是做出决策的重要环节。为了保持计划的灵活性，应确定一个后备计划。

（7）编制派生计划。派生计划即辅助计划，也就是总计划下的分计划。其作用是支持总计划的贯彻落实。总计划靠派生计划来扶持，只有派生计划完成了，总计划的完成才有保证。

（8）编制预算。计划的最后一个步骤就是要将之转化为预算，使之数字化。预算是用数字的形式表示的组织在未来某一确定期间内的计划，是计划的量化说明，是用数字形式对预期结果的一种表示。预算是汇总各类计划的工具，同时也是衡量计划执行情况的重要标准，因此预算又常常被看作一种重要的控制手段。

3．计划的编制方法

计划编制的方法很多，这里仅简要介绍两种常用的计划方法，即滚动计划法和甘特图法。

（1）滚动计划法。滚动计划法又称连续性计划法或滑动计划法，其编制方法如下：按照"远粗近细"的原则制订一定时期内的计划，然后根据计划的执行情况和环境情况的变化，调整和修订未来的计划，并逐期向前移动，使计划不断向前延伸，形成一个连续过程，从而把短期计划与中期计划有效地结合起来。滚动计划制作流程如图3-5所示。

在编制滚动计划的过程中应注意以下几点。

① 按"远粗近细"的原则将短期计划、中期计划、长期计划有效地结合起来。

② 明确修正因素，包括三个方面：一是检查滚动期内原计划与执行结果之间的差异，

并分析原因；二是了解组织环境发生了哪些变化及其对计划产生的影响；三是明确地修正或调整自身的战略、目标、方针、资源、核心能力等因素。

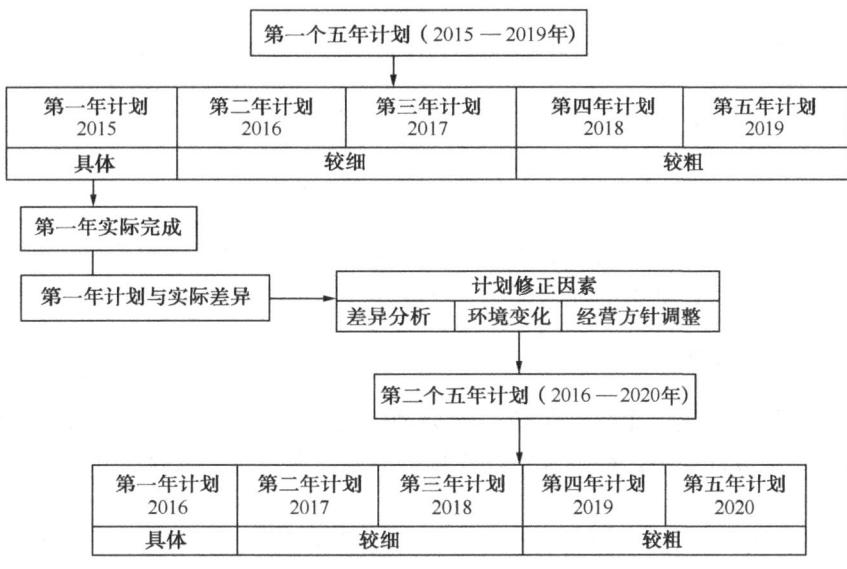

图 3-5　滚动计划制作流程

③ 在对修正因素全面分析的基础上按照第一条的要求形成新一轮的滚动计划。一个良好的滚动计划反映组织的较强学习能力和全面计划管理能力。

滚动计划法使长期计划、中期计划与短期计划相互衔接，使短期计划内部各阶段相互衔接，从而加强了计划的弹性。该方法对环境剧烈变化的时代尤为重要，可以提高组织的应变能力。

（2）甘特图法。甘特图法又称横道图法或条形图法，是由泰勒的追随者美国学者亨利·劳伦斯·甘特发明的一种使用条形图编制项目工期计划的方法，是一种比较简便的日程工作计划、工期计划和进度安排的方法。甘特图表是甘特图法的呈现方式。甘特图表的实质，是为了表明如何通过各种活动来恰当地安排工作的程序和时间，以完成该项工作。管理人员能够从甘特图表所提供的信息中看出哪一项工程或产品落后于预期的计划，然后采取行动加以纠正，以便使工程赶上计划的安排，或者将货物延运的时间及预计能够完成的日期通知领导者。

甘特图表的编制方法如下：把计划和进度安排两种职能结合在一起，纵向列出项目活动，横向列出时间跨度。项目活动在左侧列出，时间在图表顶部列出，图中的横道线显示了每项活动的开始时间和结束时间，横道线的长度表示活动的工期，甘特图表顶部的时间段决定项目计划的详略程度。如图 3-6 所示为用甘特图表表示制造某一专用设备的各项活动的进度安排，图中用横道线标出了各项活动的延续时间和起止时间。从图 3-6 中还可看出，活动 A（产品设计）、活动 B（工艺编制）、活动 D（工艺装备制造）、活动 E（零件加工）、活动 F（产品装配）是顺序关系，即前一项活动完成后，后一项活动才能开始；而活动 C（原材料、外购品采购）和活动 B、活动 D 是并行关系，它们可以同时进行。

活动代号	活动内容	月 份												
		1	2	3	4	5	6	7	8	9	10	11	12
A	产品设计	━	━	━									
B	工艺编制				━								
C	原材料、外购品采购				━	━	━						
D	工艺装备制造						━	━	━				
E	零件加工									━	━		
F	产品装配											━	

图 3-6 用甘特图表表示制造某一专用设备的各项活动的进度安排

甘特图表直观、简单、容易制作、便于理解，一般适用于比较简单的小型项目，可用于工作分解结构（WBS）的任何层次、进度控制、资源优化、资源和费用计划编制等。

4．计划书的编制

计划书是党政机关、企事业单位、社会团体对今后一段时间的工作、活动做出预想和安排的一种事务性文书。在实践中，计划书有许多名称，如安排、要点、设想、预想、方案、规划、打算等。

（1）工作计划书。工作计划书是对即将开展的工作的设想和安排，并根据一定的格式和内容的具体要求而编辑整理的书面材料。一般包括标题、正文、结尾三个部分。

① 标题。计划的标题一般由单位名称、适用时间、指向事务、文种四个要素组成，如"××建筑工程公司 2019 年工作计划""××学院 2018—2019 年第一学期教学工作计划"等。

② 正文。正文由前言和计划事项构成。

前言是计划的开头部分，简明扼要地表达制订计划的背景、根据、目的、意义、指导思想等，一般一至两个自然段即可。前言常用"为此，今年（或某一时期）要抓好以下几项工作"总结，并引出下述的计划事项。

计划事项是主体部分，要一一列出准备开展的工作（学习）、任务，并提出步骤、方法、措施、要求。这是计划最重要的内容，也是篇幅最长的一部分。通常主体部分由于内容较多，需要分层、分条撰写。

③ 结尾。结尾可以用来提出希望、发出号召、展望前景、明确执行要求等。

工作计划书范例

在结尾之后，还要注明单位名称和制订计划的具体时间，如果以文件的形式下发，则还要加盖公章。

（2）活动计划书。活动计划书通常也称活动策划书，是拟将开展活动的实施指导、依据和规范。它为活动的开展提供一个蓝本和标准。一份活动计划书通常包括标题、正文和附件三个部分。

① 标题。标题应有制订计划的组织的名称、活动的内容、活动方式，如"信息学院演讲活动计划书"。

② 正文。这是活动计划书中最重要的部分。正文的内容因活动种类的不同而有所不同，但必须以让读者能一目了然为原则，切忌过分复杂。正文部分通常包括以下内容。

一是背景分析。这部分就提出活动的背景情况进行陈述与分析，通常可在以下项目中选取内容重点阐述：基本情况简介、主要执行对象、近期状况、组织部门活动开展的原因、社会影响及相关的目的、动机。

二是活动目的、意义和目标。应用简洁明了的语言将目的要点表述清楚；在陈述目的要点时，该活动的核心构成或策划的独到之处及由此产生的意义（经济效益、社会利益、媒体效应等）都应该明确写出。活动目标要具体化，并需要满足重要性、可行性和时效性。

三是本次活动的主题词。用一句简练新颖、独特、有感染力的语言概括本次活动的宗旨、目的、意义，使活动主题更加突出。

四是本次活动的主办单位、协办单位、赞助单位或承办单位。主办单位、协办单位、赞助单位或承办单位必须一一"对号入座"，切不可混淆不清而影响责、权、利的划分。

五是本次活动的时间、地点、参加者及邀请者。应写明活动的时间、地点，参加者的来源、人数、具体落实的情况。

六是本次活动的实施方案。这是计划书的核心和"重头戏"，每项具体活动应包括活动名称、活动目的，活动主要内容、方式和基本要求，项目负责人、参与者及分工，项目完成时间及进度表，经费、设备总量和分配方式，所需的传播媒介及场地等。

③ 附件。附件主要是指策划的相关资料。这部分内容可有可无，只是给计划参与者提供参考。资料不能太多，择其要点而附之。

活动计划书范例

任务训练 3.2

1. 单项选择题

（1）计划工作的前提是（　　）。
A．决策　　　　B．预测　　　　C．管理　　　　D．领导
（2）组织的各级管理人员都是计划的编制者，战略性计划是由（　　）负责制订的。
A．高层管理者　B．中层管理者　C．基层管理者　D．所有管理者
（3）计划工作总是针对需要解决的新问题和可能发生的新变化、新机会而做出的决策，这就是它的（　　）性质。
A．超前性　　　B．普遍性　　　C．创新性　　　D．灵活性
（4）制订作业计划的依据是（　　）。
A．年度计划　　B．管理者的意愿　C．指导性计划　D．战略计划
（5）为实现组织目标而采取的一系列措施、手段或技巧就是（　　）。
A．政策　　　　B．程序　　　　C．策略　　　　D．规则

2. 多项选择题

（1）计划在管理的各种职能中处于主导地位，主要表现在（　　）。
A．计划和控制工作是不可分的

B. 计划的确定总是在其他管理职能之前
C. 计划工作是一成不变的
D. 计划工作始终贯穿于组织、人事等工作中

（2）战略计划与作业计划相比较，下列说法正确的是（　　）。

A. 战略计划的内容具有纲领性　　　B. 战略计划的对象是组织全局
C. 战略计划的任务是设立目标　　　D. 战略计划的风险性较高

（3）计划的作用是（　　）。

A. 提供方向　　　　　　　　　　　B. 适应变化，防患于未然
C. 合理配置资源　　　　　　　　　D. 为控制提供标准

3. 判断题

（1）现实中，许多中小型组织大量采用的是非正式计划。（　　）
（2）只有组织的高层管理人员才有资格编制计划。（　　）
（3）一般来说，战略计划相比作业计划要承担较高的风险。（　　）
（4）滚动计划法大大增加了计划的弹性，从而提高组织的应变能力。（　　）

管理定律

经典管理定律之三

1. 决策合理性法则

内　容：决策的合理性，就是在能评价行动结果的一定价值体系下，选择恰当的代替行为。

提出者：美国管理学家赫伯特·西蒙。

点　评：决策决定的是"应该怎么做"，而决定决策的则是"为什么这么做"。

2. 艾科卡原则

内　容：决不能在没有进行选择的情况下做出重大决定。

提出者：美国克莱斯勒汽车公司前总经理李·艾科卡。

点　评：凡在选择余地不大的情况下，我们总是难以做出最佳选择。

3. 兰德定律

内　容：世界上每1 000家破产倒闭的大企业中，有85%的企业是因为管理者决策不慎造成的。

提出者：美国兰德公司。

点　评：一人一事系于整体，每招每策关乎全局。

4. 王安论断

内　容：犹豫不决固然可以免去一些做错事的机会，但也失去了成功的机遇。

提出者：美籍华裔企业家王安博士。

点　评：寡断能使好事由好变坏，果断可将事情转危为安。

5. 本尼斯第一定律

内　容：非日常工作推迟了日常工作，并扼杀了所有的计划和基本变化。

提出者：美国加利福尼亚大学商学院教授本尼斯。

点　评：不周之虑，易致轻率之举；意外之事，常成燃眉之急。

知识拓展：决策管理的七个偏颇　　知识拓展：提高企业领导决策能力的途径　　知识拓展：领导者有效决策十五律

项目总结

（1）决策是管理工作的一项重要功能。决策是指组织或个人为了达到某一目标、目的或企图，在众多方案中选择一个最满意的方案或策略，并加以实施的过程。决策包括五个特性：决策的过程性、决策的目的性、决策的择优性、决策的满意性和决策的未来性。

（2）根据不同的标准，可以把决策分为不同的类型：战略决策、管理决策和业务决策；程序化决策和非程序化决策；确定型决策、风险型决策与不确定型决策；初始决策和追踪决策；单目标决策和多目标决策；经验决策和科学决策；集体决策和个人决策。

（3）一项决策的做出应经过以下几个过程：识别机会和诊断问题、确定决策目标、拟订备选方案、比较和选择方案、实施决策方案和决策方案的反馈与追踪检查。

（4）决策的方法有两大类：定性决策法、定量决策法。其中，定性决策法是指在决策中主要依靠决策者或有关专家的智慧来进行决策的方法，包括头脑风暴法、德尔菲法等。定量决策法是利用数学模型进行优选决策方案的决策方法，根据数学模型涉及的决策问题的性质不同，一般分为确定型决策、风险型决策和不确定型决策三类。而量本利分析法和决策树法分别是常见的确定型决策和风险型决策方法，而不确定型决策方法包括大中取大法、小中取大法、折中法和最小后悔值法。

（5）计划职能是管理的基本职能之一，是组织根据环境的需要和自身的特点，确定组织在一定时期内的目标，并通过计划的编制、执行和监督来协调、组织各类资源以顺利达到预期目标的过程。计划在管理中的作用在于计划可以给出方向，使置身于复杂多变和充满不确定性环境的组织，始终把其主要的注意力集中在既定目标上，使组织所有的行动保持同一方向。

（6）计划的编制包括估量机会、确定目标、确定计划的前提条件、拟订备选方案、评价备选方案、选择最佳方案、编制派生计划、编制预算八个步骤。计划的方法有很多种，包括滚动计划法、甘特图法等。

项目实训

实训 3.1　管理测试：测试你的决策能力有多强

如表 3-3 所示的自测题能够帮助你评估自己的决策能力。答题时应尽可能地客观。如果你回答"从不"则选择 1，回答"总是"则选择 4，等等。将你的得分加起来，并根据最后的分析来判断你的决策能力，从而确定你需要改进的决策能力。

表 3-3　测试你的决策能力

决策行为表现	从不	有时	经常	总是
1. 我及时做出决策，并及时实施	1	2	3	4
2. 决策前我仔细而全面地分析了情况	1	2	3	4
3. 我把不必自己亲自做出的决策授权给下属去完成	1	2	3	4
4. 我将理智和创新结合起来做出决策	1	2	3	4
5. 我在开始具体的决策前分析决策的类型	1	2	3	4
6. 根据自己对企业文化的理解来获得同事对决策的支持	1	2	3	4
7. 我根据一定标准来确定优先因素	1	2	3	4
8. 对战略性决策我花大力气对待	1	2	3	4
9. 决策过程中我最大限度地寻求别人的参与	1	2	3	4
10. 在完成一个正确决策的过程中，我咨询合适的人以获得他们的帮助	1	2	3	4
11. 对自己及竞争对手的优劣条件进行全面分析	1	2	3	4
12. 我用具有挑战性的、创新性的方法来剔除陈旧的观点	1	2	3	4
13. 我鼓励大家团结协作而不是各自为战	1	2	3	4
14. 我在会议前认真地准备方案，也鼓励其他人这样做	1	2	3	4
15. 我根据最终的目标客观地分析和评估所有可选方案	1	2	3	4
16. 我尽可能地从公司内部和外部收集各种有用的信息	1	2	3	4
17. 我考虑实施决策的计划及决策的效果	1	2	3	4
18. 在分析结果时，我客观地判断每种方案成功的可能性	1	2	3	4
19. 在适当的时候，我应用计算机帮助自己进行决策	1	2	3	4
20. 我努力降低风险，但是在有把握的时候冒点风险也是必要的	1	2	3	4
21. 我采用不同的情境设计来完善计划，并测试计划的可行性	1	2	3	4
22. 我实事求是地决策，而不考虑决策提出者与自己的利害关系	1	2	3	4
23. 在整个过程中，我努力寻求他人的支持	1	2	3	4
24. 在制订行动计划时，我要求所有人都参与进来	1	2	3	4
25. 我指定一个特定的人对某个具体的行动负责	1	2	3	4
26. 我与同事们公开地、真诚地并尽可能及时地交换对决策的看法	1	2	3	4
27. 我努力鼓励他人对决策提出反对意见	1	2	3	4

续表

决策行为表现	从不	有时	经常	总是
28. 我在适当的地方设置监督系统，并利用它们来监测进展的情况	1	2	3	4
29. 在一个项目完成之后，我回顾行动过程以期发现和吸取经验教训	1	2	3	4
30. 我将决策解释清楚，并努力使其他人理解它	1	2	3	4
31. 我对自己招聘的人的行为负全部责任	1	2	3	4
32. 我努力使每一次会议都有明确的结论和决策	1	2	3	4

实训 3.2 小组活动：编制计划书

以小组为单位完成如表 3-4 所示的任务。

测试分析

表 3-4 编制计划书任务表

活动名称	编制计划书
活动目标	1. 培养制订计划的能力； 2. 培养编制计划书的能力
活动内容与组织	1. 在调研的基础上，运用创造性思维，策划一个大项目，项目包括一系列活动，每个活动都需制订计划书，从而形成项目活动方案。要求： （1）所策划活动的内容与主题，既可以由教师统一指定，也可以由学生自选。主题尽可能是与所学专业相关，也可以是学生所熟悉的其他内容。 （2）应通过调研，获取较为丰富的材料。 （3）要运用创造性思维，所策划的活动一定要有创意。 （4）要科学地规划有关要素，计划书的结构要合理、完整。 2. 在每个人进行个别策划的基础上（每个人各完成一份所负责活动的计划书），以模拟公司为单位，运用"头脑风暴"等方法，组织深入研讨，形成公司的总体创意（公司活动总策划书）。 3. 利用课余时间进行系统的活动策划，编制公司的活动策划书或计划书。 4. 在课上进行交流与论证。 5. 教师对各人计划书完成情况及各组汇报情况进行点评
活动成果	1. 每个人都要起草一份计划书； 2. 公司的策划书或计划书（执笔人则不再另写个人策划书）； 3. 在全班进行交流，共同对各公司的策划创意与计划编制进行点评
活动考核	1. 以小组为单位，分别由组长和每个成员根据各成员的计划书撰写情况进行评估打分； 2. 由教师根据各人的计划书及小组方案的评价进行综合考核

实训 3.3 项目测试题

1. 判断题（1 分×10=10 分）

（1）当前的计划越可能影响到对未来的许诺，计划的期限应越短。（   ）

（2）环境变化越大，计划越应是指导性的、短期的。（   ）

（3）一般而言，战略计划相比作业计划要承担较高的风险。（   ）

（4）只要决策者按照正确的决策程序和决策方法办事，就一定能找到最优的决策方案。（　　）

（5）滚动计划方法的目的是增加计划的弹性和适应性，采用了"近概略，远具体"的方法编制长期计划。（　　）

（6）目标为计划活动提供了一个框架。（　　）

（7）经常重复发生，能按原来已经规定的程序、处理方法和标准进行的决策，就是非程序化决策。（　　）

（8）因为集体决策的效率总是低于个人决策的，所以在决定是否采用集体决策时，主要考虑的是集体决策效果的提高是否足以抵消效率的损失。（　　）

（9）盈亏平衡点法适用于风险型决策。（　　）

（10）战略计划和战术计划是组织中管理人员的一项重要工作，因而对管理人员提出了相同的素质和能力方面的要求。（　　）

2．单项选择题（1分×20=20分）

（1）计划工作在管理工作中具有（　　）。
A．先导性　　　　　　　　　　B．超前性
C．战略性　　　　　　　　　　D．重要性

（2）"运筹帷幄之中，决胜千里之外"，"运筹帷幄"反映了管理的哪一项职能？（　　）
A．组织职能　　　　　　　　　B．领导职能
C．计划职能　　　　　　　　　D．控制职能

（3）由美国兰德公司命名并首先使用的决策方法是（　　）。
A．头脑风暴法　　　　　　　　B．发散思维法
C．德尔菲法　　　　　　　　　D．定量决策法

（4）决策树的构成要素是（　　）。
A．概率枝、方案枝、决策点、状态节点
B．方案、决策点、概率枝、自然状态
C．决策点、方案枝、概率枝、自然状态
D．方案、决策点、概率、状态节点

（5）按具体情况采取或不采取某个特殊的行动指的是（　　）。
A．政策　　　　B．程序　　　　C．规则　　　　D．规划

（6）以下（　　）不属于非程序性计划。
A．产品品种调整　　　　　　　B．建立新生产线
C．向供应商订货　　　　　　　D．改变工资制度

（7）计划制订中的滚动计划法是动态的、灵活的，它的主要特点是（　　）。
A．按前期计划执行情况和内外环境变化，定期修订已有计划
B．不断逐期向前推移，使短、中期计划有机结合
C．按"近细远粗"的原则来制订
D．以上三方面都是

(8) 管理活动的首要职能是（　　）。
A．计划　　　　　B．组织　　　　　C．领导　　　　　D．控制
(9) 战略计划和作业计划是按（　　）划分的。
A．计划的约束力　　　　　　　　B．计划的对象
C．计划制订者的层次　　　　　　D．计划的时间界限
(10) 中期计划的时间为（　　）年。
A．1～3　　　　　　　　　　　　B．2～3
C．3～4　　　　　　　　　　　　D．1～5
(11) 某顾客准备在银行办理一期固定存款业务，在可供选择的三家银行中，一年期利率分别是 3.15%、2.98%、3.21%。该顾客面临的决策就是选择哪家银行。这种决策属于什么类型的决策？如果这三家银行都存在倒闭的可能，但不知道倒闭的概率，则这种决策又属于何种类型的决策？（　　）
A．确定型决策，非确定型决策　　　B．确定型决策，风险型决策
C．非确定型决策，风险型决策　　　D．风险型决策，非确定型决策
(12) 计划工作的核心是（　　）。
A．决策　　　　　B．预测　　　　　C．构思　　　　　D．控制
(13) 用数字表示预期结果的报表，被称为"数字化"的计划，这种计划就是（　　）。
A．专题计划　　　　　　　　　　B．专项计划
C．预算　　　　　　　　　　　　D．数量计划
(14) "凡事预则立，不预则废"是在强调（　　）的重要性。
A．组织　　　　　B．预测　　　　　C．预防　　　　　D．计划
(15) 关于计划工作基本特征的描述，错误的是（　　）。
A．计划是高层管理者的职责范畴　　B．计划工作居首要地位
C．计划工作是有目的的行为　　　　D．计划工作要讲究效率
(16) 计划工作的核心是（　　）。
A．确定目标　　　　　　　　　　B．确定计划的前提条件
C．确定可供选择的方案　　　　　D．进行决策
(17) 把决策划分为确定型决策、风险型决策与非确定型决策，是根据什么标准所做的划分？（　　）
A．根据决策目标的影响程度不同
B．根据决策条件（或称自然状态）的可控程度
C．根据决策目标的多寡
D．根据后来决策与先前决策的一致性程度
(18) 根据计划的明确性，可以把计划分为（　　）。
A．长期计划和短期计划　　　　　B．战略性计划和战术性计划
C．具体性计划和指导性计划　　　D．程序性计划和非程序性计划
(19) 对于企业一些重要经营项目的决策一定要进行可行性分析，这是基本的要求。在对可行性分析的工作思路上，张经理认为可行性分析要从项目的不可行性分析入手；

王经理则认为可行性分析的大部分工作就是分析其可行性，在可行性分析的初期阶段千万不能引导大家思考项目的不可行性。你认为以下四种判断中哪一种判断是正确的？（　　）

  A．张经理主持分析论证的项目，在实施过程中风险一定会更小些。
  B．张经理和王经理的工作思路存在差异，但不存在本质的差异。
  C．对重大决策应采取张经理的思路，对一般性决策应采取王经理的思路。
  D．王经理的思路不符合科学的决策过程要求。

（20）确立组织的基本长期目标，采取行动，合理分配各种资源，以期达到既定目标，这也是计划的一种表现形式，即（　　）。
  A．目标　　　　　　B．策略　　　　　　C．规划　　　　　　D．政策

3．多项选择题（2分×10=20分）

（1）计划工作有广义和狭义之分，广义的计划工作包括（　　）。
  A．制订计划　　　　　　　　　　　B．机会分析
  C．执行计划　　　　　　　　　　　D．检查计划执行情况

（2）管理者之所以要编制计划，是因为（　　）。
  A．计划能使组织结构更加完善　　　B．计划是一种协调过程
  C．通过计划可以促使管理者展望未来　D．计划为控制提供了标准和依据

（3）计划在管理的各种职能中处于主导地位，主要表现在（　　）。
  A．计划和控制工作是不可分的
  B．计划的确定总是在其他管理职能之前
  C．计划工作是一成不变的
  D．计划工作始终贯穿于组织、人事等工作中

（4）滚动计划的好处有（　　）。
  A．灵活性　　　　　　　　　　　　B．连续性
  C．统一性　　　　　　　　　　　　D．精确性

（5）战略计划与作业计划相比较，下列说法正确的是（　　）。
  A．战略计划的内容具有纲领性　　　B．战略计划的对象是组织全局
  C．战略计划的任务是设立目标　　　D．战略计划的风险性较高

（6）计划按照其所涉及时间跨度的不同可以分为（　　）。
  A．长期计划　　　　　　　　　　　B．中期计划
  C．短期计划　　　　　　　　　　　D．近期计划

（7）用数字形式表示的计划是预算，如（　　）。
  A．销售费用预算　　　　　　　　　B．零预算
  C．广告预算　　　　　　　　　　　D．成本预算

（8）下述（　　）活动属于计划活动的范畴。
  A．程序　　　　　　B．目的　　　　　　C．预算　　　　　　D．使命

4．简答题（6分×5=30分）

（1）高层管理者、中层管理者和基层管理的计划有何不同？
（2）简述计划的流程。
（3）简述滚动计划法的编制方法。
（4）简述计划与决策的区别与联系。
（5）有人反对制订长期计划，因为他们认为在未来的长时期中将会发生什么事情是不可预知的。你是否认为这是一种可取的明智态度，为什么？
（6）计划既然是未来的行动路线，那么一个具体的计划是否降低了行动的灵活性？

5．计算题（10分×1=10分）

某企业欲新建一条生产线生产一种新产品，年固定成本需10万元，单位产品变动成本为40元，产品单价预计为80元。该产品市场需求量很大，企业生产多少就可以销售多少，但该生产线的设计能力较低，仅为年产2 000台，若按此方案建新生产线，企业是盈利还是亏损？方案是否可取？请决策。

6．案例分析题（1分×10=10分）

中国工商银行的进一步发展

中国工商成立于1984年1月1日。它的初始资产、负债、资本、运营设备、系统分支网络及员工均是由中国人民银行工商信贷管理司划拨而来的。工商银行在一开始的角色就被定位为"国有企业和集体企业运营资金贷款的主要来源"。而且被要求在国家政策的基础上实行众所周知的政策性贷款。在工商银行的基础资产中存在着巨额的这种贷款。这些贷款利率低且偿债情况不良好。另一个困难是工商银行作为国有银行有义务用自己存款的一个固定的部分去购买政策性银行债券。

同时，工商银行还面临着各种内部和外部的问题。首先是缺乏受过西方银行业务训练的专业管理人才。从而影响了银行的效率、灵活性，以及满足顾客需要的快速反应能力。

另一个方面的问题是储户正在向其他地方分散。一方面是因为几次政策性的调息，另一方面是股市难以抵御的吸引力。而且作为国有银行，工商银行在裁员、培训员工、选择更多的贷款对象或开拓新的金融业务方面的自由度较小。此外，工商银行也在面临越来越激烈的竞争。既有国内的，也有国外的。这些银行一般比工商银行更小、更灵活。国外的银行如花旗银行、东京三菱银行等，也给工商银行等国有银行造成很大威胁。当然，工商银行也有其不可比拟的优势，即它具有稳定性和与政府联系方面的优越性。正因为如此，很多外国银行愿意与工商银行联合经营。这给了工商银行和西方金融机构许多必要的接触机会以及与它们交往的经验。

在1996—1997年间，中国政府对金融部门进行了广泛的改革。这些改革要求中国工商银行在继续作为国有企业运作的同时，向以市场为导向的完全商业银行平稳过渡。尤其需要关注的是允许外国银行更容易地进入市场，这意味着工商银行将要面临更为激烈的竞争。因此，工商银行的高层管理所面临的挑战不仅是如何提高运作效率，而且当务之急还是如何尽快进行机构改革，如何给顾客提供更好的服务以及使顾客满意。总之，如果工商银行要保持其竞争能力，就必须进行快速而深刻的改革。

问题：

请用 SWOT 法分析中国工商银行的自身和外部环境，然后在此基础上为中国工商银行的进一步发展战略提供决策建议。

项目 4

组织设计与运行

管理名言

办公司就是办人。人才是利润最高的商品,能够经营好人才的企业才是最终的赢家。

——联想集团创始人柳传志

卓有成效的管理者善于用人之长。

——著名管理学家彼得·德鲁克

变革不仅无处不在,而且还持续不断,这已成了常态。

——哈默和钱皮《再造公司》

项目导图

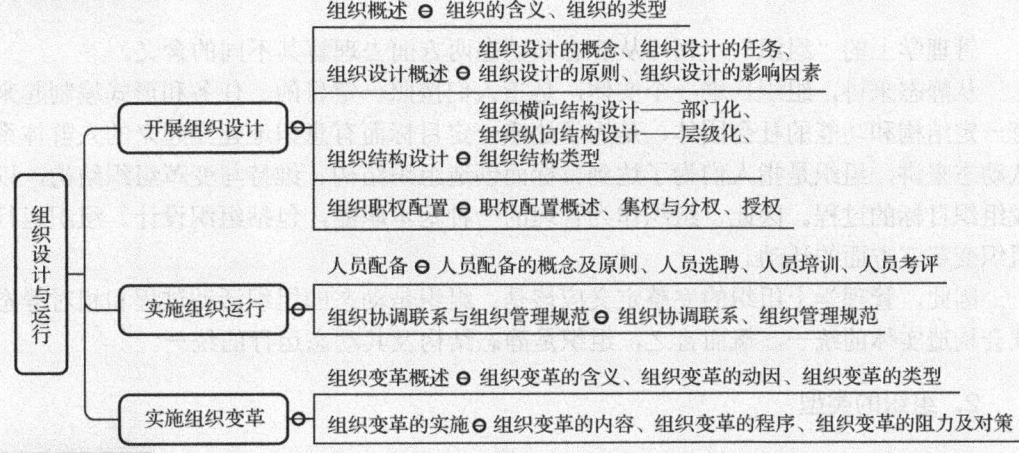

项目导入

人类的生存、发展离不开组织。组织是一种最普遍的社会现象,是人们群体活动的主要形式。在管理活动中,组织既是管理的载体,又是管理工作的重要职能。

管理游戏

任务 4.1　开展组织设计

> **知识目标：**
> ▲ 掌握组织职能的基本内容
> ▲ 掌握组织设计的内容、原则及影响因素
> ▲ 理解各种组织结构的特点及适用范围
> ▲ 掌握职权配置的途径及方法
>
> **能力目标：**
> ▲ 培养组织设计的能力
> ▲ 培养组织结构分析的能力
> ▲ 培养在管理中处理好集权与分权关系的能力
>
> **关键概念：**
> ▲ 组织　组织设计　组织结构　组织部门化　管理层级　管理幅度　直线职能型组织结构　事业部制组织结构　职权配置　直线职权　参谋职权　职权　集权　分权　授权
>
> **建议学时：**
> ▲ 2 个学时

4.1.1　组织概述

1. 组织的含义

管理学上的"组织"一词可从静态和动态两方面去理解其不同的含义。

从静态来讲，组织代表一个实体，是指人们按照一定目的、任务和形式编制起来的有一定结构和功能的社会团体，是为了达成一定目标而有意识地建立起来的人群体系；从动态来讲，组织是指人们为了达到目标而创造组织结构、维持与变革组织结构，以完成组织目标的过程。因此，组织作为管理的一种基本职能，包括组织设计、组织运行和组织变革三方面的活动。

因此，管理学上组织的完整定义应该是：组织是动态的组织活动过程和相对静态的社会构造实体的统一。概而言之，组织是静态结构及其动态运行的统一。

2. 组织的类型

从不同的角度可以将组织划分为不同的类型。

（1）根据组织的目标分类。根据组织的目标，可以把组织划分为以下四类。

① 互益组织，是以满足组织内部成员的利益和共同目标为目标的组织，如工会、俱乐部等。

② 工商组织，是以满足其所有者、经营者的利益为目标的组织，如工厂、商店、银

行等。

③ 服务组织，是以满足特定服务对象的需要为目标的组织，如医院、学校、社会机构等。

④ 公益组织，是以满足国家及社会公众的整体利益为目标的组织，如政府机构、研究机构、消防队等。

（2）根据组织是否满足其成员需求分类。根据组织是否满足其成员心理需求来分类，可将组织分为正式组织和非正式组织两类。

① 正式组织，是指有明文规定的、由一定社会组织认可和组织结构确定的、职务分配明确的群体。具有正规性、目的性和稳定性的特征。

② 非正式组织，是指没有明文规定、没有正式结构，不是由组织确定，而是在成员的某种共同利益基础上，为满足心理需要而自然形成的群体。具有自发性、内聚性和不稳定性的特征。

4.1.2 组织设计概述

1. 组织设计的概念

组织设计是管理者为实现组织目标而对组织活动和组织结构进行设计的活动，是在特定环境中，把组织任务与组织职能、职权和规范进行有效的结构性配合的过程。其功能是协调组织中的人员与任务间的关系，使组织保持灵活性和适应性，从而有效地实现其目标。

2. 组织设计的任务

组织设计的任务是设计清晰的组织结构，规划和设计组织中各部门的职能和职权，确定组织中职能职权、参谋职权、直线职权的活动范围并编制职务说明书，包括以下三项任务。

① 部门化和层级化。它是组织设计最基础的工作，是在对企业或其他组织的目标活动进行逐级分解的基础上，具体确定出组织内各项作业和管理活动开展所需要设置的职务的类别与数量，并根据各个职务所从事工作的性质、内容及职务间的相互关系，采取一定的部门化方式，按照一定的原则，将各个业务组合成作业或管理单位。这些部门单位又可以按照一定的方式组合成上一层级的更大的部门，从而形成组织的层次。

② 设计组织框架。在部门划分和层次设计基础上，进行组织框架结构的设计，这是对完成组织目标的人员、工作、技术和信息所做的制度性安排。

③ 建设组织联系。通过合理的职权配置和各种联系手段的设置，使组织中的各构成部分（各职务、各部门、各层次）联络成一个有机的整体，使各方面的行动协调配合起来。

综合来讲，组织设计的目的是要通过创建柔性灵活的组织，动态地应对外在环境变化的要求，并且能够在组织演化成长的过程中，有效积聚新的组织资源要素，同时协调好组织中部门与部门之间、人员与任务之间的关系，使员工明确自己在组织中应有的权力和应担负的责任，有效地保证组织活动的开展，最终保证组织目标的实现。

3. 组织设计的原则

根据国内外实践的经验，组织设计应遵循以下原则。

（1）目标导向原则。组织设计的根本目的是保证组织的任务和目标的实现，要求在进行组织设计和组织形式的选择时必须有利于组织目标的实现。

（2）统一指挥原则。要求组织的各级机构及个人必须服从一个上级的命令和指挥。只有在管理工作中实行统一领导，才能消除多头领导、政出多门的现象，保证有效领导。

（3）有效管理幅度原则。要求每个管理者管理幅度的设计必须确保实现有效控制。管理幅度过大，导致指挥监督不力；管理幅度过小，导致管理人员配备增多，管理效率降低。

（4）权责对等原则。要求在进行组织结构设计时，既要明确规定每一个管理层次和各部门的职责范围，又要赋予完成其职责所必需的管理权限，即职权和职责必须相等。

（5）稳定性与适应性相结合原则。要求组织结构及其形式既要有相对的稳定性，又必须随着组织内外条件的变化及业务有效运行的需要而做出相应调整。

4. 组织设计的影响因素

（1）组织战略。战略是实现组织目标的各种行动方案、方针和方向选择的总称。战略选择的不同在两个层次上影响组织结构：一是不同的战略要求不同的业务活动，从而影响管理职务的设计；二是战略重点的改变会引起组织的工作重点、各部门与职务在组织中重要程度的改变，从而要求各管理职务及部门之间的关系进行相应的调整。

（2）外部环境。组织环境中的不同因素对组织活动内容的选择及其组织方式的影响程度是不同的。不同环境的特点及其变化对职务和部门的设计、各部门关系、组织结构总体特征也产生一定的影响。

（3）科技。科技及其变化对组织设计的影响主要表现在两个方面：一是生产技术对组织结构及管理特征有着系统的联系；二是信息技术对组织结构的发展趋势、集权化和分权化的问题、部门协调等可能带来影响。

（4）组织规模。一般来说，组织规模是以雇员人数多寡来显示的。一家大规模企业，人数众多，内部分工也较细，权力有下放的趋势；企业规模小，内部分工较粗，权力相当集中。

（5）组织文化。组织文化是指组织内各成员所共同分享及认同的价值观、规范与信念，用以维系及凝聚众人。各环境性因素、组织文化都需要组织结构互相配合，方可发挥其效用。例如，强调对外应变的"适应文化"，就需要一个宽松而且弹性的组织结构，降低形式化、标准化及集权程度；相反，若组织采用一个重视内部稳定的"贯彻文化"，则组织结构倾向紧密，应以较高的形式化、标准化及中央集权去加强内部控制，保持内部的稳定状态。

4.1.3 组织结构设计

1. 组织横向结构设计——部门化

组织结构设计的内容之一是部门化，主要用于解决组织的横向结构问题。

（1）组织部门化的概念。组织的部门是承担具体且专门性的组织职能的构成单位。组织部门化是指把工作和人员组织成若干管理的单元。组织部门化的实质是对管理劳动的分工，将不同的管理人员安排在不同的管理岗位和部门中，通过他们在特定环境、特定相互关系中的管理工作来使整个管理系统有机地运转起来。

（2）组织部门化的基本原则。

① 因事设职与因人设职相结合的原则。该原则要求组织在设计中，一方面，为保证组织目标的实现，应使目标活动的每项内容都落实到具体的岗位和部门上，使"事事有人做"；另一方面，在组织设计时又必须重视人的因素，根据组织所能得到的人力资源状况来确定组织中适合设置的职位与部门，实现"人人有事做"，谋求人与事的有机结合。

② 分工与协作相结合的原则。该原则要求组织在设计时应按照专业化的原则设计部门和确定归属，同时要有利于组织单元之间的协作。随着社会生产力的发展，科学与技术的进步，分工越来越细，只有分工与协作，才能符合社会化生产的客观要求。

③ 精简高效的原则。该原则要求在服从由组织目标所决定的业务活动需要的前提下，力求减少管理层次，精简管理机构和人员，充分发挥组织成员的积极性，提高管理效率。只有组织机构精简，队伍精干，工作效率才会提高；如果组织层次繁多，机构臃肿，人浮于事，则势必导致浪费人力，滋长官僚主义作风，办事拖拉，效率低下。

（3）组织部门化的基本形式。

① 职能部门化。职能部门化是一种传统而基本的组织形式。职能部门化就是以组织的职能为基础进行部门划分，即把具有相同职能的工作岗位放在同一个部门。

② 产品部门化。按照产品或服务的要求对企业活动进行分组，即产品或服务部门化。

③ 地域部门化。地域部门化就是按照地域的分散化程度划分企业的业务活动，继而设置管理部门管理其业务活动。

④ 顾客部门化。顾客部门化就是根据目标顾客的不同利益需求来划分组织的业务活动。

⑤ 流程部门化。流程部门化就是按照工作或业务流程来组织业务活动。

2. 组织纵向结构设计——层级化

组织结构设计的内容之二是划分组织层级（管理层级），以解决组织纵向结构问题。

（1）管理层级与管理幅度的概念。

① 管理层级的概念。管理层级又称管理层次，是指组织内部从最高一级管理组织到最低一级管理组织的各个组织等级的数目。管理层级实质上反映组织内部纵向分工关系，各个层级担负不同的管理职能。

② 管理幅度的概念。管理幅度又称管理跨度或管理宽度，是指一个管理者直接管理下级人员的数目。由于管理者的时间和精力是有限的，其管理能力也因个人的知识、经验、年龄、个性等的不同而有所差异，因而任何管理者的管理幅度都有一定的限度，超过一定限度，就不能做到具体、高效、正确地领导。

（2）影响管理幅度的因素。有效的管理幅度受到诸多因素的影响，主要有管理者与被管理者的工作能力、工作内容和性质、工作条件及工作环境。

① 工作能力。主管的集合能力、理解能力、表达能力强，则可以迅速地把握问题的关键，就下属的请示提出恰当的指导意见，并使下属明确地理解，从而可以缩短与每位下属在接触中占用的时间。同样，如果下属具备符合要求的能力，受过良好、系统的培训，则可以减少向上级请示，占用上司时间的频率。这样管理的幅度便可适当宽些。

② 工作内容和性质。工作内容和性质包括主管所处的管理层次、下属工作的相似性、计划的完善程度和非管理事务的多少。一般而言，主管所处的管理层次越高、下属工作相似性越小、计划完善性较差和非管理事务多，管理幅度越小；反之，管理幅度可以大些。

③ 工作条件。工作条件包括助手的配备情况、信息手段的配备情况和工作地点的接近性。如果所在的工作条件较好，则管理幅度可以大些；反之，管理幅度应当小些。

④ 工作环境。组织环境稳定与否会影响到组织活动内容和政策的调整频率与幅度。因此，环境越不稳定，各层主管人员的管理宽度就越受限制。

（3）管理层级与管理幅度的关系。管理幅度与管理层级互相制约，二者之间存在着反比例的数量关系。这种反比例的数量关系决定了以下两种基本的管理组织结构。

① 扁平式结构。该结构是指组织规模已定，管理幅度较宽，管理层级较少的一种结构形态。其优点是管理层级少，管理人员少，节约管理费用；要求授权；制定明确的目标。其缺点是上级主管负担较重；上级有失控的危险；要求管理人员有较好的素质。

② 高长式结构。该结构是指管理幅度较窄，管理层级较多的高、尖、细的金字塔形态。其优点是可以进行严密的监督和控制；上下级间的联络迅速。其缺点是上级过多地参与下级的工作；管理层级多，管理费用高；最高层与最低层的距离长，信息传递慢，容易失真。

3. 组织结构类型

组织结构是组织各部分之间的关系模式，它是由组织的目标和任务，以及环境的情况所决定的。目前常见的组织结构形式有以下几种。

（1）直线型组织结构，也称军队式结构。它是组织发展初期的一种最早、最简单的结构模式。这种组织结构的特点是：不设职能机构，各级主管对自己的下级拥有直接的一切职权，从最高管理层到最基层，实行直线垂直领导。一般适用于那些企业规模不大、生产技术与工艺过程比较简单、产品单一的小型企业，或者是现场的作业管理。直线型组织结构如图 4-1 所示。

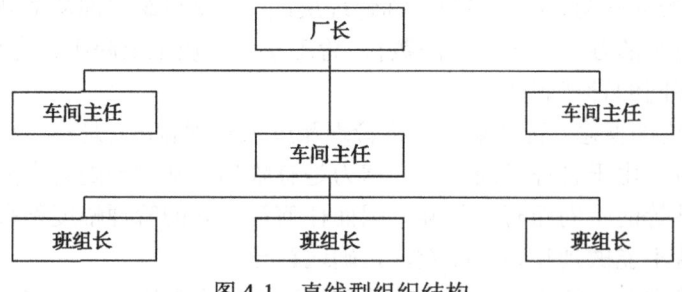

图 4-1 直线型组织结构

（2）职能型组织结构。职能型组织结构的特点是各级行政领导者，都配有通晓各种业务的专门人员和职能机构，并由职能机构按各自的任务需要直接向下发号施令。这一结构形式较能适应管理活动复杂化的需要，但也易造成管理上的混乱，实际上很少用。职能型组织结构如图4-2所示。

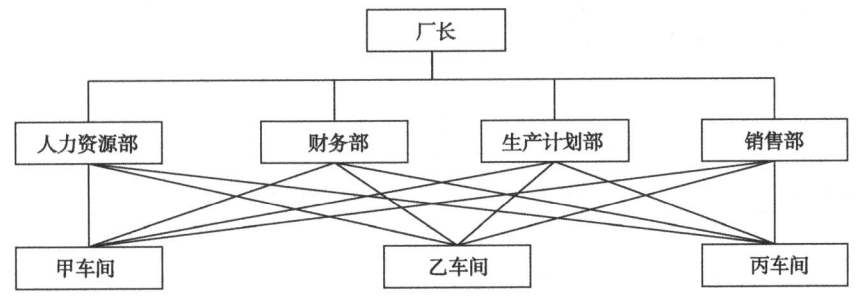

图 4-2　职能型组织结构

（3）直线职能型组织结构。直线职能型组织结构又称"U"型组织结构，它是在直线型组织结构基础上适应现代化工业生产的要求而发展起来的，是当前企业最常用的一种结构。它吸取了直线型和职能型的长处，避免了它们的短处。在组织中既保持了纵向的直线指挥系统，又设置了横向的职能管理系统，即在各级领导者之下设置相应的职能部门进行管理。在企业规模不太大、经营单一，外部环境相当稳定的情况下，这种结构是比较理想的管理架构，能够较好地发挥其优势。随着企业规模的不断扩大、经营领域的拓展和日趋复杂，这种"集权式"组织结构势必会转化为"分权式"组织结构。直线职能型组织结构如图4-3所示。

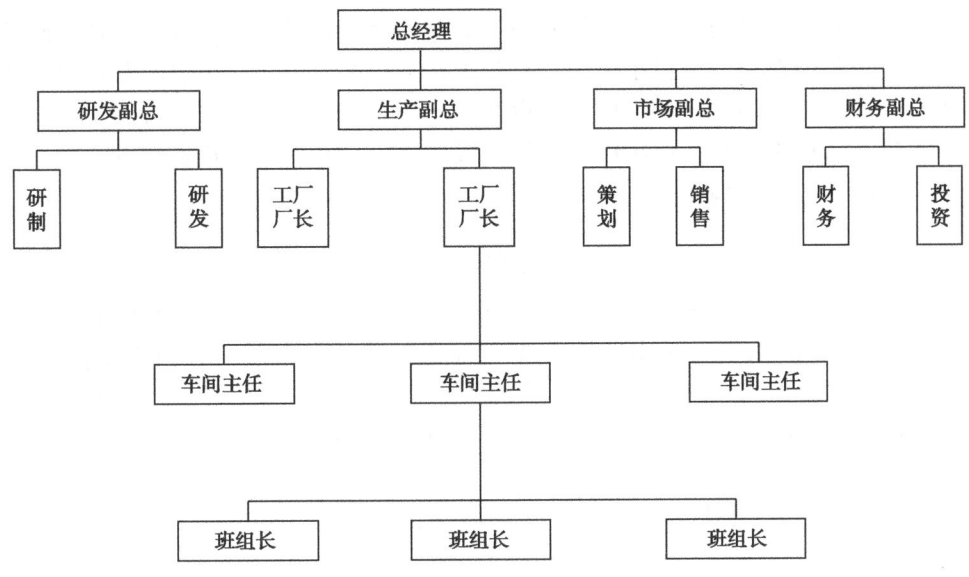

图 4-3　直线职能型组织结构

（4）事业部制组织结构。事业部制组织结构，也称"M型"组织，它是一种分权运作的形式，最初是由美国通用汽车的斯隆创立的，因此又称"斯隆模式"。事业部制组织结构是把企业按产品、地区和经营部门分成若干事业部，即分公司，从产品设计、原料采购、生产制造、产品销售直至客户服务，完全由各事业部负责。各事业部实行独立经营，单独核算。企业总部掌握人事决策、财务控制等大政方针和长期计划的安排，运用利润指标对事业部进行目标控制。一般适用于较复杂的产品类别和较广泛的地区分布的跨国公司或大型企业与企业集团。事业部制组织结构如图4-4所示。

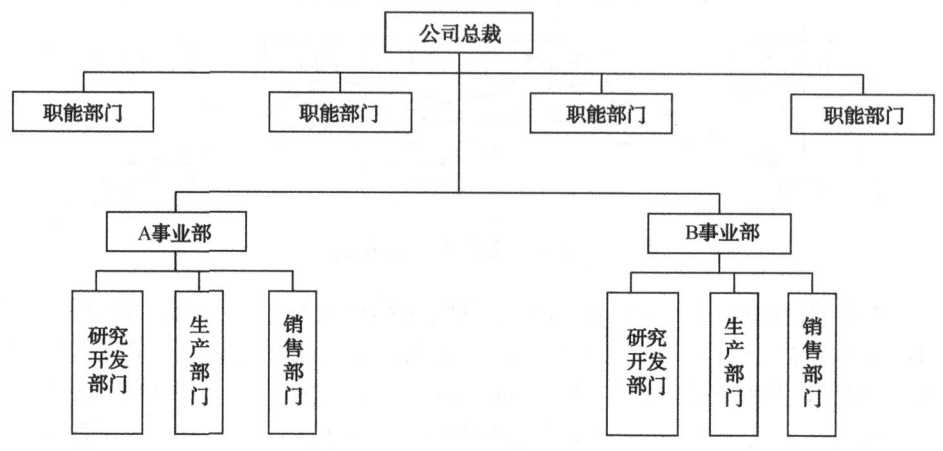

图4-4　事业部制组织结构

（5）矩阵型组织结构。矩阵型组织结构又称规划—目标结构，它由纵横两套管理系统叠加在一起组成一个矩阵，其中纵向系统是按职能划分的指挥系统，横向系统一般是按产品、工程项目或服务组成的管理系统。其优点是具有较大的灵活性、适应性，能够把横向部门的联系、纵向项目小组的协调、集权和分权有机结合起来。各种不同专业职能部门的人员集中在一个项目小组里，有利于相互沟通、协作，集思广益，更好地发挥专业人员的潜力，推动项目的完成。但也存在一些缺点，如双重领导可能使执行人员无所适从、领导责任不清等。这种组织结构一般只适用于创新任务较多或以科技开发为主的企业。矩阵型组织结构如图4-5所示。

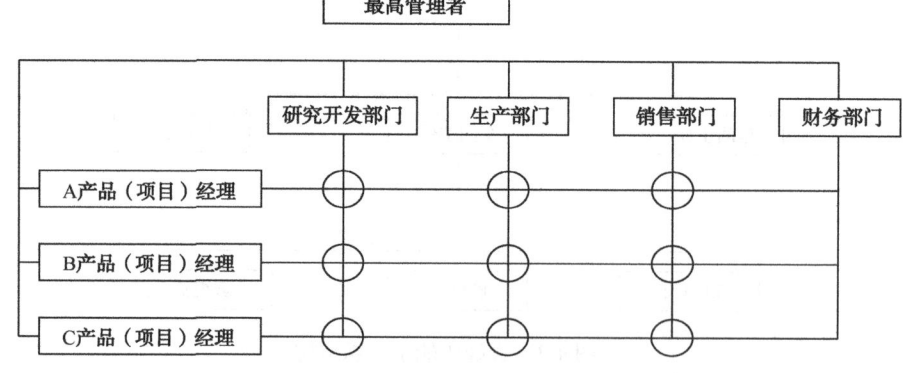

图4-5　矩阵型组织结构

（6）网络型组织结构。网络型组织结构又称虚拟组织结构，它是利用现代信息技术手段而建立和发展起来的一种新型组织结构。现代技术延伸了企业与外界的联系能力，从而使企业可以重新界定自身机构的边界，不断缩小内部生产经营活动的范围，相应扩大与外部生产单位之间的分工协作。该结构一般适用于环境动荡、产品批量化、品种复杂化的现代社会，多见于商业组织。网络型组织结构如图4-6所示。

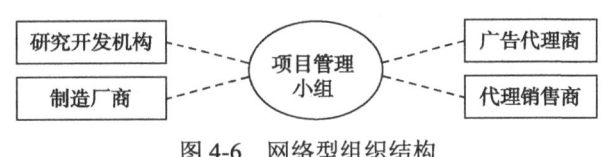

图 4-6 网络型组织结构

4.1.4 组织职权配置

1. 职权配置概述

（1）职权配置的含义与途径。职权配置是指为有效履行职责，实现工作目标，而将组织运作的全部职权在组织机构中的各职位、各部门，以及同一部门的不同层次间进行配置与分授的活动。

职权配置的途径主要有两个：一是制度分权——在组织设计中的权力分配；二是授权——管理者在工作中的权力下放。两者权力下放的形式不同，制度分权是组织设计中的一项主要内容，而授权则是领导者的一种领导艺术。两者的结果都是权力的分散化。

（2）职权的类型。组织内的职权有三种基本形态：直线职权、参谋职权和职能职权。

① 直线职权。直线职权即指挥权、决策权，它是直线人员所拥有的指挥和命令的权力，包括发布命令及执行决策等方面的权力。

② 参谋职权。参谋职权又称辅助性职权，它是参谋人员所拥有的咨询服务和专业指导的权力，包括思考、筹划和建议的权力。

③ 职能职权。职能职权是指直线主管授予参谋人员的决策与指挥的权力。

2. 集权与分权

组织的职权是授予人们利用其判断做出决策和发布指示的一种自由处置权。

（1）集权与分权的含义。集权与分权反映组织的纵向职权关系，其意思是组织中决策权限的集中与分散程度。其中，集权是指决策权在组织系统中较高层次的一定程度的集中；与此相对应，分权是指决策权在组织系统中较低管理层次的一定程度的分散。

评价分权程度的标志主要有四个。

一是决策的频度。组织中较低管理层次制定决策的频度或数目越大，则分权程度越高。

二是决策的幅度。组织中较低管理层次决策的范围越广，涉及的职能越多，则分权程度越高。

三是决策的重要性。决策的重要性可以从两方面来衡量：决策的影响程度和决策涉及的费用。组织中较低管理层次的管理者所做的决策越具重要性，则分权程度也就越高；反之，则分权程度越低。类似地，较低管理层次的管理部门决策涉及的费用越多，说明其分权程度越高。

四是对决策的控制程度。如果组织制定出许多细致的政策、程序、规则来对成员的决策行为施加前提影响，则分权程度就会降低。

（2）集权与分权的相对性。集权与分权是任何组织正常运行所必需的必然现象。在组织中，集权与分权是相对的，没有绝对的集权，也没有绝对的分权，只是程度不同。

（3）集权与分权的优缺点。

① 集权的优缺点。集权的优点主要包括：便于从整个组织目标出发处理问题，避免局部利益行为；可以使组织的有限资源得到更有效的利用，并有助于组织政策和行动的一致性，提高组织的控制力，防止政出多门，互相矛盾。缺点主要是：降低决策的质量和速度，影响组织对外部环境的适应能力；不利于调动下级的积极性与主动性；缺乏灵活性。

② 分权的优缺点。分权的优点主要包括：员工因参与决策而得到激励，可以提高下级管理者和员工的工作积极性和工作满足感；将控制权分散到各处，可以很好地满足局部不断变化的需求；可以使低层管理者得到良好的培训机会；可以使最高层管理者摆脱繁杂的日常事务性工作，把精力集中在重大的、长远的战略问题上；等等。分权制的缺点主要表现在：由于权力的分散，总部控制较困难；需要进行更多的汇报或视察性工作；分权后的部门可能会以狭隘的目光和短浅的观点来看待整个组织，从而导致与其他部门的关系紧张。

（4）影响集权与分权的主要因素。影响集权与分权的因素是多方面的，主要有以下几点。

① 组织因素。包括组织的规模、活动的分散性、培训管理人员的需要、政策的一致性要求、管理控制技术发展程度等。

② 环境因素。它包括内外两方面的环境。当外部环境复杂多变时，则应分权以快速适应环境变化；当环境中出现极为复杂的政治形势时，则应集权以便整体协调。一个组织的历史传统、组织文化等内部环境也会影响集权与分权的程度。

③ 人员因素。它包括管理者和被管理者两方面。管理者的管理哲学、性格、能力不同，集权与分权的程度就会不同；对于具有较高素质并希望分权的被管理者，应授予更多的权力。

3. 授权

授权是指上级将部分解决问题、处理业务的权力委任给某个或某些下属，使下属在一定的监督下，拥有相当的自主权。

（1）授权的原则。授权是分权的一种重要形式，同时也是领导者在管理工作中的一种领导艺术，一种调动下属积极性、充分发挥下属作用的方法。授权是否得当，对能否进行有效管理影响很大。有效的授权应遵循以下原则。

① 目标结合原则。授权是为了保证组织目标的有效实现，所以，必须根据实现目标和工作任务的需要，将相应类型与程度的权力授给下级，以保证其有效地开展工作。

② 适度授权原则。授权既要防止授权不足，也要防止授权过度。授权的程度应根据实际情况、工作性质及下级的情况来决定。

③ 职权责利相当原则。在授权中要注意职务、权力、职责与利益之间的对等与平衡，

要真正使受权者有职、有权、有责、有利。

④ 有效监控原则。为有效实现组织目标，授权的同时应采取必要的监督控制手段，使所授的权力不失控，确保组织目标的实现。

⑤ 职责绝对性原则。领导者将职权授予下级，但最终责任不应下放，领导者应对活动的最终结果负责。

（2）授权的步骤。授权可以划分为以下几个步骤。

① 选择授权对象。授权首先应选择好授权对象，受权者应具有正确行使权力的能力，并能有效地完成工作任务。

② 下达任务和授予权力。领导者对授权对象下达明确任务，规定所要实现的目标标准，并同时授予保证任务完成的权力，要做到权责对等，并给予下级充分的信任和支持。

③ 监控和考核。在下级运用权力推进工作时，要进行必要的监督与控制，以保证权力的正确运用与组织目标的实现。在任务完成后，应对授权效果、工作实绩进行考核与评价。

◆ 管理思考4.1

子贱放权

《史记·滑稽列传》中记载："子产治郑，民不能欺，子贱治单父，民不忍欺，西门豹治邺，民不敢欺。"宓子贱治单，善于用人，功绩卓著，为后人传颂。

孔子的学生子贱，有一次奉命担任某地方的官吏。当他到任以后，却时常弹琴自娱，不管政事，可是他所管辖的地方却治理得井井有条，民兴业旺。这使那位卸任的官吏百思不得其解，因为他每天即使起早摸黑，从早忙到晚，也没有把地方治好。于是他请教子贱："为什么你能治理得这么好？"子贱回答说："你只靠自己的力量去进行，所以十分辛苦；而我却是借助别人的力量来完成任务的。"

管理启迪

思考：从这个故事中你得到了什么启迪？

任务训练4.1

1. 单项选择题

（1）管理者为实现组织目标而建立和协调组织结构的一系列工作过程叫作（　　）。
A．结构设计　　　　B．组织变革　　　　C．组织　　　　　　D．人员配备

（2）关于组织设计的基本原则，不正确的表述是（　　）。

A．在组织设计中，应当明确各部门的任务与责任，以及这些部门利用人、财、物及信息等的权力。

B．组织设计必须保证组织的目标能够层层分解，确保每个人都了解自己在总目标实现中应完成的任务。

C．为了突出人的特点和人的能力，必须以"人人有事做"为原则。

D．组织设计应注意组织的幅度不可过大，稳定性与适应性必须相结合。

（3）对于业务广泛的中型公司，要应付复杂多变的环境，以下（　　）组织形式是

最合适的。

  A．直线职能型　　　B．矩阵型　　　C．事业部制　　　D．委员会制

  （4）一家产品单一的跨国公司在世界许多地区拥有客户和分支机构，该公司的组织结构应考虑按什么因素来划分部门？（　　）

  A．职能　　　　　　B．产品　　　　C．地区　　　　　D．矩阵结构

2．多项选择题

  （1）组织设计的结果包括（　　）。

  A．公司章程　　　　B．组织系统图　　C．职位说明书　　D．组织手册

  （2）组织设计的影响因素主要包括（　　）。

  A．环境　　　　　　B．技术　　　　　C．组织规模　　　D．组织战略

  （3）影响有效管理宽度的因素有（　　）。

  A．管理人员及其下属的能力　　　　　B．计划的明确程度

  C．工作的标准化程度　　　　　　　　D．授权的明确程度

3．判断题

  （1）组织战略要服从组织结构。（　　）

  （2）直线职能型组织结构的最大优点是实现了指挥统一。（　　）

  （3）职能型组织结构的缺点之一是形成了多头指挥。（　　）

  （4）组织扁平化的最根本目的是通过削减冗员来降低管理费用。（　　）

  （5）管理幅度越大，需要的管理人员越多，管理人员之间的协调工作越难做。（　　）

任务4.2　实施组织运行

知识目标：
- ▲ 掌握人员配备的概念及原则
- ▲ 掌握人员配备的主要内容
- ▲ 掌握组织协调的意义及联系的方式
- ▲ 掌握组织管理规范的形式及设计程序

能力目标：
- ▲ 培养人员配备的能力
- ▲ 培养组织协调联系的能力
- ▲ 培养组织管理规范的初步设计能力

关键概念：
- ▲ 人员配备　人员选聘　人员组合　人员考评　人员培训　组织协调联系　组织管理规范

建议学时：
- ▲ 2个学时

4.2.1 人员配备

1. 人员配备的概念及原则

（1）人员配备的概念。人员配备是指根据需要对组织中所有岗位工作人员进行选配的过程。具体地说，人员配备是指在确定组织结构及职位之后，依其需要，选择、配备适当人员的工作过程，包括管理人员的配备和非管理人员的配备。

人员配备是组织有效活动的保证。在管理的四大职能中，人员配备主要涉及的问题是人。工作是由人来完成的，人员配备的恰当与否直接影响组织各项工作的质量与效率，与组织的兴衰存亡密切相关。组织只有通过扎扎实实的人员配备工作，把合适的人安排在合适的职位上，才能实现位得其人，人得其位，人尽其才。若不能做到按职位的任务要求和人员所长来开展人员配备工作，则组织活动只会是低效的、失败的。

（2）人员配备的原则。人员配备的原则包括以下几点。

① 用人所长原则。用人所长原则要求组织的管理者在用人时不能够求全，应注重发挥人的长处。在现实中，完全意义上的"通才""全才"是不存在的。有效的管理应做到知人善任，选择最适合空缺职位要求的候选人，发挥其长处，并使其弱点减到最小。

◆ 管理思考 4.2

杂兴八首之三

［清］顾嗣协

骏马能历险，力田不如牛。
坚车能载重，渡河不如舟。
舍长以就短，智者难为谋。
生材贵适用，幸勿多苛求。

管理启迪

思考：结合人员配备工作，谈谈从此诗中你得到了什么启迪。

② 公平竞争原则。公平竞争原则要求组织在选聘人才时要公开、公正，注重实效，平等竞争。只有进行公开竞争，组织才有可能选到最合适的人才。

③ 优化组合原则。优化组合原则要求应充分考虑人员组合中的每个个体之间的性格、年龄、专业、能力等的匹配的合理性和优化性，以形成优势互补、弥补不足，以发挥人才组合的整体效应。

◆ 管理思考 4.3

弥勒佛与韦驮

去过寺庙的人都知道，一进庙门，首先是弥勒佛笑脸迎客，而在他的北面，则是黑口黑脸的韦驮。但相传在很久以前，他们并不在同一个庙里，而是分别掌管不同的庙。

弥勒佛热情快乐，所以来的人非常多，但他什么都不在乎，丢三落四，没有好好地管理账务，所以依然入不敷出。而韦驮虽然管账是一把好手，但成天阴着个脸，太过严肃，弄得人越来越少，最后香火断绝。

佛祖在查香火的时候发现了这个问题，就将他们放在同一个庙里，由弥勒佛负责公关，笑迎八方客，于是香火大旺。而韦驮铁面无私，锱铢必较，则让他负责财务，严格把关。在两人的分工合作中，庙里呈现一派欣欣向荣的景象。

管理启迪

思考： 由弥勒佛与韦驮的故事，你得到了什么启迪？

④ 权责利一致原则。权责利一致原则要求不同岗位的员工应表现出不同的责任、权力和利益。对于每一位员工的使用，都应做到在其位，谋其政，行其权，尽其责，取其利，获其荣，对失职者应惩其误。

⑤ 不断培养原则。不断培养原则要求组织在人员配备和使用的过程中，应注重人才培养，通过各种形式的智力和技能开发，不断提高人员的素质，最大限度地发挥人的潜能。

⑥ 动态平衡原则。动态平衡原则要求组织应以发展的眼光来看待人与事的配合关系，不断根据情况的变化，适时地进行人员调整，以实现人与工作的动态平衡与最佳匹配。

（3）人员配备的内容。人员配备的目的是配备合适的人员去充实组织机构中所规定的各项职务，保证组织活动的正常进行，实现组织的既定目标。传统的观点一般把人员配备作为人事部门的工作，而现代的观点认为，与组织职能相关的人员配备的内容主要包括人员选聘、人员培训、人员考评等。

2．人员选聘

人员选聘是指根据拟配备人员的要求，从应聘人员中挑选出称职的人员，并且聘用到相应的管理职位上去的活动。人员选聘主要是解决人与事的配置问题。

（1）人员选聘途径。选聘人员可以从内部招聘或外部招聘，内部招聘的主要方法有推荐法、档案法、公告法等，外部招聘的主要方法有他人推荐、媒体招聘、校园招聘、招聘会招聘、人才市场招聘等，内外部招聘各有其优点和缺点。内外部招聘比较如表 4-1 所示。

表 4-1　内外部招聘比较

招聘途径	优　点	缺　点
内部招聘	1. 员工熟悉本企业的情况，容易很快进入角色； 2. 招聘和培训成本低； 3. 激发内部员工的积极性	1. 缺少思想碰撞的火花，影响企业活力和竞争力； 2. 容易造成"近亲繁殖"； 3. 容易形成内部人员的板块结构
外部招聘	1. 可以为企业注入新鲜的血液； 2. 为企业带来新思想、新观念； 3. 可直接获得符合企业要求的人才	1. 相对内部招聘，成本较高； 2. 不能迅速适应环境，需要一段时间的磨合期； 3. 打击内部员工的积极性

（2）人员选聘程序。组织应依据公平竞争、综合考察、择优录用的原则选聘人员，通过公开招聘、初试、笔试、面试与其他测试等多个环节筛选合适的人选。

3．人员培训

人员培训是指组织通过各种措施和方法，促进内部成员学习的活动。人员培训主要解决人员素质提高的问题。

（1）制订人员培训计划。要制订好培训计划，必须做好培训需求分析。只有准确分析培训需求，才能让组织培训达到预期效果，应本着组织发展、岗位需要和个人需求三方面结合的原则进行，找出部门或个人绩效的差距，分析差距产生的原因，判断是否通过培训能解决，在确定解决方案中产生培训需求。培训计划包括明确培训目标、培训目的、培训对象和内容、培训范围（个人、基层、部门、企业）、培训规模、培训的时间、培训的地点、培训的费用、培训的方法、培训的教师、计划的实施等内容。

（2）实施人员培训。人员培训的方法多种多样，除了派出去学习与提升，在组织内部可以通过内部课堂培训、岗位轮换、设立"助理"职位、临时职务代理和参加委员会工作等方式进行。组织应该因地制宜，根据组织的特点及参加培训人员的具体特点来选择合适的方法。

4．人员考评

人员考评是指对人员工作绩效的考核，也就是对照工作岗位的职责说明和工作任务，对员工的业务能力、工作表现及工作态度等进行评价的过程。人员的绩效考评是人员配置工作的一个关键环节。通过绩效考评，有助于了解任职者是否胜任岗位工作，从而实现有效的职位管理；绩效考评结果为员工培训工作的开展和奖酬设计提供了依据。

（1）人员考评的内容。考评的内容主要针对员工的德、勤、能、绩进行考核。

（2）人员考评的程序。人员考评应遵循以下程序进行：确定考评内容、选择考评主体、实施考评工作、分析考评结果、反馈考评结果和考评结果存档。

4.2.2 组织协调联系与组织管理规范

组织在设置相应的机构、职务及规定各部门的职权关系，为各职位配置人员，并明确每个职务所拥有的职责与权限之后，就需要为组织活动的开展设置各层次、各部门之间纵向和横向管理联系的手段，以及设计组织运行的管理规范。

1．组织协调联系

组织协调联系是指为使组织平衡、有效地运行和稳定地发展，设置的各层次、各部门之间各种纵向、横向的协调联系。这些协调联系方式是保证组织运行，发挥组织的功能的关键。通过各种联系方式，能够促进组织信息沟通、协调组织活动、解决组织矛盾、实现组织平衡与协调。只有这样，组织才能有效运行，才能实现组织的功能。组织协调联系可以通过职权式联系、制度式联系、结构式联系和人际关系式联系四种方式实现。

(1) 职权式联系。职权式联系方式是指通过规定组织内不同管理层次之间的职权和职能，从而实现协调与联系的方式。这种纵向的协调联系方式，一般发生在上下级之间，主要借助职权的权威实现协调联系。

(2) 制度式联系。制度式联系方式是指通过制定、完善组织运行的规章制度与形式，从而实现协调联系的方式。组织可以根据组织活动的需要制定各种制度，如管理工作标准化制度、例会制度、工序服从制度、沟通制度、联合办公制度和现场调度制度等，通过制度保障组织的协调联系工作的开展。

(3) 结构式联系。结构式联系方式是指在组织结构设置出现缺陷时而采取的协调方法，包括设置联络员、组织临时性的任务小组或委员会、建立永久性的任务小组或委员会、设立专职协调部门、建立职能部门等方法。

(4) 人际关系式联系。人际关系式联系方式主要是针对人际关系存在的问题和矛盾导致的协调问题而采取的方式。具体方法有建立合署办公制、建立职工联谊组织、建立民主管理运营组织、建立走访制等。

2. 组织管理规范

(1) 组织管理规范的含义。组织管理规范是指对组织内的各个职位、部门和层次经常进行的、重复性的工作，在目标、要求、程序和方法等方面所做的统一规定。一个组织推行一种管理规范最直接的原因在于提高组织的协调性和管理的有效性，协调组织内各部门之间协作效果和组织与外部衔接的有效性。

(2) 组织管理规范的形式。按照管理规范的刚性程度和作用范围，可以将一个组织的管理规范简单分为管理制度、管理规定、管理办法、实施细则、工作条例五种。

(3) 组织管理规范的特点。其特点包括规范性、强制性、科学性、相对稳定性。

(4) 组织管理规范的设计程序。一般包括以下四个程序。

① 确定设计管理规范的目标和要求。组织的高层领导根据组织内外环境的状况及自身的需要，提出建立某项管理规范的目标和要求。

② 拟订管理规范草案。由组织的综合管理部门组织有关业务机构或聘请相关专家收集资料，调查研究，起草管理规范草案。

③ 审订管理规范方案。由分管的领导组织内外的专家或智囊团讨论和审核管理规范草案，并决定方案的取舍。

④ 试行及修改。通过试行，进一步发现管理规范中的问题，为完善管理规范提供依据。

◆ 管理思考4.4

分粥的故事

有七个人曾经在一起工作，他们每天的共同劳动成果是一大桶粥。要命的是，粥每天都是不够的，因此要天天分粥。由于粥有稠与稀、有多与少，他们尝试了多种方法才解决了人人平等、个个一样的分配问题。

方法一：他们抓阄决定谁来分粥，每天轮一个。于是每周下来，他们只有一天是饱的，就是自己分粥的那一天。

方法二：他们开始推选出一个道德高尚的人出来分粥。强权就会产生腐败，大家开始挖空心思去讨好他、贿赂他，搞得整个小团体乌烟瘴气。

方法三：大家开始组成三人的分粥委员会及四人的评选委员会，互相攻击扯皮下来，粥吃到嘴里全是凉的。

方法四：轮流分粥，但分粥的人要等其他人挑完后拿剩下的最后一碗。为了不让自己吃到最少的，分粥的人尽量分得平均，就算不平，也只能认了。

从此以后，大家快快乐乐，和和气气，日子越过越好。

管理启迪

思考：从分粥的故事中，你得到什么管理启迪？

任务训练 4.2

1. 单项选择题

（1）只从内部提升主管人员的做法存在若干弊端。在下面所列出的几点弊端中，哪一点并不属于内部提升制度造成的？（　　）

A．可能造成"近亲繁殖"　　　　　　B．会造成同事之间的紧张关系
C．组织对晋升者的情况不能深入了解　D．会引起同事的不满

（2）从外部选聘主管人员是人员配备的一条主要途径，这种做法具有若干有利之处。下面所列举的几点优点中，哪一点不对？（　　）

A．为组织带来新鲜的血液
B．有利于提高组织成员的士气，调动组织成员工作的积极性
C．利用外来优势
D．有可能缓和内部竞争职位者之间的矛盾

（3）人员配备的任务可以从（　　）的角度去考察。

A．组织　　　　B．个人　　　　C．组织和个人　　　　D．不一定

2. 多项选择题

（1）组织设计的原则主要有（　　）。

A．人员报酬要公平　　　　B．权责对等
C．因事设职与因人设职相结合　　D．命令统一

（2）人员配备工作包含（　　）。

A．选配人员　　　　B．确定人员的需求量
C．人员考评　　　　D．制订和实施人员培训计划

3. 判断题

（1）内部提升制度的优点之一是有利于平息并缓和内部竞争者之间的紧张关系。（　　）

（2）采用外部来源选聘管理人员，有利于鼓舞士气，调动组织成员的积极性。（　　）

（3）管理人员选聘的内部来源存在"近亲繁殖"、易形成关系网、备选对象范围窄等缺点。（　　）

（4）企业在进行上下级权力划分时，应考虑的因素之一是企业产品种类的多少，专业化生产企业（如汽车制造等）由于规模较大，一般应采用分权模式。（　　）

任务 4.3　实施组织变革

> 知识目标：
> ▲ 掌握组织变革的内容、程序及消除阻力的管理对策
> 能力目标：
> ▲ 培养组织变革的实施能力
> 关键概念：
> ▲ 组织变革
> 建议学时：
> ▲ 0.5 个学时

4.3.1　组织变革概述

设计得再完美的组织，在运行了一段时间以后也都必须进行变革，这样才能更好地适应组织内外条件变化的要求。组织变革实际上是而且也应该成为组织发展过程中的一项经常性的活动。能否抓住时机，顺利推进组织变革成为衡量管理工作有效性的重要标志。

1. 组织变革的含义

组织变革是指组织系统为了适应内外环境的发展与变化，对组织系统的结构与功能进行调整，以维系组织的生存和发展，并借此提高组织效能的一个过程或行为。

哈默和钱皮曾在《再造公司》一书中把"三 C"的力量，即顾客（Customers）、竞争（Competition）、变革（Change）看成影响市场竞争最重要的三种力量，而在这三种力量中以变革最为重要。变革无处不在，这已经成为了常态。

2. 组织变革的动因

推动组织变革的因素可以分为外部环境因素和内部环境因素两个部分。

（1）外部环境因素。对组织管理和变革发生影响的外部环境包括一般环境和特殊环境。一般环境包括文化、科学技术、教育、政治、经济、社会结构、法制、自然资源、人口特征等许多方面；特殊环境主要是指那些与组织具有特定关系，对组织中的成员、结构和运行直接发生影响的外界环境。无论是一般的社会环境，还是特定的具体环境，都在不同程度地发生变化，这些变化都可能对组织产生强烈的冲击，从而促使组织正常发展进程和工作秩序发生改变，致使产生变革的压力，引发组织变革。

（2）内部环境因素。引起组织变革的内部环境是指组织成员的工作态度、士气、期望、人员素质、组织结构、组织目标、组织冲突等方面的变化。在现实组织管理中，现行的组织结构、设计和管理形态往往与职工期望存在很大差异。差异的扩大，将压抑组织成员的积极性。为了改变这种状况，组织必须变革。美国学者西斯克认为，如果一个组织内部出现了下列情况中的一种，那就是组织变革的征兆：决策的形成过于缓慢，以致无法把握良好的机会，或者时常造成错误的决策；沟通不良；组织的机能不能得到正常发挥，效率低下；缺乏创新精神，开发不出新产品，无法开拓新市场，组织发展处于停滞状态。

◆ 管理思考4.4

煮青蛙的故事

把一只青蛙放进装有沸水的杯子时，青蛙马上跳出来，但把一只青蛙放在另一个温水的杯子中，并慢慢加热至沸腾时，青蛙刚开始会很舒适地在杯中游来游去，到它发现太热时，已失去力量跳不出来了。

思考：从这个故事中你得到什么启迪？

管理启迪

3．组织变革的类型

依据不同的划分标准，组织变革可以有不同的类型。如按照变革的程度与速度不同，可以分为渐进式变革和激进式变革；按照工作的对象不同，可以分为以组织为中心的变革、以人为中心的变革和以技术为中心的变革；按照组织所处的经营环境状况不同，可以分为主动性变革和被动性变革。这里按照组织变革的不同侧重点，将其分为以下四种类型。

（1）战略性变革。战略性变革是指组织对其长期发展战略或使命所做的变革。如果组织决定进行业务收缩，就必须考虑如何剥离非关联业务；如果组织决定进行业务扩张，就必须考虑购并的对象和方式，以及组织文化重构等问题。

（2）结构性变革。结构性变革是指组织需要根据环境的变化适时对组织的结构进行的变革，变革过程中需要重新在组织中进行权力和责任的分配，使组织变得更为柔性灵活、易于合作。

（3）流程主导性变革。流程主导性变革是指组织紧密围绕其关键目标和核心能力，充分应用现代信息技术对业务流程进行的重新构造。这种变革会对组织结构、组织文化、客户服务、质量、成本等各方面产生重大的改变。

（4）以人为中心的变革。组织中人的因素最为重要，组织如果不能改变人的观念和态度，组织变革就无从谈起。以人为中心的变革是指组织必须通过对员工的培训、教育、引导等，使员工能够在观念、态度和行为方面与组织保持一致的变革形式。

4.3.2 组织变革的实施

1. 组织变革的内容

组织变革具有互动性和系统性，组织中任何一个因素的改变，都会带来其他因素的变化。就某一阶段而言，由于环境情况各不相同，变革的内容和侧重点也有所不同。一般来讲，组织变革过程的主要变量因素包括人员、结构、技术和任务。

（1）对人员的变革。人员的变革是指员工在态度、技能、期望、认知和行为上的变化。组织发展虽然包括各种变革，但是人是最主要的因素。对人员的变革的主要任务是组织成员之间在权力和利益等资源方面的重新分配。要想顺利实现这种分配，组织必须注重员工的参与，注重改善人际关系并提高实际沟通的质量。

（2）对结构的变革。结构的变革包括权力关系、协调机制、集权程度、职务与工作再设计等其他结构参数的变革。管理者需要随着环境、条件的变化，根据实际情况灵活改变其中的某些要素组成。

（3）对技术和任务的变革。技术和任务的变革包括作业流程与方法的重新设计、修正和组合，更换机器设备，采用新工艺、新技术和新方法等。由于产业竞争的加剧和科技的不断创新，管理者应能与当今的信息革命相联系，注重在流程再造中利用最先进的计算机技术进行一系列的技术改造。同时，组织还需要对组织中各部门或各层级的工作任务进行重新组合，如工作任务的丰富化、工作范围的扩大化等。

2. 组织变革的程序

为使组织变革顺利进行，并能达到预期效果，必须按照科学的程序组织实施。组织变革程序可以分为以下几个步骤。

（1）通过诊断，发现征兆。组织变革的第一步就是要对现有的组织进行全面的诊断。这种诊断必须要有针对性，要通过搜集资料的方式，对组织的职能系统、工作流程系统、决策系统及内在关系等进行全面的诊断。

（2）分析因素，制定方案。组织诊断任务完成后，就要对组织变革的具体因素进行分析，如职能设置是否合理、分权程度如何、员工参与改革的积极性怎样、流程中的业务衔接是否紧密、工作关系是否易于协调等。在此基础上制定几种可行的变革方案，以供选择。

（3）选择方案，实施计划。推进变革的方式有多种，组织在选择具体方案时要充分考虑变革的深度和难度、变革的影响程度、变革的速度、员工的可接受程度和参与程度等，做到有计划、有步骤、有控制地进行，同时制定备用的纠偏措施。

（4）评价效果，及时反馈。组织变革是一个包括众多复杂变量的转换过程，再好的变革计划也不能保证完全取得理想的效果。因此变革结束之后，管理者必须对变革的结果进行总结和评价，及时反馈新的信息。对于没有取得理想效果的变革措施，要给予必要的分析和评价后再做取舍。

3. 组织变革的阻力及对策

组织变革作为战略发展的重要途径，总是伴随着不确定性和风险性，并且会遇到各种阻力。组织变革中的阻力是指人们反对变革、阻挠变革甚至对抗变革的制约力。要有效地开展组织变革，必须认清组织变革的阻力并及时消除。

(1) 组织变革的阻力。常见的组织变革阻力可以分为三类。

① 组织因素。在组织变革中，组织惰性是形成变革阻力的主要因素。这是指组织在面临变革形势时表现得比较刻板，缺乏灵活性，难以适应环境的要求或内部的变革需求。造成组织惰性的因素较多，例如，组织内部体制不畅、决策程序不良、职能焦点狭窄、层次结构陈旧等，都会使组织产生惰性。此外，组织文化和奖励制度等组织因素，以及变革的时机也会影响组织变革的进程。

② 群体因素。研究表明，对组织变革形成阻力的群体因素主要有群体规范和群体内聚力等。群体规范具有层次性，边缘规范比较容易改变，而核心规范由于包含群体的认同，难以变化。同样，内聚力很高的群体也往往不容易接受组织变革。有研究表明，当推动群体变革的力和抑制群体变革的力之间的平衡被打破时，也就形成了组织变革。不平衡状况"解冻"了原有模式，群体在新的、与以前不同的平衡水平上重新"冻结"。

③ 个体因素。人们往往会由于担心组织变革的后果而抵制变革。一是职业认同与安全感。在组织变革中，人们需要从熟悉、稳定和具有安全感的工作任务，转向不确定性较高的变革过程，其"职业认同"受到影响，产生对组织变革的抵制情绪。二是地位与经济上的考虑。人们会担心变革影响他们在企业组织中的地位，或者担心变革会影响自己的收入，或者由于个性特征、职业保障、信任关系、职业习惯等方面的原因，产生对组织变革的抵制情绪。

(2) 消除组织变革阻力的管理对策。人们可以通过参与和投入、教育和沟通、选择合适的变革时间与进程、争取群体的支持等有效的途径，克服对组织变革的抵制或阻力。

任务训练 4.3

1. 单项选择题

(1) 管理者推动变革的目的是（　　）。
A. 改变落后现状　　　　　　　　B. 提高环境适应性
C. 提高组织成效　　　　　　　　D. 更好地服务客户

(2) （　　）是指组织面对外部环境和内部条件的变化而进行改革和适应的过程。
A. 组织设计　　　　　　　　　　B. 组织发展
C. 组织创新　　　　　　　　　　D. 组织变革

2. 多项选择题

(1) 组织变革的内容主要包括（　　）。
A. 组织结构　　B. 技术　　C. 人员　　D. 战略

（2）组织变革的阻力主要包括（　　）。
A．群体方面的阻力　　　　　　　　B．组织的阻力
C．非正式群体方面的阻力　　　　　D．个体方面的阻力
（3）克服组织变革阻力的对策包括（　　）。
A．宣传　　　　　　　　　　　　　B．人事调整
C．参与　　　　　　　　　　　　　D．求得支持

3．判断题

（1）组织变革的根本目的是提高组织的效率。（　　）
（2）竞争观念的转变属于推动组织变革的外部环境因素。（　　）
（3）变革阻力的产生从根本上说是变革会危及人们的地位和利益。（　　）
（4）变革是手段和技术，发展才是重点和目的。（　　）

管理定律

经典管理定律之四

1．韦里克定理

内　容：直线可以命令，而参谋只能建议。
提出者：美国管理学家 H.韦里克。
点　评：站在领导的角度想问题，立足自己的岗位做事情。

2．热炉法则

内　容：每个单位都有自己的"天条"及规章制度，单位中的任何人触犯了都要受到惩处。
点　评：热炉法则形象地阐述了惩处原则。
（1）热炉火红，不用手去摸也知道炉子是热的，是会灼伤人的——警告性原则。领导者要经常对下属进行规章制度教育，以警告或劝诫下属不要触犯规章制度，否则会受到惩处。
（2）当你碰到热炉时，肯定会被灼伤。也就是说，只要触犯单位的规章制度，就一定会受到惩处。
（3）当你碰到热炉时，立即就被灼伤——即时性原则。惩处必须在错误行为发生后立即进行，绝不拖泥带水，绝不能有时间差，以便达到及时改正错误行为的目的。
（4）不管谁碰到热炉，都会被灼伤——公平性原则。

3．苛希纳定律

内　容：在管理中，如果实际管理人员比最佳人数多两倍，工作时间就要多两倍，工作成本就要多四倍；如果实际管理人员比最佳人员多三倍，工作时间就要多四倍，工

作成本就要多六倍。

点　评：在管理中，用人贵精，人多必闲，闲必生事。

4. 适才适所法则

内　容：将恰当的人放在最恰当的位置上。

点　评：做好人力资源配置是人力资源管理的基础。简单地说，就是将合适的人放在合适的岗位上，真正做到适才适所。建立完善的激励机制与掌握合适的激励手法是人力资源管理的中心任务。

激励通常有两种：第一种是普遍的物质激励；第二种是人性的激励。两种激励应该整合使用，关键是必须把握员工的需求层次，以最有效的补偿手段满足他的心理需要，把这种需要引导成为他内在的驱动力量，并激发这种力量释放到企业发展所需要的本职工作上，让平凡的人做出不平凡的业绩。

5. 乔布斯法则

内　容：网罗一流人才。

提出者：苹果计算机公司史蒂夫·乔布斯。

点　评：乔布斯说，他花了半辈子时间才充分意识到人才的价值。他在一次讲话中说："我过去常常认为一位出色的人才能顶两名平庸的员工，现在我认为能顶 50 名。"由于苹果公司需要有创意的人才，所以乔布斯说，他大约四分之一的时间用于招募人才。高级管理人员往往能更有效地向人才介绍本公司的远景目标。而对于新成立的富有活力的公司来说，其创建者通常在挑选职员时十分仔细，负责人亲临招聘现场，则可使求职者以最快速度了解与适应公司的文化氛围和环境。

知识拓展：人力资源之组织架构设计的战略性要素

知识拓展：西方企业组织变革趋势

项目总结

（1）组织是静态结构及其动态运行的统一。从静态来讲，组织代表一个实体，是指人们按照一定目的、任务和形式编制起来的有一定结构和功能的社会团体，是为了达成一定目标而有意识地建立起来的人群体系。从动态来讲，组织是指人们为了达到目标而创造组织结构、维持与变革组织结构，以完成组织目标的过程。因此，组织被作为管理的一种基本职能，包括组织设计、组织运行和组织变革三方面的活动。

（2）组织设计是管理者为实现组织的目标而对组织活动和组织结构进行设计的活动，是在特定环境中，把组织的任务与组织的职能、职权和规范进行有效的结构性配合的过程。其基本功能是协调组织中的人员与任务之间的关系，使组织保持灵活性和适应性，从而有效地实现组织目标。它包括三项任务：部门化和层级化、设计组织框架、建设组织联系。组织设计时应遵循目标导向原则、统一指挥原则、有效管理幅度原则、权责对等原则、稳定性与适应性相结合原则；同时还考虑组织战略、外部环境、科技、组织规模和组织文化等因素的影响。

（3）组织设计的内容之一是部门化，即把工作和人员组织成若干管理的单元，主要解决组织的横向结构问题。组织部门化应遵循因事设职与因人设职相结合、分工与协作相结合和精简高效的基本原则。组织结构设计的内容之二是层次化，即划分组织层级（管理层级），以解决组织纵向结构问题。管理幅度与管理层级互相制约，二者之间存在着反比例的数量关系。管理幅度与管理层次的反比例的数量关系决定了扁平式结构和高长式结构两种基本的管理组织结构。

（4）组织结构的类型有很多。最为典型的组织结构形式有直线型、职能型、直线职能型、事业部制、矩阵型和网络型六种。每种组织都有其优点与缺点，也有其适用的组织类型。

（5）组织内的职权有三种基本形态：直线职权、参谋职权和职能职权。实现职权配置的途径主要有两个：一是制度分权——在组织设计中的权力分配；二是授权——管理者在工作中的权力下放。两者权力下放的形式不同，制度分权是组织设计中的一项主要内容；而授权则是领导者的一种领导艺术。但结果相同，都是使较低层次的管理人员行使较多的决策权，即权力的分散化。

（6）在确定组织结构及职位之后，应根据其需要，选择、配备适当人员。人员配备的主要内容和任务是，通过分析人与事的特点，谋求人与事的最佳组合，实现人与事的不断发展，应遵循用人所长、公平竞争、优化组合、权责利一致、不断培养和动态平衡原则。人员配备的内容主要包括人员选聘、人员组合、人员培训和人员考评。

（7）组织的协调与联系可以通过职权式联系、制度式联系、结构式联系和人际关系式联系这四种方式实现。组织管理规范包括管理制度、管理规定、管理办法、实施细则和工作条例等形式。

（8）组织变革是指组织系统为了适应内外环境的发展与变化，对组织系统的结构与功能进行调整，以维系组织的生存和发展，并借此提高组织效能的一个过程或行为。按照组织变革的不同侧重点，可将其分为战略性变革、结构性变革、流程主导性变革和以人为中心的变革四种类型。组织变革过程的主要变量因素包括人员、结构、技术和任务。

（9）组织变革必须按照科学的程序组织实施，具体可以分四个步骤：通过诊断，发现征兆；分析因素，制定方案；选择方案，实施计划；评价效果，及时反馈。组织变革往往会受到来自组织、群体和个体方面的阻力，为了消除组织变革阻力，组织应采取客观分析变革的推力和阻力的强弱、创新组织文化、创新策略方法和手段等管理对策。

项目实训

实训 4.1 管理测试：测试团队组织能力

1. 测试说明

下列题目每题均有五种计分方式，最不符合计 1 分，较不符合计 2 分，中等符合计 3 分，较符合计 4 分，最符合计 5 分。假如你是团队组织的管理人员，请记录每题的分值，并计算总分，然后根据得分情况分析你的团队组织能力。

2. 测试题目

（1）我已挑选好团队成员。（　　）
（2）我已向我的队员证明我关心他们。（　　）
（3）我已鼓励他们互相关心。（　　）
（4）我知道我的队员的喜好。（　　）
（5）我积极推动团队发展。（　　）
（6）我已培养了适应性强的队伍。（　　）
（7）我支持我的队员。（　　）
（8）我已经教给他们什么是重点。（　　）
（9）我经常告诉他们行动计划。（　　）
（10）我在奉献方面做出了表率。（　　）
（11）我的队员愿意将团队利益置于个人利益之上。（　　）
（12）我已培养了一名优秀替补队员。（　　）
（13）我鼓励每一名队员找到自己的位置。（　　）
（14）我赢得了队员的尊重。（　　）
（15）我按队员的表现奖励队员。（　　）
（16）我确立了一种胜利的法宝。（　　）
（17）我预料到困难并做好解决它的准备工作。（　　）
（18）我了解每个队员的水平。（　　）
（19）我花时间传授我的理念并积极授权。（　　）
（20）我仅仅做那些我不能授权的工作。（　　）

测试分析

实训 4.2 小组活动：管理实践

按如表 4-2 所示的要求完成管理实践。

表 4-2 管理实践要求

实训项目	绘制组织结构图
实训目标	1. 培养组织结构图绘制的能力。 2. 培养组织结构分析的能力
实训内容及组织	1. 分小组对所就读的学院的组织结构或某一企业进行充分调研，在此基础上，运用所学知识绘制调研对象的组织结构图，并进行说明与分析，提交报告。要求如下： （1）所绘制的组织结构图应符合实际； （2）对组织结构图中的层次结构、管理幅度、部门划分的依据及目的、部门职责等进行分析； （3）对此组织结构的特点进行分析。 2. 在课上进行交流与论证。 3. 教师对各组完成情况及汇报情况进行点评
活动考核	1. 每组都要完成一份组织结构调研与分析报告。 2. 在全班进行交流，共同对各组绘制的组织结构图进行点评

实训 4.3　项目测试题

1．判断题（1 分×10=10 分）

（1）当外部环境处于剧烈变化状态时，企业可以通过建立一些临时性的部门、通畅的信息传递通道来提高分权程度，发挥员工潜力，减少外部环境对企业造成的不利影响。（　　）

（2）企业人员素质普遍较高，对领导意图能很好领会，则适合采取集权管理。（　　）

（3）小批量生产的产品具有差异化的特点，常常根据顾客的要求进行设计和生产，对企业人员的技术水平要求较高，技术权力要求分散，适于采用分权式组织形式。（　　）

（4）组织结构的具体模式有许多种，但其中最主要的是直线型和事业部制。（　　）

（5）职能型组织结构是"经营管理理论之父"法约尔首先提出来的。（　　）

（6）采用外部来源选聘管理人员，有利于鼓舞士气，调动组织成员的积极性。（　　）

（7）校园招聘适于专业技术岗位、技术工人和初级行政管理岗位等。（　　）

（8）在人员配备中可以出现因人设岗、因人设机构的状况。（　　）

（9）现有组织往往带有一定惯性，这在客观上会构成组织变革的阻力。（　　）

（10）影响组织集权与分权程度的因素很多。从组织成长的不同方式来看，如果组织是靠其内部积累由小到大逐级发展起来的，则分权程度较高。（　　）

2．单项选择题（1 分×20=20 分）

（1）直线型组织结构一般只适用于（　　）。

A．大型组织

B．小型组织

C．需要职能专业化管理的组织
D．没有必要按职能实现专业化管理的小型组织

（2）职能型组织结构的最大缺点是（　　）。
A．横向协调性差　　　　　　　　　B．多头领导
C．不利于培养上层领导　　　　　　D．适用性差

（3）没有实行管理分工的组织结构是（　　）。
A．直线型　　　B．矩阵型　　　C．职能型　　　D．多维立体结构

（4）"对主管职务及其相应人员的要求越是明确，培训和评价主管人员的方法越是完善，主管人员工作的质量也就越有保证"是人员配备工作的（　　）原理。
A．用人之长　　　　　　　　　　　B．职务要求明确
C．责权利一致　　　　　　　　　　D．公开竞争

（5）主管人员的用人艺术之一是知人善任，这也反映了人员配备工作的（　　）原理要求。
A．公开竞争　　　B．责权利一致　　　C．不断培养　　　D．用人之长

（6）考评主管人员的最好方法是（　　）。
A．个人品质考评方法　　　　　　　B．按主管人员的标准考评方法
C．对主管人员的绩效考评方法　　　D．群众考评

（7）（　　）可以使各级主管人员全面了解整个组织的不同工作内容，得到各种不同的经验，为其今后在较高层次上任职打下基础。
A．理论培训　　　B．提升　　　C．职务轮换　　　D．辅导

（8）采用"集中政策，分散经营"的组织结构是（　　）。
A．直线型　　　B．职能型　　　C．事业部制　　　D．矩阵型

（9）组织规模一定时，组织层次和管理宽度呈（　　）关系。
A．正比　　　B．指数　　　C．反比　　　D．相关

（10）大批量生产的企业生产专业化程度较高，产品品种较少，主要进行标准化生产，对职工技术要求相对较低，一般适于采用（　　）组织形式。
A．集权式　　　B．分权式　　　C．均权式　　　D．不确定

（11）根据决策的重要性，若较低层次做出的决策比较重要，影响面较大，则表明该组织的权力划分特征是（　　）。
A．分权程度较高　　　　　　　　　B．集权程度较高
C．集权与分权程度相当　　　　　　D．不确定

（12）部门划分主要解决组织的（　　）。
A．纵向结构问题　　　　　　　　　B．横向结构问题
C．纵向协调问题　　　　　　　　　D．横向协调问题

（13）层次划分主要解决组织的（　　）。
A．纵向协调问题　　　　　　　　　B．横向结构问题
C．纵向结构问题　　　　　　　　　D．横向协调问题

（14）管理宽度小而管理层次多的组织结构是（　　）。

A. 扁平式结构 B. 直长式结构
C. 直线型组织结构 D. 直线参谋型组织结构

（15）按（　　）来划分部门是最普遍采用的一种划分方法。
A. 产品　　　B. 地区　　　C. 职能　　　D. 时间

（16）相对内部招聘而言，外部招聘有利于（　　）。
A. 培养员工的忠诚度 B. 促进团结，消除矛盾
C. 招聘到高质量的人才 D. 激励员工，鼓舞士气

（17）各种标准化制度、例会制度、现场办公等属于（　　）。
A. 人际关系协调方式 B. 结构协调方式
C. 制度协调方式 D. 相互调整方式

（18）针对组织结构存在的某些缺陷，通过设立临时性、长久性的协调人员，或者设立协调组织实现协调，这种协调方式属于（　　）。
A. 人际关系协调方式 B. 结构协调方式
C. 制度协调方式 D. 相互调整方式

（19）某大型证券公司将其所有活动组成了银行部、一级市场部、二级市场部、行政业务部等部门。其中，行政业务部下设国内业务部和海外业务协调部。按公司高层管理部门的计划，公司将在今后 5 年内，在全国各大城市和亚洲、欧洲、北美洲设立证券业务分公司。由此可见：（　　）。
A. 该公司目前采取的是职能型组织结构，5 年后仍将维持这一结构
B. 该公司目前按地区原则组织活动，5 年后改为按业务性质组织活动
C. 该公司现在采取职能及地区型组织结构，5 年后将改为按国家安排业务活动
D. 该公司现在按业务性质组织活动，5 年后将改为地区型组织结构

（20）关于组织设计的基本原则，不正确的表述是（　　）。
A. 在组织设计中，应当明确各部门的任务与责任，以及这些部门利用人、财、物及信息等的权力
B. 组织设计必须保证组织的目标能够层层分解，确保每个人都了解自己在总目标实现中应完成的任务
C. 为了突出人的特点和人的能力，必须以"人人有事做"为原则
D. 组织设计应注意组织的幅度不可过大，稳定性与适应性必须相结合

3. 多项选择题（2 分×10=20 分）

（1）矩阵型组织结构的弱点有（　　）。
A. 部门之间难以协调 B. 多头领导
C. 适应性不强 D. 灵活性不够

（2）组织的协调与联系可以通过（　　）方式实现。
A. 职权式联系 B. 制度式联系
C. 结构式联系 D. 人际关系式联系

（3）组织设计的原则包括（　　）。

A．目标统一　　　　　　　　　　B．责权一致
C．分工协作　　　　　　　　　　D．稳定性和适应性相结合

（4）扁平式结构的优点是（　　　）。
A．缩短了上下级关系　　　　　　B．信息纵向流通快
C．严密监督下级　　　　　　　　D．管理费用低

（5）下列关于组织层次与管理幅度关系论述中正确的是（　　　）。
A．高长式组织结构的管理幅度窄，组织层次多
B．高长式组织结构的管理幅度窄，组织层次少
C．扁平式组织结构的管理幅度宽，组织层次少
D．扁平式组织结构的管理幅度宽，组织层次多

（6）按照管理规范的刚性程度和作用范围，可以将组织的管理规范分为（　　　）。
A．管理制度　　　　　　　　　　B．管理规定
C．管理办法　　　　　　　　　　D．实施细则和工作条例

（7）组织变革过程的主要变量因素包括（　　　）。
A．人员　　　B．结构　　　C．技术　　　D．任务

（8）以下属于组织变革的征兆的是（　　　）。
A．决策缓慢　　　　　　　　　　B．沟通不良
C．组织的机能不能得到正常发挥　　D．缺乏创新精神

（9）影响有效管理幅度的因素有（　　　）。
A．管理人员及其下属的能力　　　B．工作的内容及性质
C．工作条件　　　　　　　　　　D．工作环境

（10）职权可分为（　　　）。
A．法定职权　　　　　　　　　　B．直线职权
C．职能职权　　　　　　　　　　D．参谋职权

4．简答题（5分×4=20分）

（1）组织设计应遵循什么原则？
（2）影响集权和分权的因素有哪些？
（3）如何实施有效的授权？
（4）试比较分析扁平式结构与高长式结构在管理方面的特点。

5．论述题（10分×1=10分）

试述直线职能制和事业部制组织结构形式的特点及其优缺点。

6．案例分析题（20分×1=20分）

某公司的组织变革

某公司的组织结构如图4-7所示。总经理直接负责财务部、党群工作部和办公室，

并直接管理家电产品部、电信产品部及机械控制产品部，下设副总经理两名，一名负责企业的人力资源部和行政部；另一名负责技术研发部、销售部和质量安全部。随着公司规模的扩大，公司领导感到现行的组织结构严重制约企业的发展，许多新的问题开始显露，如产品品种和质量无法满足客户的需要，产品销售出现了明显的下滑趋势；管理人员人浮于事，工作效率低下；各个部门特别是生产部门与职能部门之间的矛盾与冲突时有发生。公司决策层在咨询了管理专家的意见之后，决定推行事业部制组织结构模式，对公司的组织结构进行必要调整和变革。

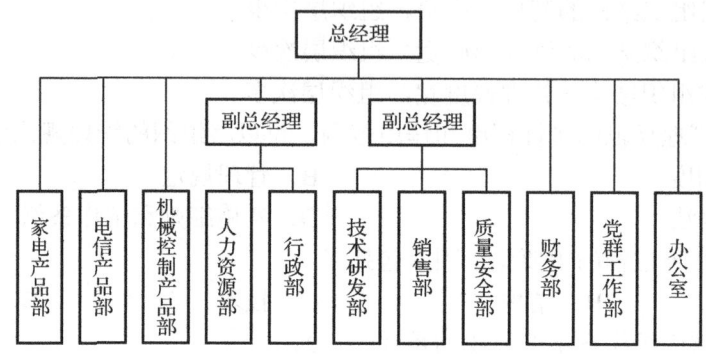

图 4-7　某公司的组织结构

请结合本案例回答以下问题：
（1）该公司现有组织结构存在哪些问题？（6分×1=6分）
（2）该公司组织结构应进行哪些调整？（6分×1=6分）
（3）该公司可以采取哪些措施推进组织变革？（8分×1=8分）

项目 5

有效领导与激励

管理名言

领导者的唯一定义就是其后面有追随者。一些人是思想家，一些人是预言家，这些人都很重要，而且也很急需，但是，没有追随者，就不会有领导者。

——彼得·德鲁克

八分人才，九分使用，十分待遇。

——尹明善

项目导图

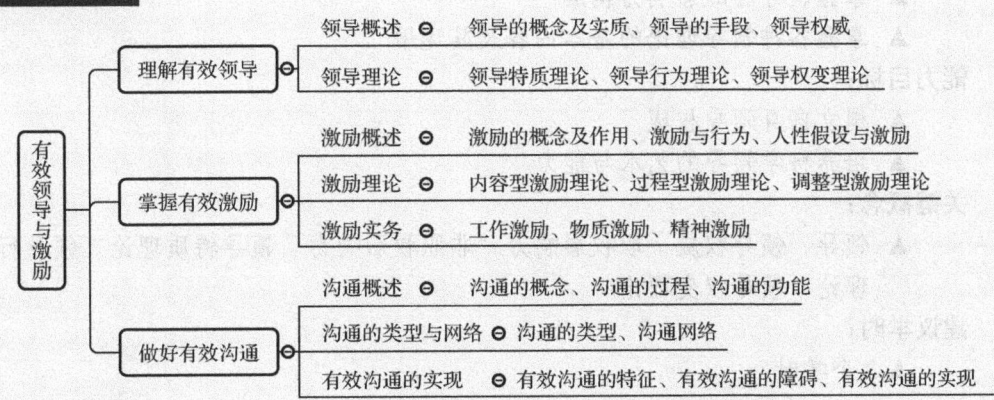

项目导入

【学习情景】

学习要求：

▲ 课前个人观看视频，并进行预分析，完成个人的分析提纲；

▲ 课上分小组进行10分钟讨论，并整合一份分析报告，分享讨论结果。

学习路径：
▲ 学习路径 https://v.qq.com/x/page/r01899883r4.html?ptag=www_baidu_com，或者扫描二维码，观看视频。

课前思考：
▲ 李云龙是通过什么手段指挥下属的？
▲ 李云龙的领导魅力是如何形成的？
▲ 在激励下属方面，李云龙是如何做的？
▲ 李云龙在与下属沟通时有何特点？
▲ 请你评价一下李云龙这位领导？

情景视频
（建议在 WiFi 环境观看）

课后训练：
针对视频及上述问题，在课前分析的基础上，每个小组完善并提交分析报告。

一个组织要生存和发展下去，就需要有效的领导。只有把管理者的领导活动同计划、组织和控制结合起来，才能有效地协调个人之间、群体之间的合作，才能使目标有效实现。

管理游戏

任务 5.1　理解有效领导

> **知识目标：**
> ▲ 理解领导的概念及实质
> ▲ 掌握领导者的影响力构成
> ▲ 掌握各种领导理论的基本内容及其运用
>
> **能力目标：**
> ▲ 树立自身领导权威
> ▲ 培养科学领导的艺术与能力
>
> **关键概念：**
> ▲ 领导　领导权威　职权影响力　非职权影响力　领导特质理论　领导行为理论　领导权变理论
>
> **建议学时：**
> ▲ 2 个学时

5.1.1　领导概述

1．领导的概念及实质

（1）领导的概念。作为日常用语，领导（Leadership）的含义是率领、引导的意思。从管理学意义上讲，领导是指领导者依靠影响力，指挥、带领、引导和鼓励被领导者或追随者活动，努力地实现既定的组织目标。

（2）领导的实质。领导实质上是一种对他人的影响力，领导的过程就是通过人与人之间的相互作用关系和过程，使被领导者能义无反顾地追随他前进，自觉、自愿而又充满信心地把自己的力量奉献给组织，促进组织目标的有效实现。

◆管理思考 5.1

鹦　鹉

一个人去买鹦鹉，看到一只鹦鹉的前面写着标语："此鹦鹉会两门语言，售价 200 元。"另一只鹦鹉前则写着："此鹦鹉会四门语言，售价 400 元。"该买哪只呢？两只都毛色光鲜，非常灵活可爱。这人转啊转，拿不定主意。结果突然发现一只老掉了牙的鹦鹉，毛色暗淡散乱，标价 800 元。这人赶紧将老板叫来问："这只鹦鹉是不是会说八门语言？"店主说："不。"这人奇怪了："那为什么又老又丑，又没有能力，会值这个价钱呢？"店主回答："因为另外两只鹦鹉叫这只鹦鹉老板。"

管理启迪

思考： 从这个故事中你得到什么启迪？

2. 领导的手段

领导作为一种影响力，其施加作用的方式或手段主要有指挥、激励和沟通。

（1）指挥。指挥是指管理者凭借权威，直接命令或指导下属行事的行为。具体形式有部署、命令、指示、要求、指导、帮助等。指挥具有强制性、直接性、时效性等特点。

◆管理思考 5.2

指　　导

有一次，日本歌舞大师勘弥扮演古代一位徒步旅行的百姓，他上场之前故意解开自己的鞋带，试图表现这位百姓长途旅行的疲态。正巧那天有位记者到后台采访，看见了这一幕。等演完戏后，记者问勘弥："你为什么不当时指教学生呢？他们并没有解开自己的鞋带呀。"勘弥回答说："要教导学生演戏的技能，机会多得很，在今天的场合，最重要的是要让他们保持热情。"

管理启迪

思考： 结合故事，谈谈你对领导者的指导作用的认识。

（2）激励。激励是指管理者通过作用于下属心理来激发其动机、推动其行为的过程。主要包括能够满足人的需要的种种手段。具有自觉性、自愿性、间接性和持久性等特点。

（3）沟通。沟通是指管理者为有效推进工作而交换信息、交流情感、协调关系的过程，具体形式包括信息的传输、交换与反馈，人际交往与关系融通，说服与促进态度（行为）的改变等。

3. 领导权威

所谓领导权威也就是领导的影响力，是指一个人在与他人的交往中，影响和改变他人的心理和行为的能力。主要来自两个方面：一是职权性影响力；二是非职权性影响力。

（1）职权性影响力。职权性影响力是由领导者在组织中所处的地位赋予的，并是由法律、制度明文规定的影响力。这种影响力是由外界附加的，与职位有关，职位地位的高低决定其大小以及拥有与丧失。

① 职权性影响力包括法定权、强制权和奖赏权。

法定权。法定权是指管理者由于占据职位，有了组织授权而拥有的影响力。被管理者会认为理所当然地要接受管理者的领导。

强制权。强制权是指管理者由于能够决定对下属的惩罚而拥有的影响力。下级出于恐惧的心理而服从领导。

奖赏权。奖赏权是指管理者由于能够决定对下属的奖赏而具有的影响力。其下级为了获得奖赏而追随或服从领导。

② 影响职权性影响力的主要因素包括传统因素、职位因素和资历因素。

传统因素。在长期的社会生活中，人们形成了一种传统观念：对上级必须服从。这种传统观念从小就影响着每一个人的思想，从而增强了领导者言行的影响力。

职位因素。由于领导者凭借组织所授予的指挥他人开展具体活动的权力，可以左右被领导者的行为、处境，甚至前途、命运，出于趋利避害的心理，被领导者会追随与服从领导者。

资历因素。一般而言，人们对资历较深的领导者比较尊敬，其言行也容易在人们的心中占据一定的位置。

（2）非职权性影响力。非职权性影响力是指由于领导者的个人经历、地位、人格、特殊品质和才能而产生的影响力。它不是外界附加的，而是产生于个人的自身因素，与职位没有关系。这种影响力对下属的影响比职位权力更具有持久性。

① 非职权性影响力包括专长权、表率权和亲和权。

专长权。专长权是指管理者由于自身具有业务专长而拥有的影响力。下级会出于对管理者专业知识与能力的信任与佩服而服从领导。

表率权。表率权是指管理者率先垂范，由其表率作用而形成的影响力。管理者的思想境界、品德修养能赢得被管理者的敬仰，下级会出于敬佩而追随与服从。

亲和权。亲和权是指管理者借助与部下的融洽、亲密关系而形成的影响力。

◆ **管理思考 5.3**

表　率

春秋时期，晋国有一名叫李离的狱官，他在审理一件案子时，由于听从了下属的一面之词，致使一个人冤死。真相大白后，李离准备以死赎罪，晋文公说："官有贵贱，罚有轻重，况且这件案子主要错在下面的办事人员，又不是你的罪过。"李离说："我平常没有跟下面的人说我们一起来当这个官，拿的俸禄也没有与下面的人一起分享。现在犯了错误，如果将责任推到下面的办事人员身上，我又怎么做得出来？"他拒绝听从晋文公的劝说，伏剑而死。

思考：结合故事，谈谈管理者以身作则的影响。

管理启迪

② 影响非职权性影响力的主要因素包括品格、才能、知识和感情。

品格。领导者的优良品格能深深地吸引下属，使人模仿，从而带来巨大的影响力。

才能。被领导者出于对领导者的业务专长与决策正确性的信任，而自愿服从与追随领导者。

知识。知识丰富的领导者，容易取得人们的信任，并使人们由此产生对他的信赖感和依赖感。

感情。当被管理者与管理者之间建立融洽亲密的感情时，被管理者就会发自内心地追随与服从。

由品格、才能、知识、感情因素构成的非职权性影响力，是由领导者自身的素质与行为造就的，能增强领导者在工作时的影响力。在不担任管理职务时，这些因素仍可对人们产生较大的影响。由于这种影响力来源于下属服从的意愿，有时会比权力显得更有力量。

5.1.2 领导理论

在管理学领域中，关于领导理论可依其内容大致分为三类：领导特质理论、领导行为理论和领导权变理论。三类领导理论的依次提出，对应于领导的理论研究的三个阶段。在 20 世纪 40 年代以前，有关领导的研究集中在领导者与非领导者相比应具备特殊素质方面，从 20 世纪 40 年代开始到 60 年代中期，关于领导的研究主要侧重于领导行为方面。从 20 世纪 60 年代中期开始，领导理论的研究转向权变理论的研究。各类理论都有许多重要的研究成果。

1．领导特质理论

（1）基本观点。特质理论是最古老的领导理论观点。该理论着重研究领导的品行、素质和修养，目的是要说明好的领导者应具备怎样的素质。

（2）主要成果。领导特质理论认为领导者的品质是天生的、超人的，是由遗传因素决定的。对于领导者应当具有哪些特性，不同的研究者得出的结论并不相同，因此很难确定几条完全统一的公认特性。但领导特质理论系统地分析了领导者所应具有的能力、品德和为人处世的方式，向领导者提出了要求和希望，这有助于组织选择、培养和考核领导者。

2．领导行为理论

（1）基本观点。领导行为理论侧重于研究领导者的行为及其对下属的影响，以期寻求最佳的领导行为。它关心的两个基本问题是领导者应该做什么和怎样做才能使工作更有效。

（2）主要成果。包括领导风格理论、四分图理论和管理方格图理论。

① 领导风格理论。该理论侧重于研究领导者工作风格类型及其对职工的影响，以期寻找最佳的领导作风。最早提出风格理论的是社会心理学家勒温（P. Lewin），他以儿童为研究对象，以制作面具为试验内容，来考察不同领导作风对于群体的影响，从一个特

殊的角度来研究领导行为。领导作风是领导者在活动中表现出来的比较固定的和经常使用的行为方式和方法的总和，又称领导方式。勒温根据权力定位于谁，将领导作风分为三种类型。

第一种是专制作风，又称集权型，权力定位于领导者个人。专制作风的领导方式的主要特点如下：独断专行，从不考虑别人的意见，所有的决策都由领导者自己做出；领导者亲自设计工作计划，指定工作内容和进行人事安排，从不把任何消息告诉下属，下属没有参与决策的机会，而只能察言观色、奉命行事，主要靠行政命令、纪律约束、训斥和惩罚来管理，只有偶尔的奖励；领导者很少参加群体活动，与下属保持一定的心理距离，没有感情交流。

第二种是民主作风，又称民主型，权力定位于组织中的群体。民主作风的领导方式的主要特点如下：所有的政策都是在领导者的鼓励和协助下由群体讨论决定的；分配工作时尽量照顾到个人的能力、兴趣，下属有较大的工作自由、较多的选择性和灵活性；主要以非正式权力和威信，而不是靠职位权力和命令使人服从，谈话时多使用商量和建议的口气；领导者积极参与团体活动，与下属无任何心理上的距离。

第三种是放任自流作风，又称放任型，权力定位于组织内的每一个成员。放任自流作风的领导方式的主要特点如下：工作事先无布置，事后无检查，一切悉听尊便，毫无规章制度，实行的是无政府管理。

② 四分图理论。该理论是 1945 年由美国俄亥俄州立大学的学者们提出的。他们收集了大量的下属对领导行为的描述，最终将领导行为归结为两方面，即依赖组织和体贴精神。依赖组织是指领导者注重规定他与工作群体的关系，建立明确的组织模式、意见交流渠道和工作程序。体贴精神是指注重建立领导者与被领导者之间的友谊、尊重和信任关系。这些学者们以依赖组织和体贴精神作为两个坐标轴建立平面坐标系，提出四种类型的领导行为：高依赖组织与低体贴精神、高依赖组织与高体贴精神、低依赖组织与高体贴精神、低依赖组织与低体贴精神，如图 5-1 所示。

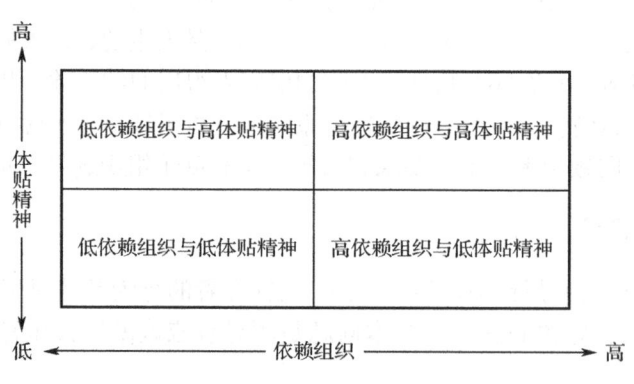

图 5-1　领导行为四分图

③ 管理方格图理论。该理论是由美国得克萨斯大学教授、行为科学家布莱克（Robert R. Blake）和莫顿（Jane S. Mouton）在 1964 年出版的《管理方格》一书中提出的。

他们以企业为例，研究组织的五种领导风格。他们以纵坐标轴表示"对人的关心程度"，以横坐标轴表示"对生产的关心程度"，并将两个坐标轴划分为九等份：1 表示关心程度最小，5 表示中间的或平均的关心程度，9 代表最大关心程度，从而形成了 81 种领导方式的管理方格图，如图 5-2 所示。

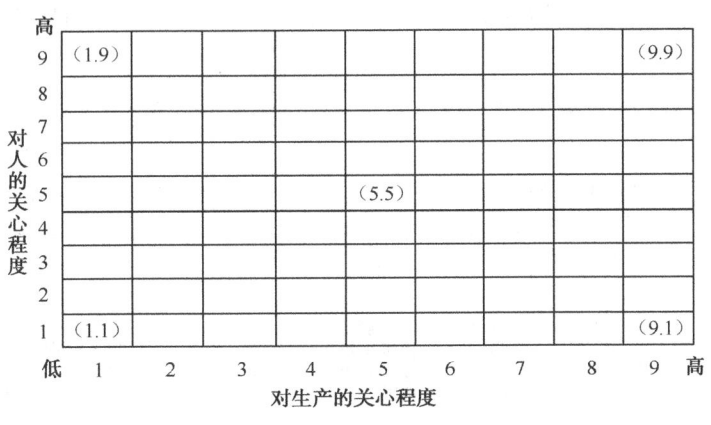

图 5-2 管理方格图

布莱克和莫顿认为，任何领导行为的评价与自测都可以通过对生产的关心程度和对人的关心程度这两种变动因素予以衡量。衡量的方法是通过 1~9 的计分方法在管理方格图上找出他的行为类型。与四分图理论不同，布莱克与莫顿提出的管理方格图理论有如下五种典型的领导行为，分别分布在管理方格图的中心和四角。

（1.1）型：贫乏型管理。这类领导者对人、对生产都不关心，他们只以最小的努力来完成必须做的工作。

（9.1）型：任务型管理。这类领导者高度关心生产和效率，而不关心人，很少注意下属们的发展和士气。

（1.9）型：乡村俱乐部型管理。这类领导者只关心人而不关心生产，对下属一味迁就，做老好人。

（5.5）型：中庸型管理。这类领导者对人的关心程度和对生产的关心程度都保持正常状态，甘居中游，只图维持一般的工作效率与士气。

（9.9）型：团队型管理。这类领导者既关心生产又关心人，通过综合协调各种活动，促进生产的发展，鼓舞士气，使大家和谐相处并发扬集体精神。

3．领导权变理论

（1）基本观点。领导权变理论又称领导情境理论或领导处境理论，主要探讨各种情境因素怎样影响领导者素质和行为与领导成效的关系。该理论认为，没有一种领导方式对所有的情况都是有效的，没有一成不变的、普遍适用的"最好的"领导方式，领导者只有在不同的情境下采取与情境相适应的行为，才能达到有效的领导。

（2）主要成果。领导权变理论很多，下面主要介绍领导行为的连续统一体理论、菲德勒权变理论、途径—目标理论、领导生命周期理论四种。

① 连续统一体理论。该理论是由坦南鲍姆（R. Tannenbaum）和施米特（W. H.

Schmidt）于 1958 年提出的。该理论认为：集权型的领导行为和民主型的领导行为是一个连续统一体中的两个极端，而在这两个极端之间，存在着许多种不同水平的专制型的领导行为和民主型的领导行为。从左到右，即从集权到民主，领导方式的民主程度逐渐提高，领导者运用的权力逐渐减弱，下属的自由度逐渐加强，从而构成一个连续带，如图 5-3 所示。

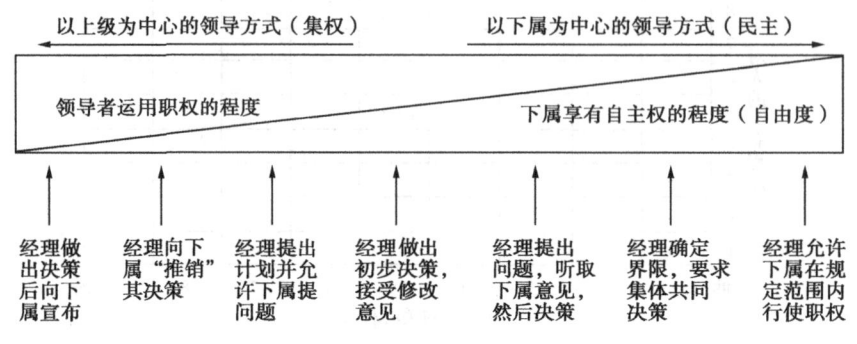

图 5-3　连续统一体理论

坦南鲍姆和施米特认为，领导者应根据领导者个人因素、下属、环境三个方面的因素，有针对性地在一系列备选领导方式中选出最恰当的一种。他们认为，领导者个人因素是指领导者的价值观、对下属的信任、对专断与民主的基本倾向以及与下级共同决策带来的不确定性是否会威胁到他自己；下属方面的因素则是指下属追求自主的意愿强度、是否愿意承担责任、是否愿意保持个人目标与组织目标的一致性，以及对于有待解决问题的了解程度、知识和经验的储备程度等；情境因素是指组织的类型、规模，各下属单位距离的远近，尤其是对职工参与的信念；工作群体作为一个能顺利发挥其功能的集体的成熟程度；决策时限是否紧迫；等等。

② 菲德勒权变理论。该理论是由美国华盛顿大学教授、心理学家和管理专家菲德勒（Fred Fiedler）提出的一种领导权变理论。该理论认为人们的基本领导风格是他们的一种内在倾向，属于个性的一部分，要改变它并非不可能，但也是长期而艰巨的事情。所以领导者应首先摸清自己及所辖下属的领导风格，并争取使自己和下属委派到最适合各自风格的情境中去，以实现最佳领导效能，即让工作适合管理者。菲德勒确认了两种领导风格：一种是任务导向型；另一种是关系导向型。菲德勒还认为，一个领导者的领导风格究竟是任务导向型还是关系导向型是可以确定的。他使用了一种名为 LPC 的问卷表来测定一个人的领导风格。所谓 LPC，即你认为最难与之共事的人。每个管理人员和领导者通过 LPC 问卷的描述可判断其领导风格。菲德勒提出从下列三个方面去确定情境的特征。

一是上下级关系。这是最重要的考虑因素。上下级关系是指领导者对下属的信任、信赖和尊重的程度，以及是否受下级喜爱、尊重和信任，是否能吸引并使下属愿意追随。

二是任务结构性。任务结构是指工作任务的程序化程度（即结构化或非结构化）。若目标明确，职责分明，有现成的程序、规则可依循以完成任务，即为任务结构性高。

三是职位权力。职位权力是指领导者拥有的权力变量（如聘用、解雇、训导、晋升、加薪）的影响程度。

这三种情境因素可搭配成八种组合，如图5-4所示。其中上下级关系好，任务结构性高，职位权力又大，有最大的情境有利性，属最有利的领导情境；反之，上下级关系不好，任务结构性低，职位权力又小，情境有利性最小，属最不利的情境。

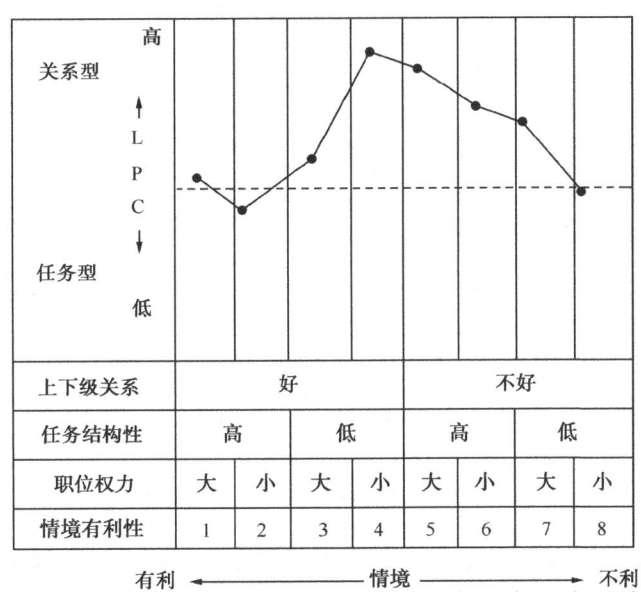

图5-4 菲德勒的领导模型

菲德勒以大量研究表明，在情境从有利到较有利（情境1～情境3）或很不利（情境8）时，任务型的领导风格较有效。情境有利性中等（情境4～情境7）时，关系型的领导风格较有效。

③ 途径—目标理论。该理论是加拿大多伦多大学罗伯特·豪斯（R. J. House）将期望理论和领导行为理论结合而开发的一种领导权变模型。该理论认为领导者的工作是帮助下属达到他们的目标，并提供必要的指导和支持以确保各自的目标与群体或组织的总体目标相一致。为此，豪斯确定了四种领导行为。

第一种是指令型领导。让下属知道期望他们的是什么，以及完成工作的时间安排，并对如何完成任务给予具体指导。

第二种是支持型领导。对下属十分友善，并表现出对下属需求的关怀。

第三种是参与型领导。与下属共同磋商，并在决定之前充分考虑他们的建议。

第四种是目标导向型领导。提出富有挑战性的目标，要求下属有高水平的表现，鼓励下属并对下属的能力表示出充分的信心。

作为一种权变理论，豪斯认为选择领导风格时应考虑如下条件：一是个人特点，主要指下级的控制点、经验及知觉能力；二是环境因素，主要指任务结构、职权制度、工作群体特点等。领导应视所面对的领导情境的具体特征，采用在该情境下最有效的领导风格。

④ 领导生命周期理论。该理论是由保罗·赫赛（Paul Hersey）和肯尼斯·布兰查德（Kenneth Blanchard）在管理方格图理论和成熟—不成熟理论的基础上开发的领导模型。

该理论认为成功的领导者要根据下属的成熟程度选择合适的领导方式。与管理方格图理论相似，赫赛和布兰查德认为领导的行为倾向于两个方面：任务行为和关系行为，但他们认为每一行为有高有低，从而组合成以下四种具体的领导风格，如图5-5所示。

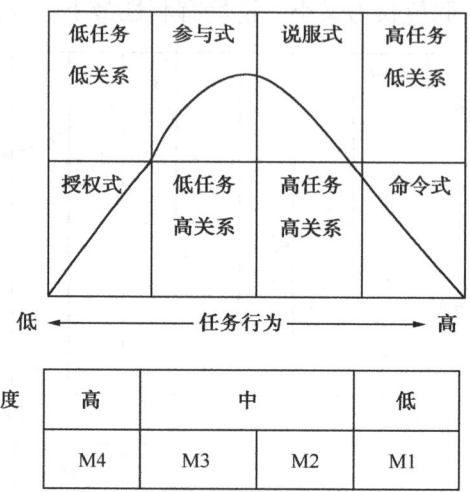

图 5-5　领导的生命周期理论模型

一是授权式（低任务、低关系）。领导者几乎不加指点，提供极少的指导和支持，由下属自己独立地开展工作、完成任务。

二是参与式（低任务、高关系）。领导者与下属共同决策，领导者着重给下属以支持及其内部的协调沟通。

三是说服式（高任务、高关系）。领导者既给以下属一定的指导，又注意保护和鼓励下属的积极性，提供指导性的行为与支持性的行为。

四是命令式（高任务、低关系）。领导者告诉下属应该干什么、怎么干及何时何地干，它强调直接指挥。

领导生命周期理论认为有效的领导应根据情境及下属的成熟度，采取不同的领导风格。所谓成熟度是个体对自己的直接行为负责任的能力和意愿。它取决于两个方面：任务成熟度和心理成熟度。任务成熟度是相对于一个人的知识和技能而言的，若一个人具有无须别人的指点就能完成其工作的知识、能力和经验，那么他的工作成熟度就高，反之则低，心理成熟度则与做事的愿望或动机有关，如果一个人能自觉地去做，而无须外部的激励，就认为他有较高的心理成熟度，反之则低。

◆ **管理智库 5.1**

领导者应具备两个度：广度与高度

1. 广度

（1）胸怀宽广。有容人的雅量，能领导比自己某方面能力更强的人，因而能带出一个"狼的团队"，而不是"羊的团队"。

（2）学识广泛，经验丰富。知道的东西总是比下属多，预见的事情也总是比别人多，因而总是能把握方向，引导团队朝正确的方向前进。

（3）交际广泛，左右逢源。由于心胸宽广，不会轻易发脾气，总是能"开口便笑"，因而容易与领导、同事和下属相处和交流，有利于工作的开展。

2. 高度

（1）目标高，眼光远。把工作当成事业来做，重视经营个人品牌，珍惜在每一个企业的工作历练，在意企业提供的发展平台。

（2）乐观向上。俗话说"兵熊熊一个，将熊熊一窝"，人的情绪是可以传染的，如果带团队的经理人总是悲观、消极的，那么这个团队必然是无可救药的。

（3）看淡权力，看淡利益。一方面，作为领导者，善于授权，善于激发下属自我实现的欲望；另一方面，不争权夺利，做自己该做的事情，把本职工作做好、做漂亮。

任务训练5.1

1. 单项选择题

（1）关于领导者的作用，下列叙述中不正确的是（　　）。
A．帮助组织成员认清所处的环境和形势
B．协调组织成员之间的关系和活动
C．帮助员工解决家庭困难问题
D．为组织成员主动创造能力发展空间和职业生涯发展空间

（2）关于领导者的认识，不正确的有（　　）。
A．有部下或追随者　　　　　　　B．拥有影响追随者的能力或力量
C．具有明确的目的　　　　　　　D．没有上级

（3）领导者有意分散领导权，给部属以极大的自由度，只是检查工作成果，除非部属有要求，不主动做指导，这种领导类型属于（　　）。
A．授权式领导　　　　　　　　　B．参与式领导
C．说服式领导　　　　　　　　　D．命令式领导

（4）根据领导的权变理论，领导的有效性取决于（　　）。
A．领导者的领导方式是民主式还是专制式
B．领导者的知识、经验和能力
C．领导者的个人风格
D．领导者是否适应所处的具体环境

（5）根据领导生命周期理论，领导风格应适应其下属的成熟度而逐渐调整。对于建立多年且员工队伍基本稳定的高科技企业的领导来说，其领导风格逐渐调整的方向应该是（　　）。
A．从参与型向说服型转变　　　　B．从参与型向命令型转变
C．从说服型向授权型转变　　　　D．从命令型向说服型转变

2. 多项选择题

(1) 领导效果的影响因素有（　　）。
　　A. 领导者　　　　B. 被领导者　　　　C. 领导机制　　　　D. 领导环境
(2) 领导的作用包括（　　）。
　　A. 沟通协调作用　　　　　　　　　B. 指挥引导作用
　　C. 激励鼓励作用　　　　　　　　　D. 监督控制作用
(3) 根据领导生命周期理论，下属成熟度低时应用的领导方式有（　　）
　　A. 命令式　　　B. 说服式　　　C. 参与式　　　D. 授权式
(4) 菲德勒在领导方式测评的基础上，将领导工作所面临的环境状况具体分解为（　　）等情境因素。
　　A. 职位权力　　B. 任务构成　　C. 下属素质　　D. 上下级关系

3. 判断题

(1) 领导是管理工作的一部分，二者之间存在明显的区别。（　　）
(2) 领导的实质就是一种对他人的影响力。（　　）
(3) 菲德勒的环境三维因素包括上下级关系、任务结构和职位权力。（　　）
(4) 权变理论亦称随机制宜理论，强调领导无固定模式，领导效果因领导者、被领导者和工作环境的不同而不同。（　　）

任务 5.2　掌握有效激励

知识目标：
　▲ 理解激励的概念及意义
　▲ 掌握四种人性假设的内容及其相应的管理措施
　▲ 掌握各种激励理论的内容及应用
　▲ 掌握各种激励方法及应用

能力目标：
　▲ 能够运用激励原理认识和分析管理实践中的具体活动和行为
　▲ 能够运用激励理论及激励方法有效地实施激励活动

关键概念：
　▲ 激励　"经济人"假设　"社会人"假设　"自动人"假设　"复杂人"假设　需要层次理论　双因素理论　公平理论　期望理论　强化理论　挫折理论

建议学时：
　▲ 2个学时

5.2.1 激励概述

1．激励的概念及作用

（1）激励的概念。激励本来是心理学上的概念，其基本含义是激发动机，鼓励行为，形成动力。具体而言，它是指为了特定目的而去影响人们的内在需要或动机，从而强化、引导或改变人们行为的过程。通过激励的定义可以看出：激励是一个适用于各种动机、欲望、需要、希望及其他相类似的力量的通用术语。激励的对象主要是人，准确地说，是指组织范围中的员工或领导对象。

（2）激励的作用。激励在管理中的作用是通过动机的激发，调动组织成员工作的积极性，激发他们工作的主动性和创造性，以提高其工作绩效。其核心作用是调动人的积极性。

一个人的工作绩效和能力与动机激发程度有着密切关系。在现实生活中，能力相同的不同员工，在相同的客观条件下，其工作绩效可能存在悬殊。出现这种现象的关键在于人的行为动机的激发程度不同。国外管理学者在对激励的研究中发现：一般员工只需运用 20%～30%的能力就可以应付工作，不被解雇。但如果给予高度的激励，他们可能使用 80%～90%的能力从事工作。这说明激励直接影响人们的工作积极性。

2．激励与行为

从心理学角度看，激励过程就是在外界刺激变量（各种管理手段与环境因素）的作用下，使内在变量（需要、动机）产生持续不断的兴奋，从而引起主体（被管理者）积极的行为反应（为动机所驱使的、实现目标的努力）。

激励的具体过程表现在以下几个方面：在各种管理手段与环境因素的刺激（诱因）下，被管理者产生了未被满足的需要（驱力）；从而造成心理与生理紧张，寻找能满足需要的目标，并产生要实现这种目标的动机；由动机驱使，被管理者采取努力实现上述目标的行为；在其目标实现、需要满足后，紧张心理消除，激励过程完结。当一种需要得到满足后，人们会随之产生新的需要，作为未被满足的需要，又开始了新的激励过程。激励过程模式示意图如图 5-6 所示。

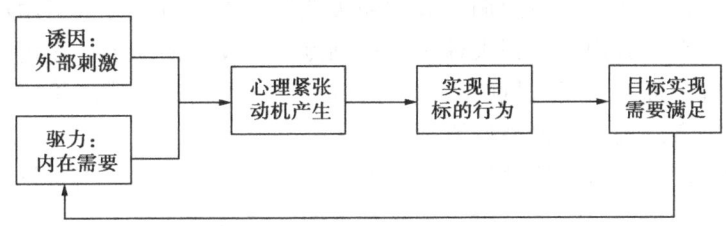

图 5-6　激励过程模式示意图

3．人性假设与激励

激励的对象是人，企业管理者制定什么样的管理措施，采用什么样的管理方法，往往都与他们如何看待人的问题有关。不同时期的管理者和组织行为研究者对此提出了各自的见解，从而形成不同的人性假设。关于人性假设的理论有许多，但归纳起来有四种："经济人"假设、"社会人"假设、"自动人"假设和"复杂人"假设。

（1）"经济人"假设。"经济人"（Rational-economic man）又称"实利人"或"唯利人"。"经济人"假设源于亚当·斯密的思想。该理论认为人的一切行为都是为了最大限度地满足自己的私利，人要争取最大的经济利益，工作只是为了获取经济报酬。因此，激励的主要手段是"胡萝卜加大棒"，即管理上主张运用奖励与惩罚"两手"以激发员工产生组织所要求的行为。

（2）"社会人"假设。"社会人"（Social man）又称"社交人"。"社会人"假设起源于著名的霍桑试验。"社会人"假设认为人是受社会需要所激励的，集体伙伴的社会力量要比上级主管的控制力量更加重要。与之相应，领导者应关心和体贴员工，重视员工之间的社会交往关系，通过培养和形成员工的归属感来调动人的积极性，从而提高生产率。

（3）"自动人"假设。"自动人"（Self-actualizing man）又称"自我实现人"。"自动人"假设是美国管理学家、心理学家马斯洛提出的。所谓自我实现指的是"人都需要发挥自己的潜力，表现自己的才能，只有人的潜力充分发挥出来，人的才能充分表现出来，人才会感到最大的满足"。也就是说，人除了有社会需求之外，还有一种想充分运用自己的各种能力，发挥自身潜力的欲望。因此，在管理上应创设良好的环境与工作条件，以促进职工潜能的发挥，强调通过富有挑战性的工作使人的个性不断成熟并体验到工作的内在激励，从而调动职工的积极性。

（4）"复杂人"假设。"复杂人"（Complex man）假设是20世纪60年代末至70年代初由美国心理学家薛恩提出的。该假设认为人是复杂的，不仅人们的需要与潜在的欲望是多种多样的，而且这些需要的模式也是随着年龄和发展阶段的变迁，随着所扮演的角色的变化，随着所处境遇及人际关系的演变而不断变化的。"复杂人"假设强调一个人的需要在不同的年龄阶段、不同时间和地点会有不同的表现，因此在管理上应主张根据具体的人、具体的情境灵活机动地采取合适的激励方法。

5.2.2 激励理论

激励理论是研究如何有效地调动人的积极性的理论。自从行为科学形成以后，人们应用心理学和社会学方面的知识去探讨如何预测和激发人的动机、满足人的需要、调动人的工作积极性方面，做了大量的工作，形成了三大类型的激励理论，分别是内容型激励理论、过程型激励理论和调整型激励理论。

内容型激励理论：着重研究如何激发人的工作动机的因素。主要包括马斯洛的需要层次理论、赫茨伯格的双因素理论、麦克利兰的成就需要理论。

过程型激励理论：着重研究从动机的产生到采取行动的心理过程，即对动机的形成过程进行研究。主要包括弗鲁姆的期望理论、亚当斯的公平理论。

调整型激励理论：也称行为改造型理论，着重研究如何改造和转化人的行为，变消极行为为积极行为。主要包括强化理论、挫折理论。

以上三类激励理论，对应于激励的一般过程，如图5-7所示。

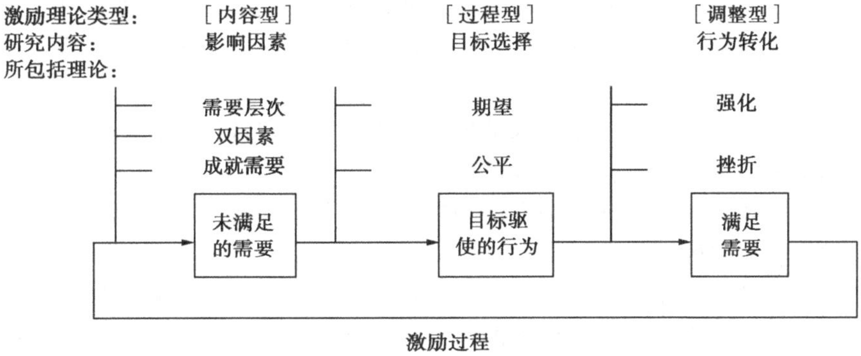

图 5-7 三类激励理论与激励过程示意图

1. 内容型激励理论

（1）需要层次理论。需要层次理论是由美国心理学家亚伯拉罕·马斯洛于1943年提出的。这一理论多年来受到管理界的普遍重视，流行甚广，是国外心理学家试图揭示需要规律的主要理论。

① 理论内容。马斯洛把人的需要归纳为五大类，并按照它们发生的先后由低到高分成五个阶层：生理需要、安全需要、社交需要、尊重需要和自我实现需要。需要层次与人性假设示意图如图5-8所示。

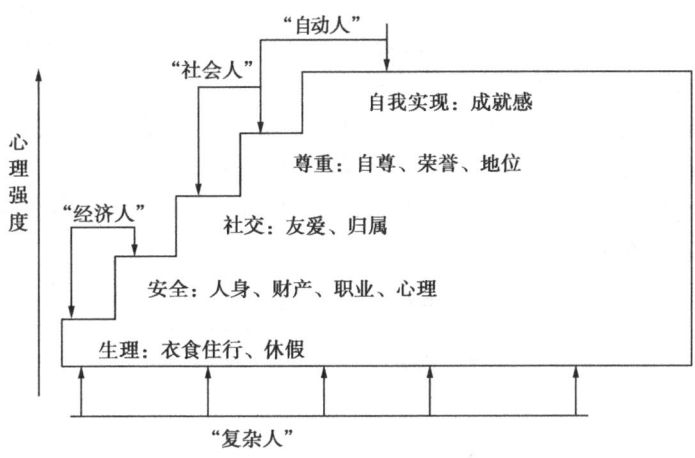

图 5-8 需要层次与人性假设示意图

生理需要。生理需要是人类维持自身生命的最基本的需要，包括衣、食、住、行及延续种族的需要等。这是最强烈的不可避免的底层需要，是人类个体为了生存而必不可少的需要。

安全需要。它是指对人身安全、生活稳定及免遭痛苦、威胁或疾病的需要，包括生命安全、财产安全、职业安全、劳动安全、环境安全和心理安全等。

社交需要。社交需要也称归属和爱的需要，包括社会交往，从属于某个组织或某种团体，并在其中发挥作用，得到承认；希望同伴间保持友好和融洽的关系，希望得到亲友的爱等。

尊重需要。自尊、自重，或要求被他人尊重，包括自尊心、信心，希望有地位、有威望，受到别人的尊重、信赖及高度评价等。

自我实现需要。可以发挥一个人潜力的需要，包括充分发挥自己的潜力，表现自己的才能，成为有成就的人物。

马斯洛认为各层次需要之间有以下关系：一般情况下，这五种需要像阶梯一样从低到高依次得到满足。当人的低一层次的需要获得满足后，就会向高一层次的需要发展。同一时期，个体可能同时存在多种需要，但总有一种需要占支配地位。

② 在管理中的应用。既然人的五个层次需要是客观存在的，管理者的任务就在于正确认识被管理者不同层次的需要，并找出相应的激励因素，采取相应的组织措施来满足其不同层次的需要，以引导和控制人的行为，实现组织目标。

（2）双因素理论。双因素理论是美国的心理学家弗雷德里克·赫茨伯格（Fredrick Herzberg）提出来的，又称保健因素—激励因素理论。20世纪50年代末期，赫茨伯格和他的助手们在美国匹兹堡地区对200名工程师和会计师进行了调查访问。访问主要围绕两个问题：在工作中，哪些事项是让他们感到满意的，又有哪些事项是让他们感到不满意的？赫茨伯格通过总结这些问题的回答，按满意与不满意因素进行分析，从而提出双因素理论。

① 理论内容。双因素理论认为，激发动机的因素有两类：一类称为保健因素；另一类称为激励因素。其中，保健因素是指防止人们产生不满的因素，包括企业政策和管理、技术监督、薪水与工作安全感、人际关系等。组织在不具备这些保健因素的时候会引起不满，具备的时候也不会产生很大的激励作用。激励因素是使员工感到满意的因素，包括发展成长因素、工作本身因素、认可因素、成就因素等。企业在不具备这些激励因素的时候不会引起很大不满，具备的时候会产生很大的激励作用。满意因素与不满意因素的比较示意图如图5-9所示。

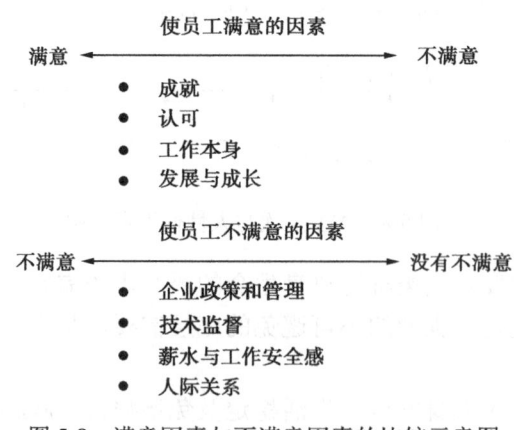

图5-9 满意因素与不满意因素的比较示意图

② 在管理中的应用。正确处理保健因素与激励因素的关系：首先，不应忽视保健因素，但又不能过分地注重于改善保健因素，双因素理论指出，满足职工保健因素，只能防止反激励，并没有构成激励；其次，要善于把保健因素转化为激励因素，保健因素和激励因素是可以转化的，不是一成不变的，有效的管理者，既要注意保健因素，以消除职工的不满，又要努力使保健因素转化为激励因素。

(3) 成就需要理论。美国哈佛大学教授麦克利兰（D. C. Mc Clelland），从另一个侧面研究并论述了人们高层次的需要，提出了他的成就需要理论。

① 理论内容。麦克利兰认为在人的生存基本得到满足的前提下，最主要的需要有三种：成就需要、权力需要和合群需要。其中，成就需要是指达到目标、追求优越、寻求成功的欲望。权力需要是指影响或控制他人，促使别人顺从自己意志的欲望，这是一种控制和影响他人的需要。权力需要是决定管理者取得成功的最重要因素，具有高权力需要的人喜欢承担责任，努力影响其他人，喜欢处于竞争性和重视地位的环境。而合群需要是指寻求与别人建立友善且亲近的人际关系的欲望。具有高合群需要的人努力寻求友爱，喜欢合作性的而非竞争的环境，渴望有高度相互理解的关系。

② 在管理中的应用。成就需要理论对于我们把握管理人的高层次需要具有积极的参考意义。实施激励时应考虑这三种需要的强烈程度，以便提供能够满足这些需要的激励措施。

一是成就动机高的个人应在其工作中提供个人的责任感、承担适度的风险，及时得到工作情况的反馈。

二是选择高的权力需要者作为企业的管理者，从而提高管理的有效性。

三是根据员工的合群需要特征来安排工作，提高工作效率。

2. 过程型激励理论

(1) 期望理论。期望理论是美国心理学家弗鲁姆（V. H. Vroom，又译弗罗姆）于1964年在《工作与激励》一书中提出来的。它是一种通过考察人们的努力行为与其所获得的最终奖酬之间的因果关系，来说明激励过程的一种理论，其过程模式示意图如图 5-10 所示。

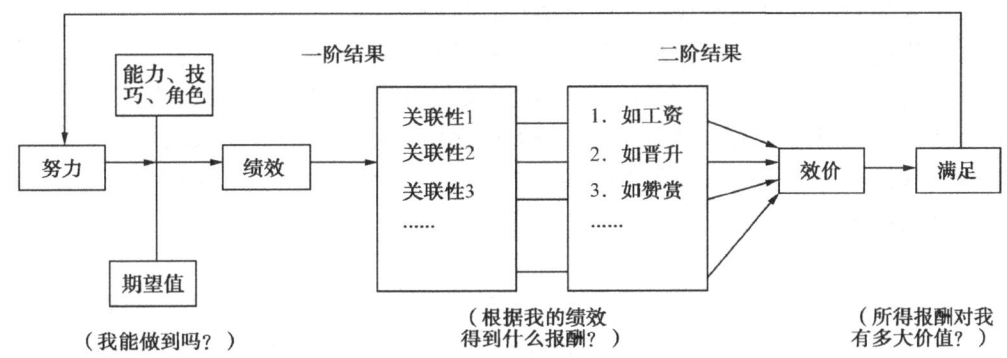

图 5-10　期望理论过程模式示意图

① 理论内容。弗鲁姆认为一种行为倾向的强度取决于个体对于这种行为可能带来的结果的期望值强度，以及这种期望值对行为者的吸引力。期望理论可以用下式表示：

$$激励力 = 效价 \times 期望值$$

即

$$M = V \cdot E$$

式中，激励力——对行为动机的激发力度；效价——目标价值的主观估计，取值范围不限；期望值——目标概率，即实现可能性的主观估计，取值范围为 $0 \sim 1.0$。

该式说明，假如一个人把目标的价值看得越大，估计能实现的概率就越高，那么激发的动机就越强烈，焕发的内部力量也就越大。

② 在管理中的应用。期望理论在管理应用过程中需要注意以下两点。

一是要处理好三个方面关系，这是调动人们工作积极性的条件。

第一，努力与绩效的关系。所设立的目标既要有一定的挑战性，又要让人觉得有实现的可能性，经过努力能够达到。要认识组织目标与个人目标之间的关系，提高目标的效价。

第二，绩效与奖励的关系。提高员工的激励水平，一要明确什么工作得到什么样的报酬和奖励；二要使职工认识到这种报酬和奖励与工作绩效有联系；三要使职工相信通过努力能够提高绩效。

第三，奖励与满足个人需要的关系。人总是希望自己所获得的奖励能满足自己某方面的需要。为此，管理人员应重视使组织的特定报酬与职工的需要相符合。

二是要适当控制期望概率值和实际概率值，加强期望心理的疏导。期望概率值过大容易产生挫折，期望概率值过小又会减小激励力量。

（2）公平理论。公平理论是由美国行为科学家亚当斯（J. S. Adams）于1976年提出的。该理论侧重于研究工资报酬分配的合理性、公平性及其对职工产生积极性的影响。

① 理论内容。公平理论的观点是，当一个人做出了成绩并取得了报酬以后，他不仅关心自己所得报酬的绝对值，而且关心所得报酬的相对值。为此，他要进行种种比较来确定自己所获报酬是否合理，比较结果将直接影响其今后工作的积极性。比较方法有纵向比较和横向比较两种方法。

一是纵向比较。纵向比较是指把自己目前投入的努力与目前所获报酬的比值，同自己过去投入的努力与过去所获报酬的比值进行比较。

二是横向比较。横向比较是指与他人所得的报酬相比较，这就是社会比较，即他要将自己获得的"报酬"（包括金钱、工作安排及获得的赏识等）与自己的"投入"（包括教育程度、所做努力、工作时间及精力等）的比值与组织内的其他人进行社会比较。

调查和试验结果表明，不公平感的产生，绝大多数是由于通过比较认为自己目前的报酬过低而产生的。

② 在管理中的应用。

一是正确诱导，改变认知。管理者要及时洞见职工的不公平心理，并认真分析、诱导、教育职工正确对待自己和他人。同时，应引导职工以大局为重，克服追求绝对公平、斤斤计较得失的思想。

二是科学考评，合理奖励。合理的报酬和奖励是以公正科学的考核评价为基础的。

通过建立健全科学的考评机制，加强科学化管理，是消除不公平现象的重要途径。

三是一视同仁，公正管理。管理者在管理时能否公正客观，往往也是导致公平与否的一个重要因素。管理者要克服偏见和个人感情因素，公平合理地处理职工晋升、提薪、发奖金等问题，做到一视同仁，"一碗水端平"，尽量减少使职工产生不公平感的客观因素。

3. 调整型激励理论

（1）强化理论。强化理论也称操作性条件反射论，是美国当代著名心理学家、哈佛大学心理学教授斯金纳（B. F. Skinner）在巴甫洛夫的条件反射、华生的行为主义论和桑代克的尝试学习论的基础上提出的一种新行为主义理论。

① 理论内容。强化是指对一种行为的肯定或否定的手段（报酬或惩罚），它至少在一定程度上会决定这种行为在今后是否会重复发生。利用强化的手段改造行为，一般有四种方式：正强化、负强化、自然消退、惩罚。

正强化是指奖励那些组织上需要的行为，从而加强这种行为。正强化的方法包括奖金、认可、表扬、改善工作条件和人际关系、提升、安排挑战性的工作、给予学习和成长机会等。

负强化是指惩罚那些与组织不相融的行为，从而削弱这种行为。负强化的方法包括批评、处分、降级等，有时不给予奖励或少给奖励也是一种负强化。

自然消退有两种方式：一是对某种行为不予理睬，以表示对该行为的轻视或某种程度的否定，使其自然消退；二是对原来用正强化建立起来的、认为是好的行为，由于疏忽或情况改变，不再给予正强化，使其出现的可能性下降，最终完全消失。

惩罚是用批评、降薪、降职、罚款等带有强制性、威胁性的结果，来创造一种令人不愉快乃至痛苦的条件，或取消现有的令人满意的条件，以示对某一不符合要求的行为的否定，从而消除这种行为重复发生的可能性。

应当指出，上述四种强化类型中正强化是影响行为发生的最有力的工具，它能增强或增加有效的工作行为。惩罚和消退只能使职工知道不应做什么，但并没有告诉职工应该做什么。而负强化则会使职工处于一种被动的、不快的环境之中，可能产生适得其反的效果。

② 在管理中的应用。根据强化理论，在管理中的具体应用应遵循以下行为原则。

一是要依照强化对象的不同采用不同的强化措施。人们的年龄、性别、职业、学历、经历不同，需要就不同，强化方式也应不一样。

二是要及时反馈。所谓及时反馈就是通过某种形式和途径，及时将工作结果告诉行动者，要取得最好的激励效果，就应该在行为发生以后尽快采取适当的强化方法。

三是在强化手段的运用上，应以正强化为主；同时，必要时也要对坏的行为给予惩罚，做到奖惩结合。

◆管理思考 5.4

拿破仑与落水男孩

拿破仑在一次打猎的时候，看到一个落水男孩一边拼命挣扎，一边高呼救命。这河面并不宽，拿破仑不但没有跳水救人，反而端起猎枪，对准落水者，大声喊道：你若不自己爬上来，我就把你打死在水中。那男孩见求救无用，反而增添了一层危险，便更加拼命地奋力自救，终于游上岸。

管理启迪

思考：从故事中你得到了什么启迪？

（2）挫折理论。挫折理论或许可追溯到 20 世纪极负盛名的奥地利心理学家弗洛伊德（S. Freud）创立的精神分析学说。该理论着重研究人因挫折感而导致的心理自卫。

① 理论内容。挫折是指在通向目标的道路上的个体行为，遇到障碍或干扰不能克服，致使动机不能获得满足时的情绪状态。引起挫折的原因多种多样，可归纳为环境因素和个人因素两类。环境因素引起的挫折，主要是指因自然环境、物理环境和社会环境等阻碍人们达到目标而产生的挫折。个人因素引起的挫折主要是指因个人生理缺陷、心理冲突和个人抱负水平的不同而引起的挫折。一旦遇到挫折，人们在心理上会表现出焦虑、紧张、沮丧、失望等情绪，行为上主要表现出攻击、退化、固执和自我防卫等行为。这些心理及行为的表现都会对人们的工作积极性和工作绩效产生一定的破坏力。

② 在管理中的应用。为了帮助员工克服挫折，减轻或消除员工的挫折感，管理者应从以下方面着手开展员工的心理辅导。

一是要引导员工正确对待挫折。人生遇到各种挫折是不可避免的。管理人员应当引导员工正确对待挫折，面对挫折时应冷静地分析失败的原因，总结经验教训，善于从不利中看到有利，同时要教育员工树立百折不挠的精神，锻炼自己顽强克服困难的意志力。

二是要采取宽容态度。管理者对受挫折者的消极行为应采取宽容的态度，应通情达理地理解和谅解，耐心疏导，绝不可简单粗暴地对待受挫者。否则，不但不能收到良好的效果，还可能加剧破坏受挫者的心理承受能力。

三是要改变受挫环境。通过改变受挫环境来改变受挫者的情绪。办法有两种：一是把受挫者调离原工作和生活的环境，使其到新的环境中去；二是改变环境气氛，给受挫者以温暖。事实证明，给受挫者创造适当的环境和气氛，将有助于他们化消极为积极。

四是情绪发泄。这是一种心理治疗方法，就是要创造一种环境，使受挫者可以自己表达受压抑的情感，发泄心中的怨气。通过情绪的发泄，才能恢复理智状态，达到心理平衡。

五是心理咨询。心理咨询是心理学家帮助治疗"心病"的方法。对于受挫折者，心理学家可以通过与其进行有效交流，以提高他们的认识水平，帮助他们消除心理上的痛苦。

5.2.3 激励实务

有效的激励，必须通过适当的激励方式与手段来实现。按照激励中诱因的内容和性质，可将激励的方式与手段大致划分为三类：工作激励、物质激励和精神激励。

1. 工作激励

按照赫茨伯格的双因素论，对人最有效的激励因素来自工作本身，即满意自己的工作是最大的激励。管理者必须善于调整和调动各种工作因素，千方百计地使员工满意自己的工作，以实现最有效的激励。实践中，一般有以下几种途径。

（1）工作适应性。工作适应性是指工作的性质和特点与从事该工作的员工的条件与特长相吻合，能充分发挥其优势，引起其工作兴趣，从而使员工高度满意地工作。

（2）工作的意义与工作的挑战性。这种激励方法就是向员工说明工作的意义，并增加工作的挑战性，从而使员工更加重视和热衷于自己的工作，达到激励的目的。

（3）工作的完整性。管理者应根据工作的性质与需要及人员情况，尽可能使每个员工都能承担一份较为完整的工作，为他们创造获得完整工作成果的条件与机会。

（4）工作的自主性。管理者应尊重员工的自尊和自我实现的需要心理，期望独立自主地完成工作的心理。通过目标管理等方式，明确目标与任务，大胆授权，让员工对由自己自主管理的工作高度感兴趣，并以极大的热情全身心投入，以谋求成功。

（5）工作设计。管理者通过开展工作设计研究，增加工作的丰富性，克服单调乏味和简单重复的工作流程，以提高员工的工作兴趣。工作设计的方式有工作扩大化和工作丰富化两种。工作扩大化是从横向扩大工作的内容，通过增加员工工作的种类，令其同时承担几项工作或周期更长的工作，消除单调乏味状况。工作丰富化则是从纵向扩大工作内容，让员工参与一些具有较高层次的工作，从而使员工获得一种成就感，使其尊重需要得到满足。

（6）及时成果反馈。管理者在工作过程中，应注意及时测量并评定、公布员工的工作成果，尽早地使员工得到工作的反馈，从而有效地激发其工作积极性。

2. 物质激励

物质激励是指以物质利益为诱因，通过调节被管理者的物质利益来刺激其物质需要的方式与手段，主要包括以下具体形式。

（1）报酬激励。报酬激励主要是通过工资、奖金、各种形式的津贴及实物奖励等产生激励效果，对于大部分收入水平较低的人来说，来自工资、奖金的激励是非常重要的。

（2）福利激励。福利激励是指组织为员工提供的除工资与资金以外的一切物质利益。全面而完善的福利制度，使员工因受到周到的体贴和照顾而体会到组织这个大家庭的温暖，产生出一种强烈的归属感，增强对组织的认同感、忠诚度、责任心与义务感。

（3）经济处罚。在经济上对员工进行处罚，是一种管理上的负强化，属于一种特殊形式的激励。通过适当的处罚，对员工起到必要的教育与震慑作用，减少不良行为。

3. 精神激励

精神激励是指通过满足职工的社交、自尊、自我发展和自我实现的需要，在较高的层次上调动职工的工作积极性，其激励程度高、维持时间长，主要包括以下一些具体形式。

（1）目标激励。目标激励是以目标为诱因，通过设置适当的目标，激发动机，调动积极性的激励方式。

（2）感情激励。感情激励是以感情作为激励的诱因，通过加强与员工的感情沟通，尊重员工、关心员工，从而激发员工主人翁责任感和爱组织如爱家的精神，调动员工的积极性的激励方式。

（3）尊重激励。尊重激励是管理者利用各种机会信任、鼓励、支持下级，努力满足其尊重的需要，以激励其工作积极性的激励方式。

（4）参与激励。参与激励是以让下级参与管理为诱因，调动下级的积极性和创造性。通过参与，形成员工对组织的归属感、认同感，进一步满足自尊和自我实现的需要。

（5）榜样激励。榜样激励是在组织内树立英雄模范人物的形象，号召和引导其他员工模仿学习，引导员工的行为到组织目标所期望的方向的激励方式。

（6）竞争激励。竞争激励是组织通过各种形式的竞赛，鼓励各种形式的竞争，并以此激发员工的热情、工作兴趣和克服困难的勇气与力量的激励方式。

◆ **管理思考 5.5**

竞　争

国外一家森林公园曾养殖几百只梅花鹿，这里环境幽静，水草丰美，又没有天敌。然而，几年以后，鹿群非但没有扩大，反而病的病，死的死，竟然出现了负增长。后来他们买回几只狼放置在公园里，在狼的追赶捕食下，鹿群只能紧张地奔跑以逃命。这样一来，除了那些老弱病残者被狼捕食外，其他鹿的体质日益增强，数量也迅速地增长。

管理启迪

思考：从此故事中你得到了什么启迪？

（7）兴趣激励。兴趣激励是指管理者通过了解员工兴趣所在，把其安排在其最感兴趣的工作岗位上，使他们的兴趣爱好有用武之地，并可激发其参与感、归属感和责任感的激励方式。

（8）荣誉激励。荣誉激励是通过对优秀员工授予劳动模范、先进人物等荣誉称号，起到促进作用的激励方式。荣誉激励是满足人们自尊的需要，激发人们奋发进取的重要方式。

（9）信任激励。信任激励是指组织领导者充分信任员工的能力和忠诚，放手、放权，使员工充分发挥自己的聪明才智，以达到激励的目的的激励方式。

（10）文化激励。文化激励是指通过组织文化激励组织成员，培养其自觉为组织发展而积极工作的精神，激活企业员工创造力的激励方式。

◆ **任务训练 5.2**

1．单项选择题

（1）关于激励的对象，叙述不正确的是（　　）。

A．主要对象是人

B．正确认识激励的对象，有助于体现领导的管理职能
C．激励的对象不受影响
D．通过认识激励的对象，可以明白需要是人类行为的基础

（2）有关研究成果表明，按时计酬的职工仅能发挥其能力的 20%～30%，而如果受到充分激励的职工其能力可发挥到（　　）。

A．50%～60%　　　B．60%～70%　　　C．70%～80%　　　D．80%～90%

（3）激励过程的出发点是（　　）。

A．紧张感　　　　　　　　　　　　B．目标
C．未得到满足的需要　　　　　　　D．不满意

（4）在激励理论的分类中，期望理论属于（　　）。

A．需要型激励理论　　　　　　　　B．过程型激励理论
C．状态型激励理论　　　　　　　　D．动态型激励理论

（5）对于大多数高科技公司来说，寻找、培训和留住优秀的员工对企业的长远发展影响重大。假设你是一家高科技公司的负责人，你认为最佳的一种方式是（　　）。

A．提供诱人的薪水和福利　　　　　B．提供具有挑战性的工作
C．提供舒适的工作环境　　　　　　D．实行弹性工作制

2．多项选择题

（1）管理学家提出了四种不同的人性假设，它们是（　　）。

A．"经济人"假设　　　　　　　　B．"社会人"假设
C．"自动人"假设　　　　　　　　D．"复杂人"假设

（2）关于激励与行为之间的关系，叙述正确的是（　　）。

A．未得到的需要是产生激励的起点，进而导致某种行为
B．激励是组织中人的行为的动力
C．已满足的需要不能产生激励作用
D．有激励而无效果的行为，说明激励的机理出现了问题

（3）根据双因素理论，（　　）往往与职工的不满意关系密切。

A．企业政策　　　　　　　　　　　B．工作的成就感
C．工资水平　　　　　　　　　　　D．责任感

（4）关于激励，正确的说法有（　　）。

A．激励手段要物质和精神相结合　　B．激励要针对目标
C．激励要尽量满足需要　　　　　　D．激励要看最终效果

3．判断题

（1）激励是通过影响人们的内在需要或动机，从而加强、引导和维持行为的激励方式。（　　）

（2）"自动人"假设说明在管理中强调用物质上和经济上的利益来刺激员工，使其自动、自觉地努力工作。（　　）

（3）根据戴维·麦克利兰的研究，对一般职员来说，成就需要比较强烈。（　　）

（4）双因素理论认为如果缺乏保健因素，则员工会不满；但具有保健因素则不会导致满意，而是没有不满。（　　）

（5）实践证明正强化比负强化更有激励效果。（　　）

任务 5.3　做好有效沟通

> **知识目标：**
> ▲ 理解沟通的概念、过程及意义
> ▲ 了解沟通的类型、方式及沟通网络
> ▲ 了解沟通的障碍及排除方法
> ▲ 掌握有效沟通的特征、原则及技巧
>
> **能力目标：**
> ▲ 培养强烈的沟通意识
> ▲ 能够灵活运用沟通技巧
>
> **关键概念：**
> ▲ 沟通　正式沟通　非正式沟通　沟通网络　Y 式沟通网络
> 　全通道式沟通网络
>
> **建议学时：**
> ▲ 2 个学时

5.3.1　沟通概述

1. 沟通的概念

"沟通"一词译自英文 Communication。该词在英文中是一个多义词，可作沟通、传播、通信和交流等解释。在管理学中，沟通是指人与人之间传达思想感情和交流情报信息的过程。

沟通在管理人员的工作中占有非常重要的地位，正如美国管理学家斯通纳（James A. F. Stoner）所认为："沟通对于管理人员是非常重要的。因为在贯穿管理的全过程中，这一活动是不可缺少的，无论计划、组织、领导、决策、监督、协调和考核的成功完成，都必须以有效的沟通为前提。"沟通尤其对于领导工作具有特别重要的意义。事实上，领导者每天所做的大部分决策事务都是围绕沟通这一核心问题展开的。

2. 沟通的过程

沟通的过程是指信息发送者与接收者之间传递信息的过程，一般包括四个阶段。

第一步，编码阶段。信息发送者将其观点、想法或所得的事实采取某种形式来发出。

第二步，传递阶段。信息凭借某种媒介通道传送。

第三步,解码阶段。接收者由各种媒介通道接收信息符号,并将信息符号译解,从而去理解。

第四步,反馈阶段。接收者根据所理解的意念加以判断,以采取各种不同的反应行为。

一个完整的沟通过程涉及信息发送者、信息、编码、渠道、解码、信息接收者、噪声、反馈八个要素。每一个要素都很重要,只要有一个要素出现问题,就会影响沟通效果。

◆管理智库 5.2

Motorola 的 "Open Door"

Motorola(摩托罗拉)公司于 1992 年在天津经济开发区破土兴建它的第一家寻呼机、电池、基站等 5 个生产厂,使天津成为 Motorola 在其本土之外最大的生产基地,投资额比原来最初的投资额增加了 9 倍,工人人数从不到 100 人增加到 8 000 多人,年产值达 28 亿美元。

在 Motorola 公司,每一个 Motorola 的高级管理层都被要求与普通操作工形成介于同志和兄妹之间的关系——在人格上千方百计地保持平等。"对人保持不变的尊重"是公司的个性。最能表现 Motorola "对人保持不变的尊重"个性的是它的 "Open Door"。Motorola 所有管理者办公室的门都是敞开的,任何职工在任何时候都可以直接推门进来,与任何级别的上司平等交流。每个季度第一个月的 1—21 日,中层干部都要同自己的手下和自己的主管进行一次关于职业发展的对话,回答"你在过去三个月里受到尊重了吗"之类的 6 个问题。这种对话是一对一和随时随地进行的。Motorola 的管理者们还为每一个下层的被管理者们预备了 11 条这种 "Open Door" 式表达意见和发泄抑郁心情的途径。

I Recommend(我建议),书面形式提出对公司各方面的意见和建议,全面参与公司管理。

Speak Out(畅所欲言),这是一种保密的双向沟通渠道,如果员工要对真实的问题进行评论或投诉,应诉人必须在 3 天之内对隐去姓名的投诉信给予答复,整理完毕后由第三者按投诉人要求的方式反馈给本人,全过程必须在 9 天内完成。

General Manager Dialogue(总经理座谈会),每周四召开的座谈会,大部分问题可以当场答复,7 天内对不能当场答复问题的处理结果予以反馈。

Newspaper and Magazines(报纸与杂志),Motorola 给自己内部报纸起的名字叫"大家庭",内部有线电视台叫"大家庭"电视台。

DBS(每日简报),方便快捷地了解公司和部门的重要事件和通知。

Town hall Meeting(员工大会),由经理直接传达公司的重要信息,有问必答。

Education Day(教育日),每年重温公司文化、历史、理念和有关规定。

Notice Board(墙报)。

Hot Line(热线电话),当你遇到任何问题时都可以向这个电话反映,24 小时均有人值守。

ESC（职工委员会），职工委员会是员工与管理层直接沟通的另一个桥梁，委员会主席由员工关系部经理兼任。

589 Mail Box（589信箱），当员工尝试以上渠道后仍无法得到充分、及时和公正的解决时，可以直接写信给589信箱，此信箱钥匙由中国区人力资源总部掌握。

从该案例可以看出，Motorola公司的上级和下级间沟通的方式多种多样，包括面对面、一对一的交谈，同一条信息可以从不同的渠道得到，信息的反馈也可以从不同的渠道及时得到。他们采取这样的方式取得了惊人的效果，抱怨是一件积压已久的事，如果每星期、每天都有与领导平等对话的机会，任何潜在的不满和抱怨还没有来得及充分积蓄就已经被扼杀在摇篮里了。

3. 沟通的功能

沟通的功能包括如下两个方面。

（1）传达信息。信息交流是沟通最基本的要素。实际上，所有的沟通都是某种信息交流的过程。通过沟通，人与人之间能够交流信息、知识、经验、思想和感情。

（2）心理保健。人与人之间的沟通是一种重要的心理需要，人们通过进行情感性的而非任务性的相互交流，可以满足自身心理上的社会需要并达到平衡。

5.3.2 沟通的类型与网络

1. 沟通的类型

（1）按沟通的组织系统分类，可分为正式沟通和非正式沟通。

① 正式沟通。正式沟通是指按组织内规章制度所规定的沟通方式，经由组织结构而形成的途径的沟通。例如，组织内部的文件传达，定期或不定期的会议制度，上级指示按系统逐级下达或下级的情况逐级上报等。

② 非正式沟通。非正式沟通是指在正式渠道之外进行信息的传递与交流的沟通。这种沟通具有很强的随意性和自发性，途径较多且无定式，如同事间的任意交谈等。

（2）按沟通信息的流动方向分类，可分为纵向信息沟通、横向信息沟通和斜向信息沟通三种。

① 纵向信息沟通。纵向信息沟通即垂直沟通，是指沿着组织的指挥链在上下级之间进行的信息沟通。它可以分为自上而下的和自下而上的两种形式。自上而下的沟通也称下行沟通，指组织内部同一系统内的较高层次人员向较低层次人员的沟通，一般以命令方式传达上级组织决定的政策、计划、规定之类的信息等，它是传统组织中最主要的沟通信息流向。自下而上的沟通也称上行沟通，指组织内部同一系统内较低层次人员向较高层次人员的沟通，如请示、书面或口头汇报等。

② 横向信息沟通。横向信息沟通是指组织内部同一层次人员之间的沟通，也称平行或水平沟通。这种沟通主要是为了促成不同系统（部门、单位）之间的协调配合和相互了解而运用的。例如，高层管理者之间、中层管理者之间所发生的沟通，都属于横向信息沟通。

③ 斜向信息沟通。斜向信息沟通是指组织内部既不同系统又不同层次的人员之间的沟通。它对组织中的其他沟通渠道起到一定的补充作用。其优点是增加相互理解,缩短沟通线路和信息传递时间,但也容易在部门之间造成矛盾。

(3) 按沟通的方法分类,可分为口头沟通、书面沟通、非语言沟通和电子媒介沟通等。这四种沟通方式的优缺点比较如表 5-1 所示。

表 5-1 沟通方式比较表

沟通方式	举 例	优 点	缺 点
口头	交谈、讲座、讨论会、电话	传递反馈快,信息量大,弹性大,亲切,双向,效果好	不易保存,事后难查证,传递层次越多则信息失真越严重
书面	报告、备忘录、信函、文件、内部期刊、布告	正规,准确,权威,持久有形可核实,易于远距离传递,易于储存	效率低,费用较高,缺乏反馈,保密性差
非语言	光信号、体态、语调	内涵丰富,含义隐含灵活,信息意义十分明确	传递距离有限,界限含糊,只可意会,不可言传
电子媒介	传真机、电子邮件、电子会议、网络沟通工具	传递快,容量大,距离远,可同时传递到多人	电子邮件可交流但看不到表情,不能满足人们归属感的需要

(4) 按沟通后是否进行反馈分类,可分为单向沟通和双向沟通。

① 单向沟通。单向沟通是指没有反馈的信息传递,沟通中信息的发送者与接收者的地位不变,如做报告、演讲、指示和命令等。

② 双向沟通。双向沟通是指有反馈的信息传递,沟通中信息的发送者与接收者的地位不断变化,如对话、研讨等。

2. 沟通网络

沟通网络指的是信息流动的通道。信息沟通的有效性往往与它的网络类型有一定的关系。组织内的沟通网络可分为正式沟通网络和非正式沟通网络。

(1) 正式沟通网络。正式沟通网络是根据组织机构、规章制度设计的,用以交流和传递与组织活动直接相关的信息的沟通途径。巴维拉斯(A. Bavelos)通过研究,提出了五种信息沟通网络结构形式(1951 年),如图 5-11 所示。

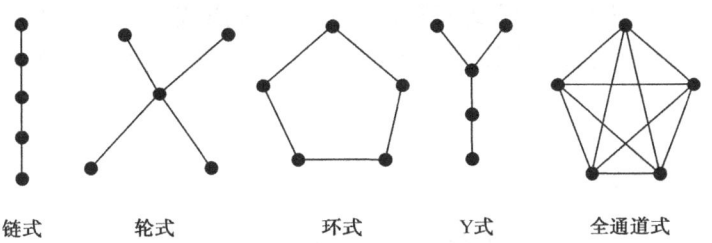

链式　　　轮式　　　环式　　　Y式　　　全通道式

图 5-11 组织中的五种信息沟通网络结构示意图

链式:代表一个五级层次逐级传递,信息可以向上传递或向下传送。它也可以表示主管与下级部属间有中间管理者的组织系统。

轮式：表示主管人员居中，分别与四个下级沟通，而四个下级之间没有相互沟通，所有的沟通都要通过主管人员。

环式：表示五个人之间依次沟通，这种结构可能发生于三个层次的组织结构。第一级主管与第二级的两个管理者建立联系沟通；第二级管理者再与底层联系；底层的工作人员之间建立横向联系。

Y式：表示两个主管均通过第二级（如秘书）与三个下级发生联系。处于这种地位的秘书可以获得最多的信息，因而往往容易掌握真正的权力，控制组织，而第一级的主管则容易变成傀儡人物。实验证明，掌握信息越多者，越容易成为领导人物。

全通道式：表示组织内每个人都可与其他四个人直接地自由沟通，并无中心人物，所有成员都处于平等地位，一般适用于委员会之类的组织机构。

巴维拉斯等根据实验结果发现：在组织沟通中，不同形态的沟通网络对组织活动有不同的影响效果，并对五种沟通网络的影响效果进行了比较，如表5-2所示。

表5-2　五种沟通网络的影响效果比较

沟通形态评价标准	链式	轮式	环式	Y式	全通道式
集中性	适中	高	低	较高	很低
速度	适中	快（简单任务） 慢（复杂任务）	慢	快	快
正确性	高	高（简单任务） 低（复杂任务）	低	较高	适中
领导能力	适中	很高	低	高	很低
全体成员满足度	适中	低	高	较低	很高

（2）非正式沟通网络。非正式沟通网络不是由组织固定设置的，而是在组织成员进行非正式沟通时自然形成的。美国心理学家戴维斯教授将这种沟通网络归纳为下列几种形态。

单线型：以"一人传一人"为特征。如A将消息传给B，B传给C，C传给D。

辐射型：以"一人传多人"为特征。如A将消息传给B、C、D等人。

随机型：以"一人偶然传"为特征，也称概率型。如A将消息随机地传给一部分人，这些人又随机地传给其他人。实际传给哪些人，带有一定的偶然性。

集束型：以"一人成串传"为特征，也称"葡萄藤式"。如A将消息传给特定的一群人（如熟人），这些人又传给各自熟悉的其他人。这是沟通网络就像平常所说的"一传十，十传百"。

◆管理智库5.3

改革企业的三大沟通技巧

技巧一：等距离沟通。

高质量的沟通应建立在平等的基础之上。如果沟通者之间无法做到等距离，尤其是主管对下属员工不能保持一视同仁的态度，期间所进行的沟通一定会产生比较多的副作用。获得上司的宠爱者自是心花怒放，怨言渐少，但与此同时，其余的员工便会产生对抗、猜疑和放弃沟通的消极情绪，沟通工作就会遭遇很大的抵抗力。

因此，需要建立相应的沟通体制，提供相应的沟通渠道，打造企业的等距离沟通氛围。

技巧二：变单向沟通为双向沟通。

企业与员工的立场难免有不能共通之处，只有善用沟通的力量，及时调整双方利益，才能够使双方更好地发展，互为推动。在国内的很多企业，沟通只是单向的，即只是领导向下传达命令，下属只是象征性地反馈意见。这样的沟通不仅无助于决策层听取基层的声音，让监督与管理更贴合企业实际情况，时间一长，也必然挫伤员工的积极性和归属感。

所以，只有把企业内部的单向沟通体制变为双向沟通体制，才能让企业员工具有更强烈的沟通欲望，企业的管理者才能更多地听到来自基层的声音。

技巧三：沟通方式的多样化。

沟通方式的多样化，是"等距离沟通"与"双向沟通"的基础与前提。

目前，企业最常见的沟通方式有书面报告和口头传达两类，前者容易掉进层层报告、文山会海当中，失去沟通的效率；而后者则易为个人主观意识所左右，无法客观地传达沟通内容。这两种沟通方式在极大程度上制约了"等距离沟通"与"双向沟通"的效果。因此，当企业出现沟通不良的现状时，HR 最先要改良的就是企业内部的沟通方式，建立多元化的沟通渠道，使得企业的沟通真正实现上下贯通。

5.3.3 有效沟通的实现

1. 有效沟通的特征

有效沟通的特征是及时、充分和不失真。

（1）及时。及时沟通是指沟通双方要在尽可能短的时间里进行沟通，并使信息发生效用。

（2）充分。信息充分要求发送者在发出信息时要全面、适量，既不能以偏概全，又不能过量，而应该适量充分。

（3）不失真。只有不失真的信息，才能充分反映发送者的意愿，接收者才能正确理解。按不失真的信息采取行动，才能取得预期效果。失真的信息，往往会对接收者产生误导。

2. 有效沟通的障碍

沟通障碍的分析可以从两方面进行：一是按沟通过程进行分析，即按沟通发生的阶段来分析存在的障碍；二是按沟通因素进行分析，分析可能会形成沟通障碍的各种因素。

（1）按沟通过程分析。沟通过程中的各个环节都可能使所交流的信息歪曲和失真，从而影响组织沟通效果。

① 编码阶段。在编码阶段，信息发送者的沟通技能、知识、态度、社会文化背景等都会影响沟通效果。

② 传递阶段。在传递阶段，媒介（渠道）的选择、沟通的信息量和时机、是否受到干扰等都会影响沟通的效果。

③ 解码阶段。解码阶段与编码阶段一样，也受到个体自身的沟通技能、知识、态度和社会文化背景等的影响。

④ 反馈阶段。在反馈阶段，影响有效沟通的因素主要是上级对待下级的态度及下级对待上级的态度。

（2）按沟通因素分析。按不同的因素种类来分沟通障碍，可归纳为以下三种。

① 语言障碍。常见的语言障碍包括信息的发送者和接受者语族和使用的语系不一样，对语义的理解不一致。

② 心理障碍。现实的沟通活动常被人的认识态度、个性、情绪等心理因素影响，有时这些心理因素会成为沟通中的障碍。

③ 组织障碍。组织内的一些因素，如地位的障碍和组织结构的障碍也会影响有效的沟通。

3．有效沟通的实现

（1）有效沟通的原则包括准确性、完整性和真实性原则。

准确性原则要求发送者的信息充分准确无误地反映发送者的意愿，并使接收者正确理解信息，这个沟通才具有价值。

完整性原则要求发送者在发出信息时全面，并通过适当的渠道完整无缺地传送给信息的接收者。

及时性原则是指沟通双方要在尽可能短的时间内进行沟通，做到传递及时、反馈及时和利用及时，从而使信息发生效用。

◆ 管理思考 5.6

秀才买柴

有一个秀才去买柴，他对卖柴的人说："荷薪者过来！"卖柴的人听不懂"荷薪者"（担柴的人）三个字，但是听得懂"过来"两个字，于是把柴担到秀才前面。

秀才问他："其价如何？"卖柴的人听不太懂这句话，但是听得懂"价"这个字，于是就告诉秀才价钱。秀才接着说："外实而内虚，烟多而焰少，请损之。"（你的木材外表是干的，里头却是湿的，燃烧起来，会浓烟多而火焰小，请减些价钱吧。）卖柴的人因为听不懂秀才的话，于是担着柴就走了。

管理启迪

思考：结合有效沟通的要求，谈谈由此故事你得到了什么启迪。

（2）有效沟通的技巧。组织管理者可采取的改善沟通的方法和技巧有很多，常用的有以下几种。

① 提高对沟通重要性的认识。对于管理者来说，要提高沟通水平就应充分认识沟通的重要性。一般来说，管理人员十分重视计划、组织、领导和控制，对沟通常有疏忽，认为信息的上传下达有了组织系统就可以了，对非正式沟通中的"小道消息"常常采取压制的态度。上述种种现象表明沟通没有得到应有的重视，重新确立沟通的地位是刻不容缓的事情。

② 提高组织沟通渠道的建设。有效的组织沟通是及时地用正确的形式向必须沟通的对象提供准确的信息。这就要求管理者必须在组织内建立有效的沟通渠道，尤其是那些非正式的、开放式的沟通渠道。沟通渠道畅通，有利于组织成员之间、上下级之间建立相互信任的关系。

◆管理智库5.4

企业的"日常倾听制度"

1. 数字设备公司取消使用其自动化客户服务系统，取而代之的是350名咨询代理人。
2. Abbott实验室曾发起了一个"赢回生气的顾客"的项目，分为4个步骤：厘清问题、制定现实可行的战略、全员教育、激励销售代表。该项目施行以后，取得了不错的效果。
3. 芬兰诺基亚集团曾让250名员工参与战略审核。
4. 通用电气公司前董事长约翰·韦尔奇于1983年解散了计划部门，将战略决策的责任下放到12个部门负责人身上。
5. Kinko's组合公司邀请外部咨询专家进行"沟通审计"，以期发现公司与员工之间沟通的问题。
6. 微软将E-mail作为与员工交流的主要手段，此外公司还办了一份内部周报，送至全国每位员工的桌前。
7. Starbucks公司开通网上建议节目，为开展当面会谈，每季度都由高层人员发布消息及一段简短的录像，并留有大量时间回答问题。
8. 罗森勃路斯旅游公司不定期地寄给员工们一包东西，里面有建筑用纸和一盒彩色笔，让他们画图描述公司在他们心目中的形象。
9. 柯达公司在创业初期便设立了"建议箱"制度，公司内的任何人都可以对某方面或全局性的问题提出改进意见。

③ 控制信息流程。所谓控制信息，是指控制信息的质和量。控制信息流程，首先，要考虑授权给下属处理某些信息，由下属有选择地将重要信息报告给管理者。其次，让下属将收集的信息加以浓缩，要求信息传送者列出报告的要点。最后，让下属根据信息的重要程度进行分类。这样不仅可以确定信息优先顺序，而且也不至于遗漏或忽略重要的信息。

④ 主动倾听意见。沟通技巧的关键是主动倾听。主动倾听要求不仅限于被动地接收

对方所传递过来的信息与事实，了解其言辞中字面的意义，而且要保持对其弦外之音的敏感，注意其表情、手势、眼神等非语言性沟通所显示的感情，深入并准确地发掘其真实的内心意图。同时要主动做出反馈与提问，弄清真正问题之所在。

（3）有效沟通的制度性措施。沟通是一种组织制度，要形成有效的沟通必须有制度保障。以下所列举的制度均能促进有效的沟通。

① 建立组织内部的宣传渠道。如内部报纸、内部网络、工作简报等，使组织的有关情况能得到及时沟通，使组织管理人员和全体职工更好地了解情况。

② 会议制度。召开会议就是提供交流的场所和机会。通过会议的沟通，可以集思广益，形成共同的见解和行动方针；也可使人们了解共同目标，了解自己的工作与他人工作的关系，从而更好地开展工作。组织召开的会议包括日常例会、职工代表大会等。

③ 建议制度。建议制度是为了避免组织内的普通员工向上沟通的信息被过滤而采取的一种强行向上沟通的方法。由于组织内的等级和权力上的差别，因而会形成沟通上的阻碍，通过建议制度可鼓励普通员工就任何关心的问题提出意见。

任务训练 5.3

1. 单项选择题

（1）下列情况中，适合使用单向沟通的是（　　）。
A．时间比较充裕，但问题比较棘手
B．下属对解决方案的接受程度至关重要
C．上级缺乏处理负反馈的能力，容易感情用事
D．下属能对解决问题提供有价值的信息和建议

（2）下列关于非正式沟通的说法正确的是（　　）。
A．非正式沟通传播的是小道消息，准确率较低
B．非正式沟通经常将信息传递给本不需要它们的人
C．非正式沟通信息交流速度较快
D．非正式沟通可以满足职工的需要

（3）员工的满意度也与沟通网络类型有关，普通成员最满意（　　）的网络。
A．轮式　　　　B．链式　　　　C．环式　　　　D．全通道式

2. 多项选择题

（1）属于正式沟通渠道的有（　　）。
A．法令　　　　B．会议　　　　C．文件　　　　D．朋友聚会

（2）语言沟通方式包括（　　）。
A．口头沟通　　B．书面沟通　　C．肢体沟通　　D．图片沟通

（3）信息沟通的障碍有（　　）。
A．信息不对称　　　　　　　　　B．内外环境干扰
C．个人心理障碍　　　　　　　　D．传递技术缺陷

3．判断题

（1）沟通仅仅是两个或两个以上的人之间的意思传送。（　　）

（2）人际沟通主要指小部分人之间的沟通。（　　）

（3）口头沟通最基本的优点在于其准确性。（　　）

（4）有效的沟通，必须是沟通渠道畅通的信息交流。否则，沟通渠道出现任何障碍，都会影响沟通。（　　）

管理定律

经典管理定律之五

1．克里奇定理

内　　容：没有不好的组织，只有不好的领导。

提出者：美国军事家克里奇。

点　　评：好领导是好组织的塑造者。

2．例外原则

内　　容：为了提高效率和控制大局，上级只保留处理例外和非常规事件的决定权和控制权，例行和常规的权力由部下分享。

提出者：美国管理学家泰勒。

点　　评：分权可调动积极性，执要则不失主导权。

3．末位淘汰法则（活力曲线）

内　　容：通过竞争淘汰来发挥人的极限能力（活力曲线的实质就是"末位淘汰"）。

提出者：GE 公司前 CEO 杰克·韦尔奇。

点　　评："末位淘汰法则"，顾名思义就是"将工作业绩靠后的员工淘汰掉"，其实质是企业为了满足市场竞争的需要，在对企业员工的工作表现做出科学评价后，进行分类或排序，并按照一定的比例标准，将末几位予以调岗或辞退的行为。

4．沟通的位差效应

内　　容：平等交流是企业有效沟通的保证。

提出者：美国加利福尼亚州立大学。

点　　评：沟通的位差效应是美国加利福尼亚州立大学对企业内部沟通进行研究后得出的重要成果。他们发现，来自领导层的信息只有 20%～25%被下级知道并正确理解，而从下到上反馈的信息则不超过 10%，平行交流的效率则可达到 90%以上。这是因为平行交流是一种以平等为基础的交流。因此，在企业内建立平等的沟通渠道，可以大大增加领导者与下属之间的协调沟通能力，使他们在价值观、道德观、经营哲学等方面很快地达成一致；可以使上下级之间、各个部门之间的信息形成较为对称的流动，业务流、信息流、制度流也更为通畅,信息在执行过程中发生变形的情况也会大大减少。

5. 威尔德定理

内　　容:有效的沟通始于倾听。

提出者:英国管理学家 L.威尔德。

点　　评:说的功夫有一半在听上。一问一答之间就可以受益无穷。在企业内部,倾听是管理者与员工沟通的基础,但在现实中很多人并没有真正掌握"听"的艺术。

知识拓展:领导者的"六商"

知识拓展:《三国演义》中的六大领导艺术

知识拓展:从"6C"入手提升员工满意度

项目总结

(1)领导是管理过程中的一项重要而独特的职能。领导工作具有人与人互动的性质,领导者正是通过他与被领导者的双向互动过程,促使组织成员更有效地实现组织的目标。

领导的本质就是以一定的方式对他人施加影响力的过程。领导者的影响力可分解为职权和威信。领导的影响力主要来自两方面:一是与职权相联系的权力,称为职权性影响力;二是与威信(非职权)相联系的权力,称为非职权性影响力。

(2)激励理论是研究如何有效地调动人的积极性的理论,主要形成了内容型激励理论、过程型激励理论和调整型激励理论三大类型的激励理论。其中,内容型激励理论着重研究如何激发人的工作动机的因素。主要包括马斯洛的需要层次理论、赫茨伯格的双因素理论、麦克利兰的成就激励理论。过程型激励理论着重研究从动机的产生到采取行动的心理过程,即对动机的形成过程进行研究。主要包括弗鲁姆的期望理论、亚当斯的公平理论。调整型激励理论也称行为改造型理论,着重研究如何改造和转化人的行为,变消极行为为积极行为。主要包括强化理论、挫折理论。

(3)激励是领导工作的一个有机组成部分。有效的领导者必须能充分调动员工的积极性,使其潜能最大限度地发挥出来。

(4)有效的激励必须通过适当的激励方式与手段来实现。按照激励中诱因的内容和性质,可将激励的方式与手段大致划分为三类:工作激励、物质激励和精神激励。

(5)沟通在管理人员的工作中占有非常重要的地位,组织中的沟通能起到传递信息和心理保障作用。沟通过程包括有四阶段、八要素,每一个步骤和要素都可能对有效信息沟通构成某种障碍或不利的影响。

(6)沟通网络指的是信息流动的通道,可以分成两大类型:正式沟通网络和非正式沟通网络。正式沟通网络是通过正式沟通渠道建立起来的网络,它反映了一个组织的内部结构,通常同组织的职权系统和指挥系统相一致。组织内部正式沟通网络通常有五种类型,即链式、轮式、环式、Y 式和全通道式。非正式沟通网络则是指通过非正式沟通渠道联系的沟通网络，这些网络不是由组织固定设置的，而是在组织成员进行非正式沟通中自然形成的。作为管理者，应充分利用好正式沟通网络与非正式沟通网络，扬其所长，避其所短，为达到组织目标服务。

（7）有效的沟通应该是准确、完整、及时的沟通。但在实际的沟通过程中常常受沟通各阶段的障碍及语言、心理和组织因素的干扰，使沟通受阻、失效。因此，要实现有效的组织沟通，组织应提高对沟通重要性的认识、提高组织沟通网络的技术水平、控制信息流程、构建组织沟通制度保障体系及主动倾听意见。

项目实训

实训 5.1　管理测试：领导风格的诊断及能够激励你的因素

管理测试一：对你现有领导风格的诊断

用"是"或"不是"来回答下列问题，完成之后扫描二维码，评估你的领导风格。
1．你是否对自己领导的团队有规定的工作目标？（　　）
2．你对下属是否表示个人的兴趣？（　　）
3．你允许下属设置他们的任务目标吗？（　　）
4．你是否告诉下属他们该干什么和该怎么干？（　　）
5．你是否态度友善、平易近人？（　　）
6．你是否允许下属去安排他们自己的工作？（　　）
7．你是否设计等级森严、职责分明的指挥链？（　　）
8．你是否鼓励下属把他们的感情和他们关心的事说出来？（　　）
9．你是否利用职工参与作为一种沟通的方法？（　　）
10．你向下属提供必要的情况和指标吗？（　　）
11．你是否阻止下属之间矛盾与冲突的发生？（　　）
12．你是否鼓励集体精神而不是相互竞争？（　　）
13．你是否告诉下属你将怎样给予他们报酬？（　　）
14．你是否用给下属奖酬来使他们高兴？（　　）
15．你是否鼓励下属讨论他们和自己主管之间的冲突或问题？（　　）
16．你是否用奖惩手段来驾驭下属？（　　）
17．你重视和强调忠诚及人与人之间的关系吗？（　　）
18．你跟下属共同分担本单位的成败吗？（　　）

测试评估

管理测试二：能够激励你的因素

对于下面的 15 句话，请在每一项的后面圈出和你的感觉最接近的数字，以了解你的主导需要。其中，第 1、4、7、10、13 项为测试你的成就需要项，第 2、5、8、11、14 项为测试你的权力需要项，第 3、6、9、12、15 项为测试你的关系需要项。

	非常不同意				非常同意

1. 我非常努力改善我以前的工作以提高工作绩效。　　1　2　3　4　5
2. 我喜欢竞争和获胜。　　1　2　3　4　5
3. 我常常发现自己和周围的人谈论与工作无关的事情。　　1　2　3　4　5
4. 我喜欢有难度的挑战。　　1　2　3　4　5
5. 我喜欢承担责任。　　1　2　3　4　5
6. 我想让其他人喜欢我。　　1　2　3　4　5
7. 我想知道在我完成任务时是如何进步的。　　1　2　3　4　5
8. 我能够面对与我意见不一致的人。　　1　2　3　4　5
9. 我乐意和同事建立亲密的关系。　　1　2　3　4　5
10. 我喜欢设置并实现比较现实的目标。　　1　2　3　4　5
11. 我喜欢影响其他人以形成我自己的方式。　　1　2　3　4　5
12. 我喜欢隶属于一个群体或组织。　　1　2　3　4　5
13. 我喜欢完成一项困难任务后的满足感。　　1　2　3　4　5
14. 我经常为了获得更多的对周围的控制权而工作。　　1　2　3　4　5
15. 我更喜欢和其他人一起工作而不是一个人。　　1　2　3　4　5

将你的得分分别填入对应的题目后面的括号里，然后把每一类的得分汇总，得分最高的类别便是你的主导需要。

成就	权力	关系
1——（　　）	2——（　　）	3——（　　）
4——（　　）	5——（　　）	6——（　　）
7——（　　）	8——（　　）	9——（　　）
10——（　　）	11——（　　）	12——（　　）
13——（　　）	14——（　　）	15——（　　）

实训 5.2　小组活动：管理实践

以小组为单位，完成如表 5-3 所示的任务。

表 5-3　管理实践要求

实训项目	校园模拟指挥
实训目标	1. 培养现场指挥的能力。 2. 培养应变能力
实训内容及组织	1. 设定一定的管理情境，由学生即时进行决策或指挥。 2. 管理情境如下：晚上 11 点多，男生宿舍三楼的卫生间的水管突然爆裂，此时楼门和校门已经关闭，人们都沉睡在梦中，只有邻近的几个宿舍的学生被惊醒。水不断地从卫生间顺着东西走廊涌出，情况非常紧急。假如你身处其中，如何运用你的指挥能力化险为夷？ 3. 先进行分组讨论，然后各小组分别表述本组的应急方案，看看谁的方案最好。 4. 教师根据各组的讨论及汇报表现进行点评

活动考核	1. 以小组为单位，由组长对每个成员讨论表现进行打分。 2. 由教师根据各组的方案及汇报表现进行综合考核

实训 5.3　项目测试题

1．判断题（1 分×10=10 分）

（1）分权型领导方式主张分工、分层负责，以提高工作效率，更好地达成目标。（　　）

（2）在一个领导班子里，"帅才"应该多一些，以提高领导班子的整体领导能力。（　　）

（3）下属成熟度较高，有能力完成工作但缺乏足够热情时，应采用"低工作、低关系"理论。（　　）

（4）领导特质理论认为，领导者所具有的品质是天生的，是由遗传决定的，只要是领导就一定具备超人的素质。（　　）

（5）在物质激励中，最突出的就是金钱。金钱是唯一能激励人的力量。（　　）

（6）表彰和奖励能起到激励的作用，批评和惩罚不能起到激励的作用。（　　）

（7）权变理论也称随机制宜理论，强调领导无固定模式，领导效果因领导者、被领导者和工作环境的不同而不同。（　　）

（8）根据马斯洛的理论，生理需要、安全需要、社会需要被认为是低级需要。（　　）

（9）沟通是领导者激励下属实现领导职能的基本途径。（　　）

（10）信息源、要传递的信息和信息接受者是沟通取得成效的关键环节。（　　）

2．单项选择题（1 分×20=20 分）

（1）领导的实质在于影响。构成领导者非权力性影响力的因素包括（　　）。
　A．品德、学识、能力、情感　　　　　B．品德、学识、能力、资历
　C．品德、学识、资历、情感　　　　　D．品德、威信、能力、情感

（2）领导是由领导者、被领导者、领导行为、组织目标、行为结果等共同构成的内容体系，其中，领导行为的主体是（　　）。
　A．组织目标　　B．行为结果　　C．领导者　　D．被领导者

（3）有关领导者向其下属部门或个人下达命令或指示的权力是（　　）。
　A．决策权　　　B．组织权　　　C．指挥权　　D．人事权

（4）领导理论的发展大致经历了三个阶段，（　　）侧重于研究领导人的性格、素质方面的特征。
　A．性格理论阶段　　　　　　　　　　B．行为理论阶段
　C．效用领导阶段　　　　　　　　　　D．权变理论阶段

（5）领导者有意分散领导权，给部属以极大的自由度，只是检查工作成果，不主动

做指导，除非部属有要求，这种领导类型属于（　　）。

　　A．专断型领导　　　　B．民主型领导　　　C．自由型领导　　D．放任型领导

（6）关于领导作风的研究最早是由心理学家（　　）进行的。

　　A．勒温　　　　　　　B．斯托迪尔　　　　C．约翰·科特　　D．哈罗德·孔茨

（7）管理者既重视人的因素，又十分关心生产，努力协调各项活动，使其一体化，从而提高士气，促进生产，这是一种协调配合的管理方式，是指（　　）。

　　A．贫乏型管理　　　　　　　　　　　　　B．乡村俱乐部型管理
　　C．任务型管理　　　　　　　　　　　　　D．团队型管理

（8）你拥有并经营着一家以小的桌面排版与复印为主要业务的公司，雇用了25个员工。健康费用的提高已迫使你考虑取消给员工的健康与医疗方面的福利。你的决定会使员工关心（　　）。

　　A．尊重的需要　　　　　　　　　　　　　B．自我实现的需要
　　C．安全的需要　　　　　　　　　　　　　D．社交的需要

（9）在下列（　　）情况下，金钱可以成为激励因素，而不是保健因素。

　　A．那些未达到最低生活标准，急于养家糊口的人的计件工资
　　B．组织给予正式员工的基本工资
　　C．公司每个月发给员工的平均奖金
　　D．无论在什么情况下，金钱都只是保健因素

（10）激励因素与保健因素之间的区别在于（　　）。

　　A．激励因素被监管者控制，保健因素是工作内容方面的因素
　　B．保健因素存在时会引发自我实现，而激励是由报酬与津贴的可得性触发产生的
　　C．激励因素最关心外部工作环境中的消极因素，保健因素与个人境遇和身体健康相关
　　D．激励因素与工作本身的内容相关，保健因素与工作环境或工作外部因素的特征相关

（11）根据公平理论，当组织中的员工感到不公平时，他们将有可能采取（　　）的做法。

　　A．重新解释自己或他人的付出或所得
　　B．采取某些行为使他人的付出或所得发生改变
　　C．选择另一个参照对象进行比较
　　D．以上都有可能

（12）当人们认为自己的报酬与劳动之比，与他人的报酬与劳动之比相等时，就会有较大的激励作用，这种理论称为（　　）。

　　A．双因素理论　　　　B．公平理论　　　　C．效用理论　　　D．强化理论

（13）某公司改善了小李的工作条件，小李的积极性和主动性并没有提高，不久小李接到了一项具有挑战性的任务，他工作特别卖力，这可运用哪一种激励理论来解释？（　　）

　　A．期望理论　　　　　　　　　　　　　　B．公平理论

C．激励—保健理论　　　　　　　　D．强化理论

（14）以下不属于保健因素的是（　　）。

A．工作自身的兴趣和挑战　　　　B．工作环境和条件

C．工作得到认可和赞赏　　　　　D．工作安全

（15）管理界有这么一种主张："如果你想表扬某人，最好形成文字；如果你想批评某人，那么只需要打个电话说一下就可以完事了。"按照这种主张，不同的强化方式各应采取何种沟通方式？（　　）

A．正强化宜采取书面沟通方式，负强化宜采取口头沟通方式

B．正强化宜采取书面沟通方式，一般性的批评宜采取口头沟通方式

C．正强化宜采取口头沟通方式，负强化宜采取书面沟通方式

D．正强化宜采取口头沟通方式，惩罚宜采取书面沟通方式

（16）某重要会议的开会通知，提前通过电话告知了每位会议参加者，可是开会时，仍有不少人迟到甚至缺席。试问，以下有关此项开会通知沟通效果的判断中，哪一种最有可能不正确？（　　）

A．这里出现了沟通障碍问题，表现之一是所选择的信息沟通渠道严肃性不足。

B．这里与沟通障碍无关，只不过是特定的组织氛围使与会者养成了不良的习惯。

C．此项开会通知中存在信息接受者个体方面的沟通障碍问题。

D．通知者所发信息不准确或不完整可能是影响此开会通知沟通效果的一个障碍因素。

（17）非语言沟通的优点是（　　）。

A．快速传递、快速反馈、信息量大

B．信息意义十分明确，内涵丰富，含义隐含灵活

C．持久、有形，可以核实

D．快速传递、信息容量大、廉价

（18）如果一个组织中小道消息很多，而正式渠道的消息较少，这意味着该组织（　　）。

A．非正式沟通渠道中信息传递很通畅，动作良好

B．正式沟通渠道中信息传递存在问题，需要调整

C．其中有部分人特别喜欢在背后乱发议论，传递小道消息

D．充分运用了非正式沟通渠道的作用，促进了信息的传递

（19）关于沟通的过程，下列说法不正确的是（　　）。

A．至少存在着一个发送者和一个接受者

B．发送者将信息译成接受者能够理解的一系列符号

C．接受者将接受的符号译为具有特定含义的信息

D．信息传递的有效性和接受者的翻译能力无关，只与发送者的翻译能力有关

（20）吴总经理出差两个星期才回到公司，许多中层干部及办公室人员，马上就围拢过来。大家站在那里，七嘴八舌一下子就开成了一个热烈的自发办公会，有人向吴总汇报近日工作进展情况，另有人向吴总请求下一步工作指示，还有人向吴总反映公司内外环境中出现的新动态。根据这种情况，你认为下述说法中哪一种最恰当地反映了该公司

的组织与领导特征？（　　）

  A．链式沟通、民主式管理　　　　　　B．轮式沟通、集权式管理
  C．环式沟通、民主式管理　　　　　　D．全通道式沟通、集权式管理

3．多项选择题（2分×10=20分）

（1）领导的作用包括（　　）。
  A．指导　　　　　B．协调　　　　　C．沟通　　　　　D．激励
（2）领导效果的影响因素主要包括（　　）。
  A．组织规模　　　B．领导者　　　　C．领导环境　　　D．被领导者
（3）权变领导理论主要包括（　　）。
  A．菲德勒的权变理论　　　　　　　　B．赫赛和布兰查德的情境理论
  C．领导方式连续统一体理论　　　　　D．途径—目标理论
（4）领导授权的影响因素主要有（　　）。
  A．组织生命周期　　　　　　　　　　B．责任或决策的重要性
  C．任务的复杂性　　　　　　　　　　D．下属的才能
（5）权力影响力的组成因素有（　　）。
  A．支配权　　　　B．强制权　　　　C．奖励权　　　　D．惩罚权
（6）构成非权力影响力的主要因素有（　　）。
  A．品格　　　　　B．才能　　　　　C．知识　　　　　D．感情
（7）按照双因素理论，以下属于激励因素的是（　　）。
  A．业绩　　　　　B．赏识　　　　　C．责任　　　　　D．成长机会
（8）期望理论包括的变量有（　　）。
  A．努力—绩效的联系　　　　　　　　B．动机—需要的联系
  C．绩效—奖赏的联系　　　　　　　　D．奖赏—个人目标的联系

（9）黎明是某公司新上任的总经理，虽然他已经在该行业工作了很多年，但一直都是担任部门经理，缺乏总揽全局的管理能力。假设你曾经担任过总经理一职，那么以下哪些是你可能给他的用于激励员工的建议？（　　）
  A．一定要认清员工的个体差异，特别是直接管理的部门经理的差异
  B．奖励一定要与绩效挂钩，要做到奖得明明白白
  C．你不可能让所有的人都满意，但是一定要做到公平
  D．钱也是一个非常重要的激励因素
（10）关于保健因素和激励因素，下列说法不正确的是（　　）。
  A．要使员工努力工作，必须注重激励因素
  B．缺乏保健因素会使人产生不满情绪
  C．消除不满意的保健因素会使人满意
  D．保健因素和激励因素可以相互转化

项目 5 有效领导与激励

5. 简答题（6分×5=30分）

（1）领导的实质是什么？请分析领导与管理的区别与联系。
（2）领导者的领导手段有哪些？请分别进行说明。
（3）简述马斯洛的需要层次理论的主要内容及其在管理中的运用。
（4）管理上如何应用期望理论？
（5）组织内如何实现有效沟通？

6. 案例分析题（10分×2=20分）

案例1：

沟通的障碍

某集团公司东北分公司最近从华南分公司调来一位广东籍总经理陈某，陈某在广东一带是很有名气的经理人，他有个特点：讲话从来不用讲稿，经常即兴发言，广东话风趣幽默，常常博得满堂喝彩。但他讲不好普通话。到东北分公司就任后，他召开全体员工大会，阐述经营理念和战略，与下属积极沟通，以便了解情况。开始下属很愿意找他汇报工作，但他经常打断下属的汇报，提出评价意见。员工渐渐地不愿意向他汇报工作了；同时陈某也发现他在大会上的即席讲话也没有得到员工的响应，不能引起共鸣。陈某感到非常苦恼。

从沟通的角度看，陈某的工作中存在什么问题？是何原因造成的？如何改善？**（10分）**

案例2：

团 队 建 设

罗先生想通过让团队成员轮流主持团队会议的方法来培养团队成员的能力。

他知道小吴对这个想法并不太积极，因为小吴在有机会这样做的时候没有主动去做。从日常工作中罗先生还得知，小吴能够让团队恪守议事日程，说明他已经具备了主持会议的基本技能。罗先生断定小吴有中等的能力和较低的情愿程度。在这个基础上，罗先生决定说服小吴接受他的想法。小吴接受了。在后来的一次会议上，小吴采用了在每个议题结束后做总结的方式，还说要对每个会议进行计划和审查。罗先生给予小吴很高的支持。

对于苏小姐，罗先生则需要使用不同的领导方式。苏小姐非常热情，但是罗先生从她杂乱无章的论点，就能知道让她主持任何会议可能都将是一场灾难。罗先生觉得他需要首先使用指令的方式让苏小姐注意一下她的论点。罗先生说他希望苏小姐能把她的论点集中在会议上，而苏小姐立刻表现出接受的态度。罗先生表扬苏小姐对自己的工作负责，他很快就看到了苏小姐的进步，并与苏小姐达成了主持她的第一个会议的协议。

问题：（2分×5=10分）

（1）罗先生对小吴采用的领导方式是（　　）的领导方式。
　　A．授权　　　　　B．协商　　　　　C．命令　　　　　D．参与

（2）罗先生对苏小姐采用了（　　）的领导方式，才能最终达成主持第一个会议的协议。

  A．命令　　　　　　　B．协商　　　　　　　C．说服　　　　　　　D．参与

（3）罗先生作为团队领导者，在团队中经常扮演很多角色，在这里罗先生的角色主要是（　　）。

  A．计划工作　　　　　　　　　　　　B．培养团队成员
  C．对团队下达工作指令　　　　　　　D．让团队知情

（4）就团队中人员因素而言，领导者在选择领导方式时，通常考虑的应该是（　　）。

  A．领导者自己的能力水平　　　　　　B．员工需要支持的程度
  C．下属工作的情愿程度　　　　　　　D．下属承担这项工作的能力和意愿

（5）就项目环境而言，团队领导应该根据（　　）选择适合的领导方式。

  A．领导者的能力　　　　　　　　　　B．领导者的个性
  C．任务、时间表、企业文化等情况　　D．常规的管理方法

项目 6

实施监督与控制

管理名言

通其变,天下无弊法;执其方,天下无善教。

——《文中子·周公》

项目导图

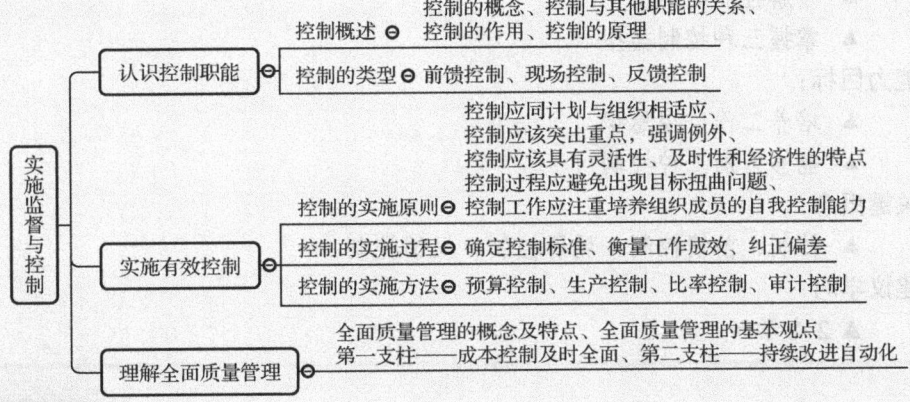

项目导入

【学习情景】

学习要求:

▲ 课前个人观看视频并进行预分析,完成个人的分析与建议提纲;

▲ 课上小组进行 10 分钟讨论,并整合为一份分析报告,分享讨论结果。

学习路径:

▲ http://v.youku.com/v_show/id_XNjk4MTI1NjEy.html,或者扫描二维码,观看视频。

课前思考：
- ▲ 皇上和宝婴面对的是什么难题，出现这一问题的原因是什么？
- ▲ 要有效实施控制，你认为应该怎样处理这个问题？
- ▲ 你建议杨经理应把握哪些要领？
- ▲ 宝婴要制定有效控制的方案，关于控制过程和方法方面你能向他提出什么建议？

情景视频

课后训练：

针对视频及上述问题，在课前分析的基础上，每个小组完善并提交小组分析报告。针对视频反映的问题的出现与解决，每个小组提交一份监控实施方案，监控实施方案要按照预先控制、同步控制和反馈控制三部分编写。

控制作为管理过程中一项不可或缺的职能，主要是通过监督与控制组织各方面的活动和组织环境的变化，保证组织计划与实际运行状况保持动态适应的过程。

任务 6.1　认识控制职能

> **知识目标：**
> - ▲ 了解控制职能，理解控制与其他职能的关系
> - ▲ 了解控制的作用
> - ▲ 掌握三种控制类型
>
> **能力目标：**
> - ▲ 培养工作监控意识
> - ▲ 能够区别三种控制
>
> **关键概念：**
> - ▲ 控制、前馈控制、现场控制、反馈控制
>
> **建议学时：**
> - ▲ 2个学时

6.1.1　控制概述

1．控制的概念

"控制"一词最初来源于希腊语"掌舵术"，意指领航者通过发号施令将偏离航线的船只拉回到正常的航线上来。由此说明，维持朝向目的地的航向，或者说维持达成目标的正确行动路线，是控制概念的核心含义。

从管理学角度，控制是指管理人员监视各项活动以保证它们按计划进行并纠正各种显著偏差的过程。控制的实质就是使工作按计划进行，或者只对计划作适当的调整。

控制之所以重要是因为它在组织环境迅速变化和组织日益复杂的情况下确保组织的活动按计划进行，顺利地实现组织目标，并能预防和纠正管理者的失误，确保授权时责任的落实。

2. 控制与其他职能的关系

控制是管理过程中一项不可或缺的职能。控制好比是汽车驾驶员的方向盘，它把组织、人员配备、领导指挥职能与计划设定的目标联结在一起。

（1）控制与计划。控制与计划是既互相区别，又紧密相连的。计划为控制工作提供标准，没有计划，控制也就没有依据。但如果只编制计划，不对其执行情况进行控制，计划目标就很难得到圆满实现。计划和控制是同一个事物的两个方面。有目标和计划而没有控制，人们可能知道自己干了什么，但无法知道自己干得怎样，存在哪些问题，哪些地方需要改进。反之，有控制而没有目标和计划，人们将不会知道要控制什么，也不会知道怎么控制。计划和控制二者密不可分。事实上，计划越是明确、全面和完整，控制的效果也就越好；控制工作越是科学、有效，计划也就越容易得以实施。

（2）控制与组织。管理的组织职能和控制职能是不可分割的。管理者在设计组织结构时面临的首要问题是建立职位结构和报告关系，以使组织成员最有效地运作资源。控制的目的是给管理者提供一个能够激励下属朝着实现组织目标方向努力的手段，并给管理者提供有关组织及其成员如何适当完成任务的具体反馈。从组织控制的角度来说，控制是管理者监督和规范组织及其成员各项活动，以保证它们按计划进行并纠正各种重要偏差，使他们有效地从事实现组织目标所需的行动过程。然而，控制并不意味着只在事情发生后做出反应，它还意味着将组织保持在正常的运行轨道并预测可能发生的事情。由此可见，管理的控制职能是对组织的管理活动及其效果进行衡量和校正，以确保组织的目标以及为此而拟订的计划得以实现。

3. 控制的作用

（1）有效减轻环境的不确定性对组织活动的影响。现代组织所面对的环境具有复杂多变的特点，再完善的计划也难以将未来出现的变化考虑得十分周全。通过控制工作，才能更有效地控制或降低环境的各种变化对组织活动的影响。

（2）避免和减少管理失误造成的损失。控制工作通过对管理全过程的检查和监督，可以及时发现组织中的问题，并采取纠偏措施，以避免或减少工作中的损失，为执行和完成计划起着必要的保障作用。

（3）保证复杂的组织活动能够协调一致地运作。由于组织是一个庞杂的系统，组织的各种活动日趋复杂化，要使组织内众多的部门和人员在分工的基础上能够协调一致地工作，完善的计划是必备的基础，但计划的实施还要以控制为保证手段。

北京航天指挥控制中心现场如图6-1所示，请思考：北京航天指挥控制中心在航天发射活动中发挥什么作用？

图 6-1　北京航天指挥控制中心现场

4．控制的原理

（1）未来导向原理。未来导向原理是指控制工作应当着眼于未来，而不是只有当出现了偏差才进行控制。

（2）反映计划原理。反映计划原理是指计划越明确、完善和综合化，则控制越能用来体现这类计划，控制也越能有效地为管理的需要服务。

（3）组织适宜性原理。组织适宜性原理是指在明确的组织结构中，控制能很好地反映组织结构中哪个部门或人员，应对其采取措施或令其承担责任，从而能及时地纠正偏差。

（4）关键点控制原理。关键点控制原理是指管理者选择计划的关键点作为控制的标准，可以使控制更为有效。

（5）例外原理。例外原理是指管理者的控制应当顾及例外情况的发生，不至于面临重大的偏差而不知所措。

（6）直接控制原理。直接控制原理是指管理者及其下属的素质越高，就越不需要进行间接控制。

◆管理思考 6.1

老农与石头

在一位老农的农田中，多年以来横亘着一块"巨石"。这块"巨石"碰断了老农的好几把犁头，还弄坏了他的耕田机。老农对此无可奈何，"巨石"成了他种田时挥之不去的心病。

在又一把犁头被碰断之后，想起"巨石"给他带来的无尽麻烦，老农终于下决心要了结这块"巨石"。于是，他找来撬棍伸进"巨石"底下。他惊讶地发现，石头埋在田里并没有他想象的那么深、那么厚，稍使劲就可以把石头撬起来，再用大锤打碎，清出田里，老农脑海里闪过多年

管理启迪

来被"巨石"困扰的情景,再想到可以更早些把这桩头疼事处理掉,禁不住一脸的苦笑。

思考:从这则故事中,可以领悟出企业管理中的哪些道理?

6.1.2 控制的类型

控制工作按不同标准可以有不同的分类,比较常用的分类方式是按照控制的时间不同,分为前馈控制、现场控制和反馈控制,如图 6-2 所示。

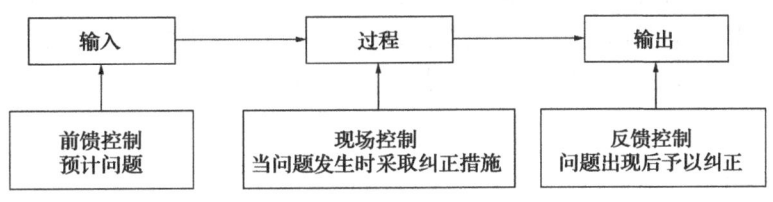

图 6-2 控制的类型示意图

1. 前馈控制

前馈控制也称事前控制,是指在工作正式开始前对工作中可能产生的偏差进行预测和估计,并采取防范措施,将潜在的偏差消除在产生之前。其目的是防患于未然、未雨绸缪地控制。这类控制建立在预测的基础上,尽可能在偏差发生之前将其觉察出来,并及时采取防范措施,使人们在工作之前就已经知道如何做。前馈控制的重点是预先对组织的人、财、物、信息等合理地配置,使它们符合预期的标准,从而保证计划的实现。成本控制中的标准成本法、预算控制,管理部门制定的规章制度和程序等,都属于前馈控制。

◆管理思考6.2

曲突徙薪

有位客人到某人家里做客,看见主人家的灶上烟囱是直的,旁边又有很多木材。客人告诉主人说,烟囱要改曲,木材要移去,否则将来可能会有火灾,主人听了以后没做任何改进。

不久主人家里果然失火,四周的邻居赶紧跑来救火,最后火被扑灭了,于是主人烹羊宰牛,宴请四邻,以酬谢他们救火的功劳,但是并没有请当初建议他将木材移走、烟囱改曲的人。

有人对主人说:"如果当初听了那位先生的话,今天也不用准备筵席,而且没有火灾的损失,现在论功行赏,原先给你建议的人没有被感恩,而救火的人却是座上客,真是很奇怪的事呢!"主人顿时省悟,赶紧去邀请当初给予建议的那个客人来参加筵席。

管理启迪

思考:由此故事你得到了什么启迪?

2. 现场控制

现场控制也称同步控制，是指计划执行过程中所实施的控制，即通过对计划执行过程的直接检查和监督，随时检查和纠正实际与计划的偏差。其目的是要保证本次活动尽可能少发生偏差，改进本次而非下一次活动的质量。这是一种主要为基层主管人员所采用的控制方法，主管人员通过深入现场亲自监督、检查、指导和控制下属人员的活动。现场控制通常包括两项职能：一是指导职能，管理者针对工作中出现的问题，根据自己的经验指导下属改进工作，或与下属共同商讨矫正偏差的措施，以便使工作人员能正确地完成所规定的任务；二是监督职能，按照预定的标准检查正在进行的工作活动，以保证目标的实现。

3. 反馈控制

反馈控制也称事后控制，是指从已经执行的计划或已经发生的事件中获得信息，运用这些信息来评价、指导和纠正今后的活动。反馈控制是一种最主要也是最传统的控制方式，其目的并非要改进本次行动，而是力求能"吃一堑，长一智"，提高下一次行动的质量。反馈控制的对象可以是行动的最终结果，如企业的产量、销售额、利润等；也可以是行动过程中的中间结果，如新产品样机、工序质量、产品库存等。这类控制对组织营运水平的提高发挥着很大的作用。但反馈控制最大的弊端就是它只能在事后发挥作用，对已经发生的对组织的危害却无能为力，其作用类似于"亡羊补牢"；而且在反馈控制中，偏差的发生、发现和得到纠正之间有较长的一段时间差，这必然对偏差纠正的效果产生很大影响。

传统管理主要关注现场控制和反馈控制，忽视前馈控制。现代管理更为关注前馈控制，在注重前馈控制的基础上，实行全方位的控制。优秀的管理者应能防患于未然，由此观之，企业问题的预防者，其实优于企业问题的解决者。

◆管理智库 6.1

麦当劳的控制系统

麦当劳公司通过制定详细的程序、规则和条例，使分布在世界各地的所有麦当劳分店的经营者和员工们都遵循一种标准化、规范化的作业。麦当劳公司对制作汉堡包、炸土豆条、招待顾客和清理餐桌等工作都事先进行翔实的动作研究，用以指导各分店管理人员和一般员工的行为。公司在芝加哥开办了专门的培训中心——汉堡包大学，要求所有的特许经营者在开业之前都要接受为期一个月的强化培训，确保公司的规章条例得到准确的理解和贯彻执行。

为了确保所有特许经营分店都能按统一的要求开展工作，麦当劳公司总部的管理人员还经常走访、巡视世界各地的经营店，进行直接的监督和控制。例如，有一次巡视中心发现某家分店自作主张，在店厅里摆放电视机和其他物品以吸引顾客，这种做法因与麦当劳的风格不一致，立即得到了纠正。

除了上述控制方法以外，麦当劳公司还定期对各分店的经营业绩进行考核。为此，各分店要及时提供有关营业额和经营成本、利润等方面的信息，这样总部管理人员就能把握各分店经营的动态和出现的问题，以便商讨和采取改进的对策。

任务训练 6.1

1．单项选择题

（1）对于管理者而言，最理想的控制类型为（　　）。
A．事后控制　　　　　　　　　　　B．现场控制
C．预先控制　　　　　　　　　　　D．反馈控制

（2）控制的最基本目的在于（　　）。
A．寻找错误　　　　　　　　　　　B．确保计划的实现
C．衡量员工绩效　　　　　　　　　D．控制员工的行为

2．多项选择题

一般组织控制的焦点包括（　　）。
A．人员　　　　　B．财务　　　　　C．作业
D．信息　　　　　E．组织绩效

3．判断题

（1）最好的控制是在问题出现时进行，而不是其他时间。（　　）
（2）组织在动态变化的环境中，为了确保实现既定的组织目标而进行的检查、监督、纠正偏差等管理活动就是控制。（　　）
（3）前馈控制是一种管理者与被管理者面对面进行的控制活动。（　　）

任务 6.2　实施有效控制

> **知识目标：**
> ▲ 掌握三种管理控制的步骤、方法和要领
> **能力目标：**
> ▲ 培养运用现代控制方法的能力
> **关键概念：**
> ▲ 预算　预算控制　生产控制　比率控制　审计　管理审计
> **建议学时：**
> ▲ 2个学时

6.2.1 控制的实施原则

要使控制工作发挥应有作用，在建立控制系统或进行控制活动时应遵循以下几个原则。

1. 控制应同计划与组织相适应

控制的目的是保证计划的顺利实现。健全的组织结构有两方面的含义：一方面，要能在组织中将反映实际情况和工作状态的信息迅速地上传下达，保证联络渠道的畅通；另一方面，要做到责权分明，使组织中的每个部门、每个人都能切实担负起自己的责任。否则，偏差一旦出现就难以纠正，控制也就不可能得以实现。

2. 控制应该突出重点，强调例外

突出重点是指任何组织都不可能对每一件事情进行全面控制。因为全面控制的代价太大，所以组织在建立有效控制时必须从实际出发，对影响组织目标成果实现或反映工作绩效的各种要素进行科学的分析研究，从中选择关键性要素作为控制对象进行严格控制，其他方面则相对放松控制，这样能为管理人员省出很多时间和精力，收到事半功倍的效果。

强调例外是指主管人员要注意一些重要的例外偏差，也就是说，越是把控制的主要注意力集中在那些超出一般情况的特别好或特别坏的情况，控制工作的效能和效率就越高。所以管理者必须寻找那些有差错的、不寻常的、例外的事情。如质量控制中广泛地运用例外原则来控制工序质量。需要指出的是，控制工作中只注意例外情况是不够的。在偏离标准的各种情况中，有一些是无关紧要的，而另一些则不然，某些微小的偏差产生的影响可能比某些较大的偏差产生的影响更大。比如说，一个主管人员可能对利润率下降了一个百分点感到非常严重，而对"合理化建议"奖励超出预算的20%不以为然。

在实际运用中，例外原则要与重点原则相结合。只立足于寻找例外情况是不够的，我们应当把注意力集中在重点的例外情况的控制上。这两条原则有某些共同之处，同时应注意到，控制重点原则强调选择控制点，而例外原则则强调观察这些点上所发生的异常偏差。

3. 控制应该具有灵活性、及时性和经济性的特点

由于控制工作本身是变化的，其依据的标准、衡量工作所用的方法等都可能会随着情况的变化而变化，这就要求控制系统具有一定的灵活性。所以，控制应当从实现目标的目的出发，采用多种灵活形式达到控制的目的。同时，控制应允许意外的变化或情况发生，过于死板反而会破坏控制的有效性。

控制工作还应注意及时性。有效的控制要求能对组织活动中产生的偏差尽可能早地发现并及时采取措施加以纠正，避免偏差的进一步扩大，或防止偏差对组织产生不利影响的扩散。信息是控制的基础，为提高控制的及时性，信息的收集和传递必须及时。如果信息的收集和传递不及时，信息处理时间又过长，控制便得不到及时纠正。纠正偏差的最理想方法应该是在偏差未产生以前，就预先采取必要的防范措施，防止偏差的产生。

任何控制都需要一定费用，衡量工作成绩，分析偏差产生的原因，以及为了纠正偏差而采取的措施，都需支付一定的费用；同时因纠正了组织活动中存在的偏差，都会带来一定的收益。所以，为了纠偏而支出的费用和由纠偏而增加的收益都直接与纠偏程度相关。控制工作的开展要提高其经济性，只有当它带来的收益超出其所需成本时，才是值得的。

4．控制过程应避免出现目标扭曲问题

组织在将规则、程序和预算这些低层次的计划作为控制标准时，最容易发生目标与手段相置换的问题。本来，规则、程序和预算只是组织实现高层次计划目标的手段，但在实际控制过程中，有可能对这些手段的关注超过对实现组织目标的关注，或者忘记了这些措施只是为实现组织目标服务的，以致出现了遵守规定或完成预算而不顾控制效果的种种刻板、僵硬、扭曲的行为。因此，必须注意到次一层级控制标准的从属性和服务性地位。

5．控制工作应注重培养组织成员的自我控制能力

自我控制有助于发挥员工的主动性、积极性和创造性；自我控制可以减少控制费用的支出；自我控制有助于提高控制的及时性和准确性。

6.2.2 控制的实施过程

有效的控制过程一般包括确定控制标准、衡量工作成效和纠正偏差三个基本环节。

1．确定控制标准

标准是人们检查和衡量工作及其结果（包括阶段结果与最终结果）的规范。由于计划相对来说都比较概要，不可能对组织运行的各方面都制定出非常具体的工作标准。因此，制定标准是进行控制的基础，没有一套完整的标准，衡量绩效或纠正偏差就失去了客观依据。

（1）确立控制对象。进行控制首先遇到的问题是"控制什么"，这是在决定控制标准之前首先需要妥善解决的问题。一般来讲，管理者应该对影响组织工作成效的全部因素实施控制，但由于控制对象的明细度和复杂性不一样，加之管理者的精力和能力有限，往往只能对影响组织目标实现的关键因素进行控制。这样，为了确保管理控制取得预期的成效，管理者在选择控制对象时就必须对影响组织目标成果实现的各种要素进行科学的分析研究，然后从中选择出重点的要素作为控制对象。一般来说，影响组织目标成果实现的关键因素主要包括环境特点及其发展趋势、资源投入和活动过程等因素。

（2）选择关键控制点。重点控制对象确定后，针对该对象制定控制标准前还必须具体选定控制的关键点。比如啤酒酿造企业中，啤酒质量是控制的一个重点对象。尽管影响啤酒质量的因素很多，但只要抓住了水的质量、酿造温度和酿造时间，就能保证啤酒

的质量。基于此，企业就要对这些关键控制点制定出明确的控制标准。俗话说，"牵牛要牵牛鼻子"，企业控制住了关键点，实际上也就控制了全局。

（3）制定控制标准。控制标准可分为定量标准和定性标准两大类。定量标准便于度量和比较，是控制标准的主要表现形式。定量标准可分为实物标准（产品数量、废品数量等）、价值标准（单位产品的平均成本、销售收入、利润等）、时间标准（工时定额、交货期等）。定性标准，如服务行业的微笑服务标准、工行的服务标准等。建立控制标准是组织的一项基础性工作，要由有一定实践经验和知识的管理者、技术人员和工人代表共同完成，控制标准既要科学合理，又要有一定的先进性。在实际工作中常用于制定标准的方法有统计法、经验估计法、工程方法等。

◆ 管理思考6.3

和尚撞钟

有一个小和尚担任撞钟的工作，半年下来，觉得无聊至极，"做一天和尚撞一天钟"而已。有一天，住持宣布调他到后院劈柴挑水，原因是他不能胜任撞钟的工作。小和尚很不服气地问："我撞的钟难道不准时、不响亮？"老住持耐心地告诉他："你撞的钟虽然很准时，也很响亮，但钟声空泛、疲软，没有感召力。钟声要能唤醒沉迷的众生，撞出的钟声不仅要洪亮，而且要圆润、浑厚、深沉、悠远。"

管理启迪

思考：由此故事你得到了什么启迪？

2．衡量工作成效

企业经营活动一旦发生偏差，就应迅速采取必要的纠偏行动，这就要求管理者用预定标准对实际工作成效和进度进行检查、衡量和比较，及时判断偏差是否产生，并能判定其严重的程度。

（1）衡量成效方法。如何衡量的问题是一个方法问题，在实际工作中，常用于衡量成效的方法包括个人观察、统计报告、口头报告或书面报告、抽样检查等。无论采取哪种方法来衡量工作业绩，都要注意所获取信息的质量问题，信息质量主要体现在信息的真实性、完整性、及时性和适用性四个方面。

（2）衡量绩效需注意的问题。为了能够及时、正确地提供能够反映偏差的信息，同时又符合控制工作在其他方面的要求，管理者在衡量工作成绩的过程中应注意以下几个问题：一是通过衡量成绩，检验标准的客观性和有效性；二是确定适宜的衡量频度；三是要建立信息管理系统。

3．纠正偏差

利用科学的方法，依据客观的标准，通过对工作绩效的衡量，可以发现计划执行中出现的偏差。纠正偏差就是在此基础上，分析偏差产生的原因，制定并实施必要的纠正措施。为保证纠偏措施的针对性和有效性，应从以下三个步骤完成纠偏工作。

（1）找出偏差产生的主要原因。在采取纠正措施以前，必须首先对反映偏差的信息进行评估和分析。首先，要判断偏差的严重程度是否足以对组织的活动效率构成威胁，从而值得去分析原因，采取纠正措施；其次，要探寻导致偏差的主要原因。通过评估反映偏差的信息，分析影响因素，透过表面现象找出造成偏差的深层原因，在众多的深层原因中找出最主要者，为纠偏措施的制定指导方向。

（2）确定纠偏措施的实施对象。管理者采取纠偏行动改变组织结构有以下措施：通过调整企业的管理战略；通过制订更完善的选拔和培训计划；通过更改领导方式。在某些情况下，需要纠正的可能不是企业的实际活动，而是组织这些活动的计划或衡量这些活动的标准。

（3）选择恰当的纠偏措施。在深入分析产生偏差的原因的基础上，管理者要根据不同的原因采取不同的措施：改进工作方法、改进组织和领导工作、调整或修正原计划或标准。

6.2.3 控制的实施方法

控制的方法与技术主要包括预算控制、生产控制、比率控制和审计控制。

1．预算控制

预算是用数字，特别是用财务数字的形式来陈述的组织中的短期活动计划，它预估了在未来特定时期内的收入，也规定了各部门支出的额度。利用预算，管理者可以准确衡量部门生产经营情况和效益好坏，有利于对各部门工作进行评价和控制。

（1）预算的分类。按照不同的内容，可以将预算分为经营预算、投资预算和财务预算。

① 经营预算。经营预算是指企业日常发生的各项基本活动的预算。它主要包括销售预算、生产预算、直接材料采购预算、直接人工预算、制造费用预算、单位生产成本预算、推销及管理费用预算等。其中，最基本和最关键的是销售预算，它是对销售预测正式的、详细的说明；生产预算是根据销售预算中的预计销售量，按产品品种、数量分别编制的；在生产预算和生产进度日程表的基础上，可以编制直接材料采购预算、直接人工预算和制造费用预算。这三项预算构成对企业生产成本的统计。而推销及管理费用预算，包括制造业务范围以外预计发生的各种费用明细项目，如销售费用、广告费、运输费等。

② 投资预算。投资预算是对企业的固定资产的购置、扩建、改造、更新等，在可行性研究的基础上编制的预算。它具体反映在何时进行投资、投资多少、资金从何处取得、何时可获得收益、每年的现金净流量为多少、需要多长时间回收全部投资等。由于投资的资金来源往往是企业的限定因素之一，而对厂房和设备等固定资产的投资又往往需要很长一段时间才能回收，因此，投资预算应当力求和企业的战略以及长期计划紧密联系在一起。

③ 财务预算。财务预算是指企业在计划期内反映有关预计现金收支、经营成果和财

务状况的预算,是各项经营业务和投资的整体计划,故又称总预算。它主要包括现金预算、预计收益表和预计资产负债表。其中,现金预算主要反映计划期间预计现金收支的详细情况;预计收益表综合反映企业在计划期间生产经营的财务情况,并作为预计企业经营活动最终成果的重要依据,是企业财务预算中最主要的预算表之一;预计资产负债表主要用来反映企业在计划期末那一天预计的财务状况,它的编制需以计划期间开始日的资产负债表为基础,然后根据计划期间各项预算的有关资料进行必要的调整。

(2) 现代预算方法。现代预算方法有弹性预算、固定预算、零基预算和滚动预算。

① 弹性预算。弹性预算又称变动预算,是指在成本按性质分类的基础上,以业务量、成本和利润之间的相互关系为依据,按照预算期内可能实现的各种业务水平编制的有伸缩性的预算。编制弹性预算所用的业务量可以是产量、销售量、直接人工工时、机器工时、材料消耗量和直接人工工资等。弹性预算主要用于编制成本预算和利润预算。

② 固定预算。固定预算是指组织按照预算期内预定的业务量水平,不考虑预算期内业务量水平可能发生的变动而编制的一种预算。这种预算方法,一般只能用来考核非营利性经济组织和经营活动水平较为稳定的企业。采用这种方法对企业固定费用进行控制也比较适宜。

③ 零基预算。传统的预算均是以前期费用水平为基础,通过适度增减的方式制定的。零基预算是指不考虑过去的预算项目和收支水平,以零为基点编制的预算。零基预算的基本特征是不受以往预算安排和预算执行情况影响的,一切预算收支都建立在成本效益分析的基础上,根据需要和可能来编制预算。

④ 滚动预算。滚动预算又称连续预算或永续预算,是指在编制预算时,将预算期与会计年度脱离开,随着预算的执行不断延伸补充预算,逐期向后滚动,使预算期始终保持为一个固定期间的一种预算编制方法。与传统的定期预算方法相比,按滚动预算方法编制的预算具有透明度高、及时性强、连续性好,以及完整性和稳定性突出等优点。这种方法适用于规模较大、时间较长的工程或大型设备采购项目。

2. 生产控制

生产控制是在执行生产计划过程中,按既定的政策、目标、计划、标准和经济的原则,落实任务,检查生产条件,掌握运行情况,分析差异并及时采取措施的一种方法。其目的是提高生产管理的有效性,即通过生产控制,使企业的生产活动既可在严格的计划指导下进行,实现品种、质量、数量和时间进度的要求,又可按各种标准来消耗活劳动和物化劳动,减少资金占用,加速物资和资金周转,实现成本目标,从而取得良好的经济效益。

生产控制的活动内容十分广泛,涉及生产过程中的各种生产要素、各个生产环节及各项专业管理。其内容主要有设备维修(对制造系统硬件的控制)、生产进度控制、库存控制、质量控制、成本控制等。

(1) 设备维修。设备维修是对机器设备、生产设施等制造系统硬件的控制。其目的是尽量减少并及时排除物资系统的各种故障,使系统硬件的可靠性保持在一个相当高的水平。如果设备、生产设施不能保持良好的正常运转状态,就会妨碍生产任务的完成,造成停工损失,加大生产成本。

(2)生产进度控制。生产进度控制是对生产量和生产期限的控制,其主要目的是保证完成生产进度计划所规定的生产量和交货期限,这是生产控制的基本方面。在某种程度上,生产系统运行过程中各个方面的问题,诸如库存控制、质量控制、维修,都会反映到生产作业进度上。因此,在实际运行管理过程中,企业的生产计划与控制部门通过对生产作业进度的控制,协调和沟通各专业管理部门(如产品设计、维修等)和生产部门之间的工作,可以达到整个生产系统运行控制的协调、统一。

(3)库存控制。库存控制是使各种生产库存物资的种类、数量、存储时间维持在必要的水平上。其主要功能在于,既要保障企业生产经营活动的正常进行,又要通过规定合理的库存水平,采取有效的控制方式,使库存数量、成本和占用资金维持在最低水平。

(4)质量控制。质量控制是指为达到质量要求所采取的作业技术和活动,其目的是保证生产出符合质量标准要求的产品。由于产品质量的形成涉及生产的全过程,因此,质量控制是对生产政策、产品研制、物料采购、制造过程及销售使用产品等形成全过程的控制。

(5)成本控制。成本控制是企业根据一定时期预先建立的成本管理目标,由成本控制主体在其职权范围内,在生产耗费发生以前和成本控制过程中,对各种影响成本的因素和条件采取的一系列预防和调节措施,以保证成本管理目标实现的管理行为,包括生产过程前的控制和生产过程中的控制。生产过程前的成本控制,主要是在产品设计和研制过程中,对产品的设计、工艺、工艺装备、材料选用等进行技术经济分析和价值分析,以及对各类消耗定额的审核,以求用最低的成本生产出符合质量要求的产品。生产过程中的成本控制,主要是对日常生产费用的控制。其中包括材料费、各类库存品占用费、人工费和各类间接费用等。实际上,成本控制是从价值量上对其他各项控制活动的综合反映。因此,成本控制,尤其是对生产过程中的成本控制,必须与其他各项控制活动结合进行。

3. 比率控制

比率控制是对组织经营活动中各种不同度量进行的比率分析,是一项非常有益的和必需的控制技术或方法。企业经营活动分析中常用的比率可以分为两大类,即财务比率和经营比率。前者主要用于说明企业的财务状况,后者主要用于说明企业经营活动的状况。

(1)财务比率。企业的财务状况综合地反映着企业的生产经营情况,通过财务状况的分析可以迅速地、全面地掌握一个企业资金来源和资金运用的情况,了解企业资金利用的效果以及企业的支付能力和清偿债务的能力。常用的财务分析比率有以下几类。

① 流动比率。流动比率是企业的流动资产与流动负债之比。它反映了企业偿还需要付现的流动债务的能力。一般来说,企业资产的流动性越大,偿债能力就越强;反之,偿债能力就越弱,这样会影响企业的信誉和短期偿债能力。因此,企业资产应具有足够的流动性。资产若以现金形式表现,其流动性最强。但要防止为追求过高的流动性而导致财务资源的闲置,使企业失去本应得到的收益。

② 速动比率。速动比率是流动资产和存货之差与流动负债之比。该比率和流动比率一样，也是衡量企业资产流动性的一个指标。当企业有大量存货且这些存货周转率低时，速动比率可比流动比率更精确地反映客观情况。

③ 负债比率。负债比率是企业总负债与总资产之比。它反映了企业所有者提供的资金与外部债权人提供的资金的比率关系。只要企业全部资金的利润率高于借入资金的利息，且外部资金不在根本上威胁企业所有权的行使，企业就可以借入资金以获取额外利润。

④ 盈利比率。盈利比率是企业利润与销售额或全部资金等相关因素的比例关系。它反映了企业在一定时期从事某种经营活动的盈利程度及其变化情况。常用的盈利比率有销售利润率和资金利润率。

⑤ 销售利润率。销售利润率是销售净利润与销售总额之间的比例关系，它反映企业从一定时期的产品销售中是否获得了足够的利润。将企业不同产品、不同经营单位在不同时期的销售利润率进行比较分析，能为经营控制提供更多的信息。

⑥ 资金利润率。资金利润率是指企业在某个经营时期的净利润与该期占用的全部资金之比，它是衡量企业资金利用效果的一个重要指标，反映了企业是否从全部投入资金的利用中实现了足够的净利润。

（2）经营比率。经营比率，也称活力比率，是与资源利用有关的几种比例关系。它们反映了企业经营效率的高低和各种资源是否得到了充分利用。常用的经营比率有三种。

① 库存周转率。库存周转率是销售总额与库存平均价值的比例关系，它反映了与销售收入相比，库存数量是否合理，表明了投入库存的流动资金的使用情况。

② 固定资产周转率。固定资产周转率是销售总额与固定资产之比，它反映了单位固定资产能够提供的销售收入，表明了企业资产的利用程度。

③ 销售收入与销售费用的比率。这个比率表明单位销售费用能够实现的销售收入，在一定程度上反映了企业营销活动的效率。由于销售费用包括了人员推销、广告宣传、销售管理费用等组成部分，因此还可进行更加具体的分析。比如，测度单位广告费用能够实现的销售收入，或单位推销费用能增加的销售收入，等等。

反映经营状况的这些比率也通常需要进行横向的（不同企业）或纵向的（不同时期）比较，这样才更有意义。

4．审计控制

审计是对反映企业资金运动过程及其结果的会计记录及财务报表进行审核、鉴定，以判断其真实性和可靠性，从而为控制和决策提供依据的过程。根据审查主体和内容的不同，可将审计划分为外部审计、内部审计和管理审计三种主要类型。

（1）外部审计。外部审计是由外部机构（如会计师事务所）选派的审计人员对企业财务报表及其反映的财务状况进行的独立评估。为了检查财务报表及其反映的资产与负债的账面情况与企业真实情况是否相符，外部审计人员需要抽查企业的基本财务记录，以验证其真实性和准确性，并分析这些记录是否符合公认的会计准则和记账程序。

外部审计实际上是对企业内部虚假、欺骗行为的一个重要而系统的检查，起着鼓励诚信的作用。外部审计的优点是审计人员与管理当局不存在行政上的依附关系，可以保证审计的独立性和公正性。但由于外来的审计人员不了解企业内部的组织结构、生产流程的经营，因此在对具体业务的审计过程中可能产生困难。此外，处于被审计的内部组织成员可能产生抵触情绪，不愿积极配合，这也可能增加审计工作的难度。

（2）内部审计。内部审计简称内审，是单位内部审计部门或人员进行审计的过程。它提供了检查现有控制程序和方法能否有效地保证达成既定目标和执行既定政策的手段。进行内部审计时，由于审计人员对单位的情况比较熟悉，根据对现有控制系统有效性的检查，内部审计人员可以提供有关改进公司政策、工作程序和方法的对策建议，以促使公司政策符合实际，工作程序更加合理，作业方法被正确掌握，从而更有效地实现组织目标。

内部审计有助于推行分权化管理。企业的控制系统越完善，控制手段越合理，越有利于分权化管理。因为主管们知道，许多重要的权力授予下属后，自己可以很方便地利用有效的控制系统和手段来检查下属对权力的运用状况，从而可能及时发现下属工作中的问题，并采取相应措施。内部审计不仅评估了企业财务记录是否健全、正确，而且为检查和改进现有控制系统的效能提供了一种重要的手段，有利于促进分权化管理的发展。但内部审计在使用中也存在不少局限性，主要表现在：所需费用较多，特别是深入、详细的审计；内部审计不仅要搜集事实，而且需要解释事实，并指出事实与计划的偏差所在，这需要对审计人员进行充分的技能训练；部分员工认为内审是一种"密探"或"检查"工作，在心理上产生抵触情绪，不愿进行有效的信息和思想沟通，那么可能带来负激励效应。

（3）管理审计。管理审计是一种对企业所有管理工作及其绩效进行全面系统的评价和鉴定的方法。管理审计既可以由内部的有关部门进行，也可以聘请外部的专家进行。

管理审计的方法是利用公开记录的信息，从反映企业管理绩效及其影响因素的若干方面，将企业与同行业其他企业或其他行业的著名企业进行比较，以判断企业经营与管理的健康程度。反映企业管理绩效及其影响因素主要有以下几个方面。

① 经济功能。检查企业产品或服务对公众的价值，分析企业对社会和国民经济的贡献。

② 企业组织结构。分析企业组织结构是否能有效地达到企业经营目标。

③ 企业盈利状况。根据盈利在一定时期内的持续性和稳定性来判断。

④ 研究与开发。管理者对待研发的态度，新产品的比重和企业的研发储备。

⑤ 财务政策。评价企业的财务结构是否合理，企业是否有效地运用财务政策和控制来达到短期和长期目标。

⑥ 生产效率。保证在适当的时候提供符合质量要求的必要数量的产品，这对于维持企业的竞争能力是相当重要的。为此，要对企业生产制造系统在数量和质量的保证程度及资源利用的有效性等方面进行评估。

⑦ 销售能力。销售能力的评估包括企业商业信誉、代销网点、服务系统及销售人员的工作技能和工作态度。

⑧ 对管理者的评估，即对企业的主要管理者的知识、能力、勤奋、正直、诚实等素

质进行分析和评价。

管理审计通过对整个组织的管理绩效进行评价,为企业在未来改进管理系统的结构、工作程序和结果提供有用的参考。

任务训练6.2

1. 单项选择题

(1) 预算是指用数学说明企业经济活动的（　　）。
A. 综合计划　　　　　　　　　　B. 业务计划
C. 管理计划　　　　　　　　　　D. 财务计划

(2) 管理控制工作的一般程序是（　　）。
A. 建立控制标准、分析差异产生的原因、采取矫正措施
B. 采取矫正措施、分析差异产生的原因、建立控制标准
C. 建立控制标准、采取矫正措施、分析差异产生的原因
D. 分析差异产生的原因、采取矫正措施、建立控制标准

(3) 控制应当从实际目标出发,采用各种控制方式达到控制目的,不能过分依赖正规的控制方式,但也要采用一些能随机应变的控制方式和方法。这就是控制的（　　）。
A. 随机性原则
B. 灵活性原则
C. 多变性原则
D. 弹性原则

2. 多项选择题

(1) 生产预算可分为（　　）。
A. 直接材料消耗预算
B. 人工费用预算
C. 制造费用预算
D. 设备费用预算

(2) 在日常管理工作中,常用的确立标准的方法包括（　　）。
A. 统计分析法　　　　　　　　　B. 经验判断法
C. 技术分析法　　　　　　　　　D. 定量分析法

3. 判断题

(1) 有效的控制系统包括三个主要步骤,即制定标准、衡量工作绩效和分析偏差。（　　）

(2) 坚持控制的经济性原则,一要有选择地实行控制,二要降低控制的各种耗费。（　　）

任务 6.3　理解全面质量管理

知识目标：
▲ 了解全面质量管理的概念及特点
能力目标：
▲ 掌握全面质量管理的基本观点
关键概念：
▲ 全面质量管理
建议学时：
▲ 0.5 个学时

1. 全面质量管理的概念及特点

（1）全面质量管理的概念。全面质量管理（Total Quality Management，TQM）是指在全面社会的推动下，企业中所有部门、所有组织、所有人员都以产品质量为核心，把专业技术、管理技术、数理统计技术集合在一起，建立起一套科学、严密、高效的质量保证体系，控制生产过程中影响质量的因素，以优质的工作和最经济的办法满足用户需要的产品的全部活动。

（2）全面质量管理的特点。
① 全面质量管理具有全面性，它能够控制产品质量的各个环节、各个阶段。
② 全面质量管理是全过程的质量管理。
③ 全面质量管理是全员参与的质量管理。

2. 全面质量管理的基本观点

（1）为用户服务的观点。在企业内部，凡接收上道工序的产品进行再生产的下道工序，就是上道工序的"用户"，"为用户服务"和"下道工序就是用户"是全面质量管理的基本观点。通过每道工序的质量控制，达到提高最终产品质量的目的。

（2）全面管理的观点。所谓全面管理，就是对全过程、全企业和全员进行全面的管理。
① 全过程管理。全面质量管理要求对产品生产过程进行全面控制。
② 全企业管理。全企业管理的一个重要特点，是强调质量管理工作不局限于质量管理部门，要求企业所属各单位、各部门都要参与质量管理工作，共同对产品质量负责。
③ 全员管理。全面质量管理要求把质量控制工作落实到每一名员工，让每一名员工都关心产品质量。

（3）以预防为主的观点。以预防为主，就是对产品质量进行事前控制，把事故消灭在发生之前，使每一道工序都处于可控制状态。

（4）用数据说话的观点。科学的质量管理，必须依据正确的数据资料进行加工、分析和处理后找出规律，再结合专业技术和实际情况，对存在的问题做出正确判断并采取正确措施。

3．第一支柱——成本控制及时全面

浪费在传统企业内无处不在：生产过剩、零件不必要的移动、操作工多余的动作、待工、质量不合格或返工、库存等。全面质量管理可以消除生产流程中一切不能增加价值的活动，即杜绝浪费。

4．第二支柱——持续改进自动化

持续改善是另一种全新的企业文化。实行全面质量管理，由传统企业向精益企业的转变并且享受精益生产带来的好处，贯穿其中的支柱就是管理自动化。这也是ISO9000：2000质量管理体系所强调的质量管理工作八大原则之一。

任务训练 6.3

多项选择题

全面质量管理思想的"三全管理"包括（　　）。

A．全面质量控制　　　B．全过程质量控制　　　C．全员参与控制
D．全方位质量控制　　E．全社会质量控制

管理定律

经典管理定律之六

1．阿什法则

内　　容：承认问题是解决问题的第一步。
提出者：美国企业家 M. K. 阿什。
点　　评：越是躲着问题，问题越会"揪住"你不放。

2．狄伦多定律

内　　容：解决任何问题的办法在于把握问题未发生前的契机，并将它消解于无形。
提出者：英国伦敦经济政治学院前董事 L. 狄伦多。
点　　评：善正者正于始，能禁者禁于微。

3．破窗效应

内　　容：及时矫正和补救正在发生的问题。
提出者：美国斯坦福大学心理学家詹巴斗。
点　　评："破窗效应"理论来自于詹巴斗多年前进行的一项试验。在这项试验中，詹巴斗找了两辆一模一样的汽车，把其中一辆摆在帕罗阿尔托的中产阶级社区，而另一辆

停在相对杂乱的布朗克斯街区。他把停在布朗克斯街区的那辆车的车牌摘掉,把顶棚打了个洞,结果这辆车一天之内就被人偷走了。而放在帕罗阿尔托的那辆车摆了一星期仍完好无损。然后,詹巴斗用锤子把那辆好车的玻璃敲了一个大洞。结果呢,仅仅过了几个小时,这辆车也被偷走了。以这项试验为基础,政治学家威尔逊和犯罪学家凯琳提出了一个"破窗理论":如果有人打坏了一幢建筑物窗户的玻璃,而这窗户又没有得到及时的修理,人们就可能受到这扇破窗户的暗示而去打烂更多的窗户玻璃。时间一长,这幢建筑物被打碎的玻璃会越来越多,最后变得破烂不堪。这表明,在公众麻木不仁的氛围中,犯罪就会滋生和繁衍。人的这种心理被命名为"破窗效应"。

4. 多米诺(骨牌)效应

内　　容:一荣难俱荣,一损易俱损,连锁反应。

点　　评:多米诺骨牌是一种用木、骨或塑料制成的长方形骨牌。玩时将骨牌按一定间距排列成行,轻轻碰倒第一枚骨牌,其余的骨牌就会产生连锁反应,依次倒下。

这种效应的物理道理是,多米诺骨牌竖着时,重心较高,倒下时重心下降,在倒下的过程中,其重力势能转化为动能,倒在第二张牌上时这个动能就转移到第二张牌上,第二张牌将第一张牌转移来的动能和自己倒下过程中由本身具有的重力势能转化来的动能之和,再传到第三张牌上,所以每张牌倒下的时候,具有的动能都比前一张牌大,因此它们的速度一个比一个快,也就是说,它们依次推倒的能量一个比一个大。

5. 海恩法则

内　　容:任何不安全事故都是可以预防的。

提出者:飞机涡轮展机的发明者德国人帕布斯·海恩。

点　　评:每一起严重事故的背后,必然有29次轻微事故和300起未遂先兆以及1 000起事故隐患。要想消除这一起严重事故,就必须把这1 000起事故隐患控制住。这就是关于飞行安全的"海恩法则"。

"海恩法则"强调两点:一是事故的发生是量的积累的结果;二是再好的技术,再完美的规章,在实际操作层面,也无法取代人自身的素质和责任心。同样去检查飞机发动机的涡轮扇叶,有的机械师走马观花,有的机械师却看出了扇叶上一个细小的裂纹。"海恩法则"多被用于企业的生产管理,特别是安全管理中。"海恩法则"对企业来说是一种警示,它说明任何一起事故都是有原因的,并且是有征兆的;它同时说明安全生产是可以控制的,安全事故是可以避免的;它也给了企业管理者关于生产安全管理的一种方法——发现并控制征兆。在现实生活中,"海恩法则"几乎适用于事关安全的所有领域。

知识拓展:美国的工程
质量管理

知识拓展:IBM的过程
质量管理

项目总结

（1）控制是管理的基本职能，对控制的理解不要仅局限于检查、监督和纠正偏差等管理活动过程，更广义的控制也包括确定新的、更合理的控制标准，增强组织系统的适应性的过程。

（2）按照控制的时间不同，控制可分为前馈控制、现场控制和反馈控制三类。前馈控制也称事前控制，是指在工作正式开始前对工作中可能产生的偏差进行预测和估计，并采取防范措施，将潜在的偏差消除在产生之前，其目的是防患于未然、未雨绸缪地控制；现场控制也称同步控制，是指计划执行过程中所实施的控制，即通过对计划执行过程的直接检查和监督，随时检查和纠正实际与计划的偏差，其目的是要保证本次活动尽可能少发生偏差，改进本次而非下一次活动的质量；反馈控制也称事后控制，是指从已经执行的计划或已经发生的事件中获得信息，运用这些信息来评价、指导和纠正今后的活动，反馈控制是一种最主要的，也是最传统的控制方式，其目的并非要改进本次行动，而是力求能"吃一堑，长一智"，提高下一次行动的质量。

（3）有效的控制过程一般包括确定控制标准、衡量工作成效和纠正偏差三个基本环节。

（4）控制的方法与技术主要包括预算控制、生产控制、比率控制和审计控制。

（5）预算是用数字，特别是用财务数字的形式来陈述组织中的短期活动计划，它预估了在未来特定时期内的收入，也规定了各部门支出的额度。预算控制将实际和计划相比较，确认预算完成情况，找出差距并进行弥补，以实现对组织资源充分合理地利用。利用预算，管理者可以准确衡量部门生产经营情况和效益好坏，有利于对各部门工作进行评价和控制。按照不同的内容，可以将预算分为经营预算、投资预算和财务预算三大类。而现代预算方法则包括弹性预算、固定预算、零基预算和滚动预算。

（6）生产控制是在执行生产计划过程中，按既定的政策、目标、计划、标准和经济的原则，落实任务，检查生产条件，掌握运行情况，分析差异并及时采取措施的一种方法。生产控制主要包括设备维修对制造系统硬件的控制、生产进度控制、库存控制、质量控制、成本控制等。

（7）比率控制是对组织经营活动中各种不同度量进行的比率分析，是一项非常有益的和必需的控制技术或方法。企业经营活动分析中常用的比率可以分为两大类，即财务比率和经营比率。其中，财务比率主要用于说明企业的财务状况，包括流动比率、速动比率、负债比率和盈利比率；经营比率主要用于说明企业经营活动的状况，包括库存周转率、固定资产周转率、销售收入与销售费用的比率。

（8）审计是对反映企业资金运动过程及其结果的会计记录及财务报表进行审核、鉴定，以判断其真实性和可靠性，从而为控制和决策提供依据的过程。根据审查主体和内容的不同，可将审计划分为外部审计、内部审计和管理审计三种主要类型。

项目实训

实训 6.1　小组活动：管理实践

按如表 6-1 所示的要求完成管理实践活动。

表 6-1 管理实践活动要求

实 训 项 目	高职人才培养质量水平控制关键点分析
实 训 目 标	1. 培养控制意识。 2. 培养控制关键点的分析能力
实训内容及组织	1. 以 4～5 人组成实训小组。 2. 就所就读的大学进行高职人才培养质量水平控制关键点分析，包括以下内容： （1）个人思考，提出不少于 3 个一级控制关键点及其以下的二级控制点，并就其内容及要求进行一定的说明，提交分析方案； （2）分组讨论，试对组内各成员提出的控制点进行比较、分析和评价，最终形成小组分析方案并提交。 3. 各组以 PPT 演示的形式进行分析方案汇报
活动考核	1. 以小组为单位，由组长对每个成员的分析情况及讨论表现进行打分。 2. 由教师根据各人及小组分析报告，以及汇报表现进行综合考核

实训 6.2　项目测试：分析案例并回答问题

麦当劳的控制管理

1955 年，克洛克在美国开办了第一家麦当劳快餐店，然后迅速发展，在每个州都建立了连锁店，并于 1967 年在加拿大开办了首家国外分店。至 1983 年，麦当劳在美国国内的分店已超过 6 000 多家，并将业务拓展到国外，在全球范围内广受欢迎。可以说麦当劳形成了自己的快餐文化，每天都有许多人光顾麦当劳快餐店。

其实，麦当劳菜单上的品种并不多，都是一些美国人常吃的"汉堡包""炸薯片"之类的食品，并无什么特别之处，而且几十年一贯制，在品种上几乎没有什么改变和创新。那么，是什么吸引人们趋之若鹜，百食不厌呢？说起来很简单，人们爱吃快餐，图的就是其快捷方便、价格低廉、新鲜可口、清洁卫生等特点，而麦当劳公司正是以几十年一贯的优质服务，赢得了大众的喜爱。

在快餐业中，保证产品质量和服务水平是成功的关键。道理虽然简单，但其管理和控制的难度是很大的，尤其是像麦当劳这样的大型连锁店，在世界各地拥有上万家分店，要保证始终如一的优质产品和服务，其管理和控制的难度可想而知。因此，麦当劳在采取连锁经营这种方式实现规模扩张的同时，非常注重对各连锁店的管理和控制工作，制定了一整套周密、完善的管理办法，强调从原料的生产到加工、烹制程序及售卖乃至厨房布置一条龙的标准化严格管理，使麦当劳的顾客，无论在世界各地的哪一家分店，享受的产品和服务都是没有差别的。

麦当劳公司通过授予特许权的方式来开设连锁店，目的是采用这种激励机制，使分店经理人员成为麦当劳的合伙人，分享其经营利润，从而把工作干得更为出色。这种制度在无形中对其扩展的业务产生了约束和控制的作用。

另一方面，麦当劳公司在出售其经营特许权时非常慎重。总是通过充分的调查和了解，选择恰当的人选，对已获得特许权的经理人员，一旦发现不合要求，就当机立断，撤销授权。法国的一家麦当劳分店，就因为在快速服务和卫生方面不合标准，尽管盈利丰厚，还是被撤销了经营权。麦当劳公司认为，如果不采取这样严格的控制，一家分店产生的不良影响会影响其他分店的生意，从而损害整个公司的声誉。

麦当劳公司花费大量的时间和精力，对快餐店的日常工作，如制作汉堡包、炸薯条、清理餐桌等进行了细致的工作分析和研究，找出了各项工作的最佳操作方式，编制成详尽的程序规则和质量控制标准，要求世界各地的麦当劳经营者和员工都严格按照这些规程，进行标准化、规范化的作业。为确保这些规章制度都能得以准确地理解和执行，公司还开办专门的培训中心——汉堡包大学，所有的经营者都要在这里接受为期一个月的培训，然后再对所有工作人员开展培训工作。

为保证每项规章制度都能严格地被贯彻执行，麦当劳公司总部的管理人员经常对世界各地的分店进行巡回检查、监督和控制，一旦发现问题，立即解决；另外，麦当劳公司还要求各分店及时向总部上报有关成本、利润方面的信息，以便及时掌握各分店的经营状况和出现的问题，并长期对各分店的经营业绩进行考评。

麦当劳还非常注重营造独特的企业文化，他们提出了"质量超群、服务优良、清洁卫生、货真价实"的口号，并使这个口号所体现的价值深入人心，使这个被全体员工认同和遵守的价值观成为公司独特的管理控制手段。这种组织文化的建设活动不仅在各分店上上下下的员工中进行，而且还因其文化价值观符合广大顾客的最大利益这一特点，被顾客所接受和津津乐道，从而成为麦当劳公司上下、内外共享的文化价值观，使公司的利益和消费者的利益达成一致，从而成为公司管理控制工作中减少摩擦和阻力的润滑剂。

根据上述案例，请回答以下问题。

1. 麦当劳采取的"与经营人分享利润"的机制以及"经营人的选拔"措施，属于哪一类控制方法？（　　）
　　A．事先控制　　　B．过程控制　　　C．事后控制　　　D．群体控制和过程控制
2. 麦当劳采取的"程序、规则、标准及员工的培训"措施，属于哪一类控制方法？（　　）
　　A．事先控制　　　B．过程控制　　　C．事后控制　　　D．群体控制和过程控制
3. 麦当劳采取的"巡视、检查、监督"措施，属于哪一类控制方法？（　　）
　　A．事先控制　　　B．过程控制　　　C．事后控制　　　D．群体控制和过程控制
4. 麦当劳采取的"对业绩进行考评"措施，属于哪一类控制方法？（　　）
　　A．事先控制　　　B．过程控制　　　C．事后控制　　　D．群体控制和过程控制
5. 麦当劳采取的"共享文化价值观"措施，属于哪一类控制方法？（　　）
　　A．事先控制　　　　　　　　　　　B．过程控制
　　C．事后控制　　　　　　　　　　　D．群体控制和过程控制
6. 管理控制工作应着重于对关键点的控制，你认为麦当劳公司控制的关键因素在于（　　）。
　　A．产品的质量　　　　　　　　　　B．及时迅速的服务
　　C．清洁和卫生　　　　　　　　　　D．以上三项都是
7. 在下列五种管理措施中，你认为最经济、效果最显著的是（　　）。
　　A．与经营人分享利润以及经营人的选拔　　B．程序、规则、标准及员工的培训
　　C．巡视、检查、监督　　　　　　　　　　D．对业绩进行考评
　　E．共享文化价值观

职场训练篇

管理导航

  每一位管理者的职业梦想都是要成为卓越的管理者。一位卓越的管理者必须是一位优秀的自我管理者、卓越的团队领航者及高效的工作目标达成者。管理者应清楚地认识自己,有效地管理自己,不断地提升自己,使自己成为一个优秀的管理者,得到上司的赏识、下属的尊敬、同事的喜欢、市场的欢迎和家庭的支持。通过有效的团队建设与管理,提升领导力,打造一支高凝聚力和战斗力的团队。要实现有效的工作管理,首先,应做好目标设置与分解,实行层次管理,落实目标责任;其次,在目标实施过程中,应准确把握与分析问题,有效地解决工作问题;最后,借助绩效管理这种持续改进的管理思想和控制系统,使员工自身目标与企业目标有机地结合起来,提升企业核心竞争力,赢得市场。

项目 7

自我管理能力训练

管理名言

管理就是沟通、沟通再沟通。

——通用电器公司总裁杰克·韦尔奇

沟通是管理的浓缩。

——沃尔玛公司总裁萨姆·沃尔顿

管理者的最基本能力：有效沟通。

——英国管理学家 L·威尔德

你不会管理时间，便什么都不会管理。

——彼得·德鲁克

项目导图

自我管理能力训练
- 角色定位
  - 角色概述 ⊖ 角色的概念、角色理论、角色相关概念、角色认知、角色扮演与岗位胜任的关系
  - 管理者的角色分析 ⊖ 管理者的角色定位分析、管理者的角色转变分析
  - 管理者的角色定位 ⊖ 作为下属时的管理者（下级）的角色认知与定位、作为同事时的管理者（平级）的角色认知与定位、作为上司时的管理者（上级）的角色认知与定位
  - 管理者的角色扮演 ⊖ 把握角色特点、避免角色错位、承担主导责任
- 管理沟通
  - 管理沟通概述 ⊖ 管理沟通的概念、管理沟通的目的、管理沟通的种类
  - 管理沟通的技巧 ⊖ 管理沟通的基本原则、管理沟沟的基本技巧
  - 管理沟通的三个维度 ⊖ 与上级沟通的艺术、与下级沟通的艺术、与平级沟通（含水平沟通、跨部门沟通）的艺术
- 时间管理
  - 时间管理概述 ⊖ 时间的概念及特性、时间管理的概念及目的
  - 时间管理方法 ⊖ 帕雷托原则、帕金森原则、麦肯锡30秒电梯理论、莫法特休息法、6点优先工作制、ABC时间管理法、"时间四象限"管理法
  - 时间管理策略 ⊖ 养成制订计划和列工作清单的习惯、善于倍增你的时间、学会拒绝和适当搁置、利用时间碎片和"死时间"

项目导入

【学习情景】

学习要求：
- ▲ 课前个人观看视频，并进行预分析，完成个人的观后心得；
- ▲ 课上小组进行 10 分钟讨论，分享个人心得并记录。

学习路径：
- ▲ https://v.qq.com/x/page/i03600xwyvz.html，或者扫描二维码，观看视频。

情景视频

课前思考：
- ▲ 如何理解时间管理？
- ▲ 你平时是如何管理时间的？

课后训练：
在课前分析的基础上，结合自己的实际情况和所学知识，提出自己的时间管理方案。

卓有成效的管理基础在于管理者的自我管理。作为企业和团队的主心骨与领导者，要想管理好别人，首先必须管理好自己；要想领导好别人，首先必须领导好自己。因此，每一位管理者都应清楚地认清自己的角色，有效地开展管理沟通，高效地管理好时间，将自己打造成为一位上司赏识、下属尊敬、同事喜欢的高效管理者。

任务 7.1 角色定位

知识目标：
- ▲ 理解角色及相关概念
- ▲ 了解明茨伯格的管理角色理论
- ▲ 角色认知、角色扮演与岗位胜任的关系

能力目标：
- ▲ 理解并掌握管理者在履行工作职责时所承担的各种不同角色的定位及职业准则
- ▲ 掌握管理者角色扮演的要求

关键概念：
- ▲ 角色认知　角色期待　角色扮演　角色冲突

建议学时：
- ▲ 2 个学时

课前训练 7.1

训练活动：管理游戏
训练主题：下属与领导角色模拟（详细内容扫描二维码进行阅读）

训练游戏

7.1.1 角色概述

1. 角色的概念

"角色"一词一直是戏剧舞台中的用语，是指演员在舞台上按照剧本的规定所扮演的某一特定人物。但人们发现现实社会和戏剧舞台之间是有内在联系的，即舞台上上演的戏剧是人类现实社会的缩影。美国社会学家米德和人类学家林顿则较早地把"角色"这个概念正式引入了社会心理学的研究，角色理论也就成为社会心理学理论中的一个组成部分。

根据众多研究者的研究结果，本书对角色的定义是规定一个人活动的特定范围和与人的地位相适应的权力、义务及行为规范，是社会对一个处于特殊地位的人的行为期待。

通过上述对角色的定义，我们可以看出角色应该具有以下几个性质：

（1）社会对一定的角色总有一定的要求与限制。也就是说，角色享有一定的权利并要承担一定的义务，一整套权利和义务就构成某种特定的角色。

（2）社会通过角色对人的行为加以控制。角色就是通过社会规范来约束个人行为的标准。

（3）角色是自我表现的途径和方式。个体要在社会上生存和发展，必须通过角色来实现。

（4）角色是个人对社会的适应。角色能够得以在社会中有效实现，说明角色体现的具体的个体的行为是同社会的规范相适应的。

2. 角色理论

角色理论是关于人的态度与行为怎样为其在社会中的角色地位及社会角色期望所影响的社会心理学理论，是试图按照人们所处的地位或身份去解释人的行为并揭示其中规律的研究领域。它强调人的行为的社会影响方面，而不是心理方面，是一种试图从人的社会角色属性解释社会心理和行为的产生、变化的社会心理学理论取向。

3. 角色相关概念

（1）角色认知。角色认知是人们对布置给他们或对其要求的工作职责的了解程度。

（2）角色期待。角色期待是指社会或个人对某种角色应表现出特定行为的期待。

（3）角色扮演。角色扮演是指按常规的期望显示出来的行为，也就是个人按照他人期望采取的实际行动。现实中要区分角色扮演和扮演角色。前者指个人在生活中实际扮演的角色，人在一生中学会扮演各种角色，如孩子的角色、学生的角色、男女的角色、职工和领导的角色等；后者指暂时扮演某个特定的角色，如戏剧中的某人物。

（4）角色冲突。角色冲突是当一个人扮演一个角色或同时扮演几个不同的角色时，由于不能胜任，造成不合时宜而发生的矛盾和冲突。角色冲突大体可以分为两类：角色间冲突和角色内冲突。

① 角色间冲突是指一个人所担任的不同角色之间发生的冲突。主要表现为两种情形：一是空间和时间上的冲突。一个干部，他肩负着繁重的领导工作；作为父母的儿子，他承担着孝敬长辈的义务。这样不可避免地就在空间和时间上产生了矛盾。二是行为模式内容上的冲突。比如，一个人改变了旧角色，担任了新角色，且新角色与旧角色有性质区别时，也会产生新旧角色的冲突。

② 角色内冲突是指同一个角色，由于社会上人们对他的期望与要求不一致，或者角色承担者对这个角色的理解不一致，而在角色承担者内心产生的一种矛盾与冲突。

4．角色认知、角色扮演与岗位胜任的关系

对于一位职场人士来说，要使自己能在企业中发挥应有的作用，首先要认识自己，认识自己作为一个员工在企业中的作用，也就是角色认知，充分扮演好自己在企业中的角色。作为员工，实际上在工作中要经常转化角色，而转换角色，首先要认识自己的角色及其功能和作用，这样才能扮演好角色，否则这个角色扮演就容易出现偏差，影响个人的工作绩效及职业生涯。角色认知、角色扮演与岗位胜任的关系如图7-1所示。

图 7-1 角色认知、角色扮演与岗位胜任的关系

由此可见，不管什么样的职位，想要真正胜任岗位，首先就应该对自己的角色有一个清晰的认识，然后才能正确地扮演自己的角色，最后才能谈是否能胜任岗位的问题。

7.1.2 管理者的角色分析

1．管理者的角色定位分析

（1）明茨伯格的管理角色理论。20世纪60年代末，明茨伯格指出，管理者在管理工作中担任的角色一般有10种，这10种角色又分为三大类：人际关系角色、信息类角色和决策类角色。每一大类当中包含着不同的角色成分。明茨伯格的管理角色分类如图7-2所示。

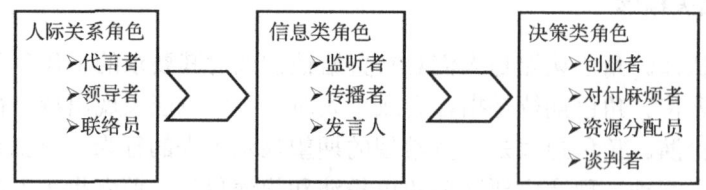

图 7-2 明茨伯格的管理角色分类

（2）管理者在组织结构中的位置。根据组织人员在组织结构中的地位及作用，可以将管理者分别对应在组织结构中的不同位置上，如图7-3所示。

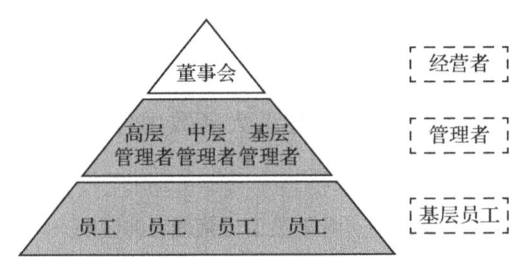

图 7-3 管理者在组织结构中的位置

（3）管理者的组织层次角色分析。根据管理者在组织结构中的地位和责任不同，可以将管理者分为高层管理者、中层管理者和基层管理者的三类角色，不同层次的管理者的工作重点如表 7-1 所示。

表 7-1 不同层次的管理者的工作重点

工 作 类 别	基层管理者	中层管理者	高层管理者
例行工作	70% 遵守规定	20% 对例行工作进行验收	10% 检验终端的符合性
问题工作	20% 发现并报告工作中的问题	60% 分析、查找问题根源，提出解决方案及需要的资源	20% 批准方案，提供资源
创新工作	10% 在新的例行工作中提出的新方法	20% 不走样的复制创新工作，并转化为可操作的程序	70% 提出新的思路、方向、路线并试验，否定自己过去并改进

（4）管理者的三个维度角色分析。一位管理者在管理工作中，有可能兼有三个维度身份和角色，既是上司的下属，又是平级的同事，还是下属的上司。作为管理者，应认清自身的管理职责，提升角色行为能力，按照不同的角色期待调整管理行为，做好角色定位。针对上、中、下三层管理者角色职责的分析如表 7-2 所示。

表 7-2 针对上、中、下三层管理者角色职责的分析

类 别	职 责 分 析
承上	对组织目标负责
	承担单位职责，执行上司的指标
	发现问题和提出建议
	自我管理，对自我的成长、进步负责
启下	对下属目标达成负责
	对下属按要求履行岗位职责负责
	对团队建设负责
	对下属的成长、进步负责
平行	沟通、协调、合作

2. 管理者的角色转变分析

（1）管理者与骨干员工的区别。管理者大多数由骨干员工转化而来，他们两者的区别如表 7-3 所示。

表 7-3　骨干员工与管理者的区别

项　　目	骨　干　员　工	管　理　者
组织中的位置	执行层	监督管理层
职责范围	专项事务	团队
工作对象	事	人+事
工作技能	作业、业务技能	人际、管理
评价标准	个人成绩	团队业绩
自我实现	技术专家、优秀业务员	管理专家

（2）角色定位的转变。当一名技术骨干转变为管理者时，其角色将会发生五大转变。

- 责任范围：从自我管理到为他人负责。
- 工作性质：从经营自我到经营组织。
- 核心能力：从业务专长到定向用人。
- 业绩标准：从个人业绩到团队业绩。
- 意识形态：从专业精英到领导者。

（3）角色任务的转变。当一名技术骨干转变为优秀管理者的时候，就是从管理自己到管理他人的转变。其转变的核心理念和行为是关注目标，同时关注下属员工的积极性。具体来说，在他的实际工作中有九个纬度发生转变。

- 在工作内容上：从做业务到做管理。
- 在实现方式上：从野牛型到雁群型。
- 在工作方式上：从个性化到组织化。
- 在人际关系上：从感情关系到事业关系。
- 在目标管理上：从个人目标到团队目标。
- 在工作力度上：从守成到变革。
- 在管理方式上：从指挥到授权。
- 在时间配置上：从时间完全属于自己到重新配置时间。
- 在工作价值上：从独立工作的价值向管理工作的价值转变。

7.1.3　管理者的角色定位

管理工作中，管理者必须对自己的角色有一个明确的目标定位，管理者的角色定位是企业管理工作的基础。

1. 作为下属时的管理者（下级）的角色认知与定位

作为下属时，管理者扮演的是职务代理人等六大角色，如图7-4所示。

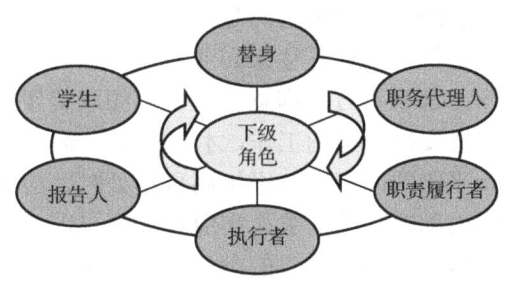

图7-4　作为下属时的管理者（下级）的角色定位

（1）角色定位。任何一个组织机构都有若干层级，作为下一个层级的人员的角色就是上一个层级的"替身"，或称"职务代理人"。由于每个人的知识、精力和经验都是有限的，当他忙不过来时，他将需要委托一名人员替他完成有关工作。因此，当管理者作为上司的下属时，扮演的是上司的替代执行者，也就是说，要代表上司，要勇于承担责任，体现上司的意志，要从上司的角度考虑问题。这些方面表现出来的就是职务代理人、替身、职责履行者、执行者的角色。也只有通过这种"委托—代理"关系，每一个层级的人员才能发挥自己的职业特点和专长，才能在自己的职责内实现管理的专业性，从而大大提高组织效率和生产力。作为下属，有时需要扮演着学生角色，在工作开展时对于不清楚、不懂的地方要及时向上司请教；同时也是报告人角色，定期向委托人——上司进行工作汇报。

（2）职业准则。管理者作为上司的下属，应遵循四项职业准则。

准则一：对上司负责。作为一名职务代理人，下属管理者之所以能够对自己的下属发号施令，能够在自己的职责范围内进行管理，关键在于其职权基础是来自上司的委托和任命。因此，必须对委托或任命自己的上司负责。

准则二：执行上司的决定。当上司交代了一项任务，或者上司发布了一项指令，或者公司有制度，作为下属管理者很重要的一点是坚决执行公司或上司做出的各项决议和决定。不能觉得不符合我的实际，我就不执行或变通执行。在出现与决议不一致看法时，应先执行，再沟通。

准则三：站在上司的角度实施言行。作为一名职务代理人，下属管理者是上司的代表，在职权范围内，代行上司的职责，下属管理者在职责范围内的言行是一种职务行为。因此，应该站在委托人的角度、上司的角度去看待问题和进行工作，而不是只站在所在部门利益、局部利益或个人利益的角度。

准则四：在职权范围内做事。职务代理人应按其委托人的期望去做事情，在职权范围内做事，不能做超越职权范围或不是职权范围的事情，只有这样，才能实现各层级人员协作，否则，就会出现角色错位，导致职责不清，工作混乱。

2. 作为同事时的管理者（平级）的角色认知与定位

作为平级的同事时，管理者扮演的是内部客户服务者、合作者的角色。

（1）角色定位。同一层级的管理者之间是内部客户关系，大家是为实现组织目标而发挥不同职能的合作者，必然发生业务往来和业务合作，互为内部客户。只有公司里的管理者都能视对方为客户，都以对方的满意视为自己的职责履行好坏的标准，根据对方实现目标所需要的相应支持安排自己的工作，才能形成一支不可战胜的、高绩效的团队。

（2）职业准则。作为平级的同事，与平级同事相处时，应树立内部客户服务者和合作的角色意识，充分了解内部客户的需求，实现内部客户满意。

准则一：树立以内部客户服务和合作的角色意识。作为平级的同事，所完成的工作成果（产品）的实际用户是公司其他部门的管理者，如果不了解客户的需求，所提供的工作成果（产品）就有可能达不到客户的需求而导致影响工作绩效。只有树立以内部客户服务与合作的意识，展示服务者与合作者的态度，才能获得双赢。

准则二：了解客户需求。要实现有效的同级合作，必须开展有效的沟通与协调，充分了解对方的工作需求，以配合和支持其他部门管理者的工作目标和工作计划为前提来确定自身的相关工作目标和工作计划，并可以通过有效的沟通机制来了解他们的需求，根据客户的需求制定有效的工作措施，开展良好服务与合作。

准则三：以同级的满意度来检验工作成效。将同事作为内部客户对待，工作成果的检验不是由上司决定的，而是由内部客户决定的，只有内部客户满意了，才能真正地体现内部客户服务。内部客户满意评价方式有两种：对于日常性工作，按照客户关系链，以客户"好"或"不好"来评价；对于共同设定的目标，则以事先约定好的标准来衡量。

3. 作为上司时的管理者（上级）的角色认知与定位

作为上司角色的管理者，往往扮演着领导者等六大角色，如图7-5所示。

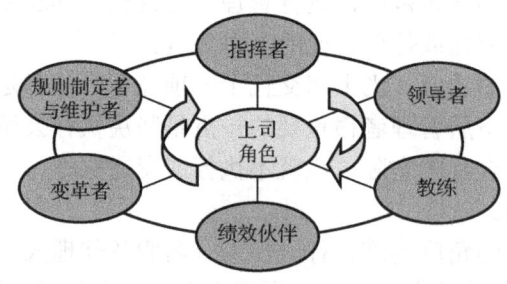

图7-5　作为上司的管理者（上级）的角色定位

（1）角色定位。作为上司角色的管理者所扮演的六大角色都有不同的特点和任务。管理者经常不断地扮演各种角色来影响组织内外个人和群体的行为，从而实现管理目标。

角色一：指挥者。作为上司，应推动下属对组织所拥有的各种资源实施有效的PDCA管理法则，即计划（Plan）、执行（Do）、检查（Check）、处理（Act），从而保证工作计划的制订和组织目标实现过程的有效循环。

角色二：领导者。作为上司，首要的任务就是要充分利用自身的影响力，有效地激励与指挥下属，做好沟通与协调工作，从而充分发挥下属的聪明才智、调动下属的工作热情、凝聚下属的情感，打造一支具有战斗力的团队。

角色三：教练。作为上司，应充当好教练角色，不断地在工作中训练下属，提升下属的工作能力；及时做好下属工作监督与控制，推动下属达成目标。

角色四：绩效伙伴。作为上司，应自觉与下属结成绩效共同体，建立一种平等、协商的伙伴合作关系，与下属一同制订绩效改进计划，并与下属一同提升绩效，实现绩效目标。

角色五：变革者。在今天的变革时代里，组织不变革就会被淘汰。作为上司，应及时察觉变革的信号，准确把握变革的突破口，推动相应的变革，以推动组织迈上新台阶。

角色六：规则制定者和维护者。根据组织目标实现的要求，制定相应的规则，规范下属的行为；并以身作则，监管下属，做好规则的维护工作。

（2）职业准则。作为上司角色的管理者，应聚焦组织目标要求，通过制定规则，定期监督与检查，同时注重培养得力的下属，充分授权，带领团队共同达成目标。

准则一：聚焦目标。管理者要明确知晓组织整体战略，牢记部门年度工作目标，并据此制订具体的执行计划，将目标分解到每一个人，协调下属行动，增强下属的工作主动性，使工作有条不紊地进行。

准则二：制定规则。作为上司，为有效地开展管理工作，领导下属，必须制定一些规则以规范下属的行为，对下属产生较强的约束和督促作用；定期监督检查下属的工作，有效地维护规则的落实工作，以保证目标的实现。

准则三：重视育人。没有用不好的下属，作为上司要有这样的度量和能力，凡是跟着自己的人，都有责任把他们培养出来。

7.1.4 管理者的角色扮演

管理者在从事管理工作过程中，每人都承担着不同的任务，处于不同的位置，扮演不同的角色。管理者应按照组织安排的角色，说该说的话，做该做的事。

1. 把握角色特点

从组织层次看，一位员工可能从技术岗转到管理岗，从基层管理岗晋升到中层管理岗，从中层管理岗提拔到高层管理岗；从身份看，一位管理者可能同时兼任上司、下级及平级的角色。不同的岗位和身份有着不同的要求与职责。在岗位确定后，管理者需清晰自身的管理角色，掌握所承担的角色特点、角色定位及职责要求。只有这样，才能依据角色认知和定位承担好相应的角色，才能知道自己该干什么和怎么干。

2. 避免角色错位

管理者角色错位是指某个管理层级的管理者没有，至少没有全部在做自己所在的管理层级或岗位应做的工作，也就是"在其位，未谋其政"。常见的管理者角色错位有以下六种。

角色错位一：民意代表。当公司推行新制度、工作与员工的意见和想法不一致时，代表自己部门的群众意见，与上司谈判。虽然很多时候，出发点是好的，关心下属，反映来自基层的呼声，但由于没有正确认识自己的角色，结果没有履行好自己的职责。作为上司的代表，不应该把自己当作员工的反馈"传话筒"，而应代表公司对制度进行解释和说明。

角色错位二：向上错位。自己的"一亩三分地"没有经营好，操一些本属于高层的心。作为一名普通管理者应知道一个原则，就是"位置决定观点"，在其位，谋其政。超出职权范围的事情，不能随便议论，该沉默时就要沉默。即使真的有想法和建议，也应通过正常的渠道反馈。

角色错位三：代表个人。在公司里，经常会看到或听到有的部门管理者说："刚才我说的这些，只代表个人意见。"这也是管理者的角色误区之一。作为管理者在汇报工作时，只能是职务意见，而不能是个人意见。这种错位还可能表现为无论在什么场合，想议论谁就议论谁，口无遮拦，随心所欲。管理者是职务代言人，一言一行，一举一动，都是职务行为，不能把自己等同于一个排球场上的"自由人"。

角色错位四：领主意识。领主意识实际上是一种官僚错位，将自己视为地方诸侯，我的地盘我做主。老总要批评，其他部门要说我这个部门的事、说我部门的人，不行，我就不答应。实际上，他就把这个部门看成是自己的一亩三分地，他就把这个委托代理关系给扭曲了。领主意识还可能表现为官僚作风严重，喜欢搞一言堂，自己想干什么就干什么；做事随意性大，计划变来变去。

角色错位五：劳动模范。有些管理者没有很好地实现角色转变，在管理位置上，依然事必躬亲，习惯于自己做事，凡事亲力亲为，大事小事一起抓，不习惯或没有意识到安排别人去做。这样做只有一个结果，自己累死，别人闲死，于人于己都不好，整体效率低下。

角色错位六：老好先生。有些管理者为了得到下属的拥护，谁也不得罪，你好我好大家好；为了维护关系，牺牲工作原则和目标。作为一个管理人员，最重要的一点就是能够坚持原则。当发生冲突时坚持原则，不能以牺牲原则为代价，换取所谓的"一团和气"。

出现角色错位的原因可能有三种：一是管理角色转换不及时；二是管理者能力达不到要求；三是管理者对上下级不信任。管理者角色错位对企业管理有诸多危害。因此，在管理工作中，管理者应摆正自己的位置，避免错位。并随着客观情况的变化，及时完成角色的转换。

3. 承担主导责任

在工作中，管理者必须按照任务分配承担相应的角色。在不同的管理层级上，管理者可能会委屈自己的意愿，感觉自己的才华被压抑，但是，为了组织的共同目标，你必须接受组织的安排。需要扮演配角时，就要接受配角的安排，并自觉地认同所要扮演的角色；需要承担主要角色时，则能够挺身而出，担负起主导责任，不能推脱和畏缩。

项目7 自我管理能力训练

同步训练 7.1

1. **训练形式**：课堂管理沙龙。
2. **训练主题**：历史事件分析。
3. **训练材料**：

材料1 雍正皇帝为什么要罢免年羹尧？（针对年羹尧角色进行分析）

年羹尧是雍正皇帝的舅舅，为雍正谋取皇位起到了关键作用。雍正登基以后，年羹尧掌握了御林军军权。一次阅兵时，雍正皇帝对御林军发号施令，而御林军一动不动，雍正皇帝奇怪地问年羹尧御林军为什么不听指挥，年羹尧说："我是御林军的统领，他们只听我的。"果然，年羹尧对御林军发令时很有效。时隔不久，雍正皇帝就罢免了年羹尧。

材料2 朱元璋为什么把徐夫人杀掉？（针对徐夫人角色进行分析）

朱元璋是平民出身的皇帝，在农民起义中脱颖而出，与他一起打江山的徐达在明朝建立后被朱元璋封为卫国公。一天，徐达的夫人和皇后在一起聊天，徐夫人说："当年老朱家和老徐家都很穷，一起要饭一起打江山；现在不一样，老朱家已经成为皇族，老徐家也做了大臣。"当天晚上，朱元璋就派人把徐夫人杀掉了。

材料3 乾隆皇帝为何没有处死刘墉？（针对刘墉角色进行分析）

有一天，乾隆皇帝当众与刘墉发生争执，乾隆皇帝感觉自己颜面受损，于是下令命刘墉自尽。刘墉回家把澡盆里装满热水，穿着衣服洗了一个热水澡，然后浑身湿漉漉地面见皇帝。乾隆见刘墉活着回来，顿时火冒三丈，质问刘墉为什么抗旨不遵。刘墉说："报告皇上，我刚才很努力地去死了，但是没有死成，我想要用水把自己淹死，但在死的途中遇到了屈原，屈原把我大骂一场，说自己当年投江而死，是因为遇到昏君，而刘墉遇到明君不应寻死。"乾隆皇帝心想如果处死刘墉，自己就真成昏君了，因此赦免了刘墉。

4. **训练要求**：结合上述历史材料及角色扮演要求，针对问题进行分析。先提出个人观点，然后相互讨论，最后形成小组的观点及处理对策进行汇报。

同步训练 7.2

1. **训练形式**：个人训练。
2. **训练主题**：管理者角色分析。
3. **训练案例**：

工厂经理比尔的工作

比尔是一家小型机械装备厂的经理。他每天做的第一件事是审查工厂各班次监督人员送上来的作业报告，了解各个班次开展了什么工作，发生了什么问题。看完前一天的作业报告后，比尔通常要同他的几位主要下属人员开一个早会，会上他们要决定对于报告中所反映的各种问题应采取什么解决措施。比尔在白天也参加一些会议，会见来厂的访问者。他们中有些是供应商或潜在供应商销售代表，有些则是工厂的客户。总部的职能管理人员和来自地方、州和联邦政府机构的人员也会来厂考察。当陪伴这些来访者以及他自己的下属人员参观的时候，比尔常常会发现一些问题，他会将这些问题列入处理事项的清单中。比尔待处理事项的清单好像永远没有完结。比尔发现，自己根本无暇顾及长期计划工作，而这些工作是他改进工厂的长期生产效率所必须要做的。他似乎总是在处理某种危机。为什么他就不能以一种使自己不这么紧张的方式工作呢？

4. 训练要求：试运用管理者角色理论来描述比尔的工作，并完成如表7-4所示的各项内容。

表7-4 管理者角色分析

管理者的角色	本例中明示的活动	本例中未明示但可能发生的活动
代表人		
领导者		
联络者		
监督人		
传播人		
发言人		
企业家		
冲突管理者		
资源分配者		
谈判者		

提升训练7.1

1. 训练形式：课后个人训练。

2. 训练主题：上下级关系处理、基层管理者的素质要求与角色定位、升迁公司总裁后的思考。

3. 训练素材：扫描二维码，进行阅读。

训练素材

4. 训练要求：结合所学知识，对案例进行以下问题分析，并提交分析报告。

（1）案例中反映的问题是什么？

（2）上述问题出现的原因是什么？

（3）问题的解决思路及对策是什么？

知识拓展：十种管理者的错误行为

知识拓展：员工相互关系准则

视频：周希奇《管理者如何进行角色定位》

任务 7.2 管理沟通

> **知识目标：**
> ▲ 理解管理沟通的概念及目的
> ▲ 了解管理沟通的分类
>
> **能力目标：**
> ▲ 掌握并能运用管理沟通的基本原则及技巧
> ▲ 理解并掌握管理者三维度的沟通艺术
>
> **关键概念：**
> ▲ 管理沟通
>
> **建议学时：**
> ▲ 1 个学时

课前训练 7.2

训练活动：管理游戏
训练主题：听与说游戏（扫描二维码并进行阅读）

管理游戏

7.2.1 管理沟通概述

1. 管理沟通的概念

管理沟通是指社会组织及其管理者为了实现组织目标，在履行管理职责，实现管理职能过程中的有计划的、规范性的职务沟通活动的过程。换言之，管理沟通是管理者履行管理职责，实现管理职能的基本活动方式，它以组织目标为主导，以管理职责、管理职能为基础，以计划性、规范性、职务活动性为基本特征。

2. 管理沟通的目的

管理沟通的目的不仅仅是通知员工相关事物，还应该是在管理沟通过程中，不断排除员工异议，为员工解决问题，促进员工成长的过程。

3. 管理沟通的种类

（1）按沟通内容分类。根据沟通的内容，管理沟通可以分为三种沟通类型。
① 思维的沟通。主要是思想的交流沟通。
② 行为的沟通。主要是肢体的交流沟通。
③ 共识的沟通。主要是通道的交流沟通。

（2）按沟通模式分类。根据下属的"能力—意愿"特征，管理沟通可以分为四种沟通类型。

① 告知式沟通。主要针对沟通能力低、沟通意愿低的沟通对象，通过告知式沟通，直接传递信息，让其知晓与了解，从而实现沟通目的。

② 启发式沟通。主要针对沟通能力低、沟通意愿高的沟通对象，通过启发式沟通，引导他们正确发表个人观点和建议，提高沟通效果。

③ 激励式沟通。主要针对沟通能力高、沟通意愿低的沟通对象，通过激励式沟通，鼓励他们积极发言，积极参与到沟通过程中。

④ 授权式沟通。主要针对沟通能力高、沟通意愿高的沟通对象，通过授权式沟通，创造机会让他们充分表达观点，以了解他们所思所想。

7.2.2 管理沟通的技巧

1．管理沟通的基本原则

管理者要有效开展管理工作，应把握以下沟通的基本原则。

原则一：尊重。只有尊重才可以建立信任。

原则二：理解。理解可以为冲突打造良好的沟通基础与氛围。

原则三：信任。信任是下属成长过程中的润滑剂。

原则四：赞美。赞美是接近沟通心理的法宝。

2．管理沟通的基本技巧

（1）积极倾听，以诚相待。"沟通首先是倾听的艺术。"在日常工作中，管理者倾听能力更为重要。积极的倾听应当是接受他人所言，而把自己的意见推迟到说话人说完之后。一位擅长倾听的管理者通过倾听，可以从下属那里获得信息并对此进行思考。下属的意见是你决策的首要考虑信息，收集这些信息可以使你觉察下属的心理和想法，同样给你一个适当的时间为你的决策做准备。认真倾听是对下属的尊重，是表达沟通的诚意的方式，从而可以取得对方的信任，创造一种真诚、和谐的沟通气氛。有效准确地倾听信息，将直接影响管理者的决策水平和管理成效，并由此影响公司的经营业绩。

（2）准确表达，及时反馈。沟通的最大障碍在于员工误解或者对管理者的意图理解得不准确。为了减少这种问题的发生，管理者应用准确的语言表达。在同一个组织中，不同的员工往往有不同的年龄、教育和文化背景，这就可能使他们对相同的话产生不同的理解，管理者应该选择员工易于理解的词汇，使信息更加清楚明确。管理者还应让员工对管理者的意图做出反馈。比如，当向员工布置了一项任务之后，你可以接着向员工询问："你明白我的意思了吗？"同时要求员工把任务复述一遍。如果复述的内容与管理者的意图相一致，说明沟通是有效的；如果员工对管理者的意图的领会出现了差错，可以及时进行纠正。

（3）结果导向，解决问题。管理者在沟通前首先要对沟通的内容有正确、清晰的理解，制订符合实际的信息沟通计划；还应该认清这次沟通对象的意义何在，比如通过这次沟通我们得到了什么。重要的沟通最好事先征求他人的意见，每次沟通解决什么问题，达到什么目的，不仅沟通者清楚，还要尽量使被沟通者也清楚。所以沟通之前应对问题的背景、解决问题的方案及其依据的资料、决策的理由和对组织成员的要求做到心中有数。

（4）关注情感，换位思考。沟通时应先说心情，再说事情；先讲心理，再讲道理。通过协商达成更好的沟通效果。

（5）肢体配合，保持理性。要使沟通富有成效，管理者必须注意自己的肢体语言，表示你对对方的话的关注，比如赞许性的点头、恰当的面部表情、积极的目光配合等，沟通时不要看表、翻阅文件、拿着笔乱画乱写等。如果员工认为你对他的话很关注，他就乐意向你提供更多的信息；否则员工有可能把自己知道的信息也怠于向你汇报。同时，管理者在与员工进行沟通时，应该尽量保持理性和克制，情绪能使我们无法进行客观的、理性的思维活动，而代之以情绪化的判断。如果情绪出现失控，则应当暂停进一步沟通，直至恢复平静。

（6）建立渠道，减少层次。建立良好、顺利的沟通渠道是良好沟通得以进行的保证，管理者要建立多种简单安全的沟通渠道，尽量采取现代化手段。管理者在与员工进行沟通时应尽量减少沟通的级别，越是高级的领导者越注重与员工直接沟通。总而言之，管理者与员工之间进行的双向沟通，其关键在于管理者。

7.2.3 管理沟通的三个维度

对于下级、上级、平级同事三种角色合一的管理者来说，在一个组织中，他们既需要与管辖自己的上级沟通，也需要与自己管辖的下级沟通，还需要与其他部门的同事沟通。

1. 与上级沟通的艺术

（1）与上级沟通的行为。与上级沟通的行为表现如表 7-5 所示。

表 7-5 与上级沟通的行为表现

上级需要	作为下属的沟通行为
支持	尽责，尤其在上级的弱项处给予支持 执行指令
承诺、聆听、询问、响应并了解部属情况	定期汇报工作、自我严格管理、为领导分忧 理解上级、敢挑重担、提出建议
提供信息	及时给予反馈、工作汇报、沟通信息

（2）与上级沟通的类型。与上级沟通的类型包括接受指示、汇报工作、商讨问题、表达意见、争取说服等。

① 接受指示。接受指示时应注意以下几点。

- 认真倾听。专注对话，适当记录，不要遗漏重要信息，对于重要信息如时间、地点等要确认。

- 通过提问的形式，明确沟通的目的是不是接受指示，以便做好准备。
- 明确目的。要明确指示的目的，随时注意、防止沟通过程演变为诸如商讨问题、向上汇报工作、上司对下级进行工作评价等其他的沟通类型。
- 对上司的指示进行恰当的反馈，以有效的方式同上司就重要问题进行澄清。
- 既然是接受指示，就应当首先将指示接受下来，即使有什么问题，也不要急于进行反驳。除非得到上司的认同，否则不要在这个场合与上司进行讨论和争辩。

② 汇报工作。汇报工作应注意以下几点。
- 理清思路，客观表达。汇报工作时，应将资讯消化整理，明确自己要说什么，用客观、准确的语言汇报，同时切忌渲染，以避免引起上司的反感。
- 关注期望，突出重点。汇报的内容要与原定目标和计划相对应，切忌漫无边际，牵扯到无关的事情。应针对上司的关注重点和期望，重点或详细进行汇报。
- 恭请点评，及时反馈。汇报结束后，应请上司指出成绩和不足。上司所做出的工作评价实际是一种反馈，从中可以知道上司对哪些地方不是很清楚，你可以补充介绍，或提供补充材料，加深上司对你所汇报工作的全面了解。

③ 商讨问题。在商讨问题时要时刻注意把握分寸，保持良好的沟通环境。
- 把握原则。讨论问题时要把握好沟通原则：平等、互动、开放。
- 角色定位。沟通双方都应正确扮演各自的角色，按各自的权限做出决定。上司不要过分关注本该由下级处理的具体问题。
- 提前准备。事先约定商讨的内容，使双方都做好准备。
- 紧扣目的。切忌随意改变沟通的目的，不要将商讨问题转变为上司做指示、对下级工作进行评价，或者是下级进行的工作汇报。

④ 表达意见。为了避免出现沟通障碍，在表述建议或表达意见时应遵循以下原则。
- 突出重点。表达意见应当确切、简明扼要和完整，有针对性，重点突出，不要拖泥带水，应针对具体的事情，而不要针对某个人。
- 摆正位置。要清楚自己的位置与心态，向上级反映的事如超出自己的职权范围或与本部门没有太大的关系，就不要过分期望上级一定会向自己做出交代和反馈。
- 不可强加。表达意见是一种个人意见的反映，不要强加于人，也不要形成辩论。

⑤ 争取说服。在说服上司时，应遵循以下原则。
- 注意方式，实力说话。说服时，不可直接顶撞上司；应培养数据化思维，完整地把握事态和相应数据；分析问题要有理有据，尽量避免含糊不清或想当然。
- 充分准备，换位思考。不打无准备之仗，多设想一些上司会问到的问题，并提供多种解决措施；同时多站在上司的立场思考问题，使说服更有效。

2．与下级沟通的艺术

（1）与下级沟通的行为。与下级沟通的行为表现如表 7-6 所示。

表 7-6　与下级沟通的行为表现

下 级 需 要	作为上级的沟通行为
关心	主动询问、问候，了解需求与困难
支持	帮助解决问题，给予认可、信任，给予精神、物质帮助
指导	诱导、反馈、考核、在职辅导、培训
理解	倾听、让下级倾诉
得到指令	清楚指令、不多头领导、健全沟通渠道
及时反馈	定期进行工作上的反馈
给予协调	沟通、协调、解决冲突

（2）与下级沟通的类型。

① 布置任务。布置任务时应注意以下几点。

- **语气适当。** 布置任务时应谦逊有礼、温和而不失严肃，这比颐指气使或屈尊俯就的态度更容易让人接受。
- **任务明确。** 布置任务应准确、简单、明了，包括"5W2H"："5W"即谁传达指令、做什么、什么时间、什么地点、为什么；"2H"即怎么做、工作量有多少。
- **监督检查。** 定期检查和监督下级工作进度是必要的，应以一种和蔼的态度经常询问下级的工作进展和困难，既激励了下级又掌握了工作进度。

② 批评建议。批评建议请注意以下几点。

- **善意批评。** 作为上司要清楚，批评是对"过失者"的一种关心与负责任，指出缺点与错误，找出其薄弱环节，意在使其今后能够扬长避短，是对下属负责任的表现。
- **对事不对人。** 虽然错误与犯错的人密不可分，但对事不对人的批评更易被下属接受，切忌对下属进行人身攻击，也不可将其以往错误集中起来，一齐兴师讨伐。
- **掌握事实。** 在批评前，应对事件过程及原因调查清楚，要让下属明白被批评的原因，以免造成"冤假错"案；当事件涉及多人时，应一视同仁、公平对待，对相关下级都要进行相应批评；一旦发现违规，要及时批评，强化教育效果。
- **先扬后抑。** 不要忽略赞美在批评中的关键作用。在批评下级时，不能将下级"一棍子打死"，也不要当众斥责下级。先肯定，后否定，在肯定的基础上局部否定，可顾全被批评者的自尊心。
- **协商解决。** 大多数的错误不是由下级主观引起的，可能是多种因素的综合结果。当上司在批评下级时，要尽量以沟通的姿态和下级探讨分析错误的前因后果，同时，也要认真地反省自己应该承担的责任。

③ 工作讨论。工作讨论时请注意以下几点。

- **平等沟通。** 应用平等的方式，以工作为导向进行沟通。
- **主动控制。** 紧扣讨论主题，控制讨论的方向、进度及要达到的目标。
- **尊重对方。** 应多从下级的角度看问题，尊重下级。

3. 与平级沟通（含水平沟通、跨部门沟通）的艺术

（1）与平级沟通的行为。与平级沟通的行为表现如表 7-7 所示。

表 7-7　与平级沟通的行为表现

平级同事需要	沟 通 行 为
尊重	多倾听对方意见，重视对方意见，不背后议论
合作	主动提供信息，沟通本部门意见
帮助	给予支持
理解	宽容、豁达

（2）平级沟通的技巧。与平级沟通时，应注意以下要求。

① 服务意识。在企业的价值链上，不同部门互为"内部客户"，应将树立内部服务观念、从"以自我为中心"到"以客户为中心"、主动积极、了解客户的要求作为工作的标准。

② 简化通道。不同部门间有许多业务往来，只有简化工作和沟通的通道，才能加速合作。

③ 尊重差异。学会宽容，容忍差异，这样才能以开放的心态开展合作。

④ 必要工具。可以采取"工作联络单"这种必要的联络工具促进交流。

同步训练 7.3

1．训练形式：课堂管理沙龙。
2．训练主题：鼓励新员工融入公司的沟通情景。
3．训练案例：

一位刚刚步入社会、没有工厂工作经验的员工，开始从事检验工作。他特别用心地做了三天，但检出率还是不尽如人意，这时管理人员的表现如下。

沟通情景 1
主管 A：你把这些产品拿回去，全部重新检验一遍，检验到合格再下班。
员工：……

沟通情景 2
主管 B：你去插架吧，这个岗位让新来的小李做好了。
员工：……

沟通情景 3
主管 C：你有没有发现，你漏检的产品有什么共性？
员工：……
主管：你漏检的产品主要是划伤和脏污问题，是不是培训的时候对不良标准没有记清楚？其他不良情形的产品你都检验出来了，说明你还是很认真的，我让领班再给你示范几次，你注意记录一下。如果有不明白的地方，就大胆问，好吗？

4．训练要求：结合案例及所学知识对以下问题进行分析。先提出个人观点，然后相互讨论，最后形成小组的观点及处理对策进行汇报。

（1）三个不同的沟通情景，主管对新员工的沟通有什么问题？这种沟通方式将对新员工产生什么影响？

（2）主管在与新员工沟通时，应注意什么技巧？

提升训练 7.2

1．训练形式：课后个人训练。
2．训练主题：沟通情景训练——如何与上级进行沟通。
3．训练素材：扫描二维码并阅读素材。
4．训练要求：结合所学知识，对案例进行以下问题分析，并提交分析报告。

（1）案例中反映的问题是什么？
（2）上述问题出现的原因是什么？
（3）问题的解决思路及对策是什么？

训练素材

任务 7.3　时间管理

> **知识目标**：
> ▲ 了解时间的概念及特性
> ▲ 理解时间管理的概念及目的
> **能力目标**：
> ▲ 掌握并熟练运用时间管理的各种方法
> **关键概念**：
> ▲ 时间管理
> **建议学时**：
> ▲ 1 个学时

课前训练 7.3

训练活动：管理游戏
训练主题：时间管理的游戏（详情请扫描二维码进行阅读）

管理游戏

时间是管理者最重要的资源之一，管理者要很好地完成工作就必须善于利用自己的工作时间，达到事半功倍的效果，为公司创造最大的效益。

7.3.1 时间管理概述

1. 时间的概念及特性

（1）时间的概念。关于时间的定义，爱因斯坦认为"时间实际上是钟的读数"；而《辞海》则解释为"有起点和终点的一段时间或它的某一点，以地球自转一周 24 小时为根据"。

（2）时间的特性。从管理角度，时间具备以下四个特性。

① 无法蓄积。时间不像人力、财力、物力和技术那样可以被积蓄、储藏。时间一去不复返，不论愿不愿意，我们都必须消耗时间，所以无法节流。

② 无法取代。时间是任何活动所不可缺少的基本资源，是无法取代的。

③ 供给无弹性。时间的供给量是固定不变的，在任何情况下不会增加、减少，也不会因需要程度的大小而改变，每人每天只有 86 400 秒。所以，我们无法开源。

④ 无法失而复得。时间无法像失物一样失而复得。它一旦丧失，则会永远丧失。花费了金钱，尚可赚回，但若挥霍了时间，任何人都无力挽回。

2. 时间管理的概念及目的

（1）时间管理的概念。时间管理是指在时间消耗相等的情况下，为提高时间利用率和有效性而进行的一系列活动，包括对时间进行有效的计划和分配，以保证重要工作的顺利完成，并能及时处理突发事件或紧急情况。

由于时间特性的特殊性，所以时间管理的对象不是"时间"，而是指面对时间而进行的"自我管理"。也就是说，通过时间管理，能够使我们主动、有效地控制时间，让时间为自己服务，而不是在时间面前充满被动和困惑。怎么能在单位时间内完成更多的产出，带来更好的效果、更高的效益和效率，才是我们追求的目标。由此可见，时间管理其实就是自我管理。

（2）时间管理的目的。时间管理的目的就是将时间投入到与你的目标相关的工作中，达到"双效"（效率、效能），即让自己既能把事情很快地做完（有效率），又能把事情做对（有效能）。因此，时间管理不是要把所有事情做完，而是更有效地运用时间，管理的是如何减少时间浪费，以便有效地完成既定目标。时间管理的目的除了要决定你该做些什么事情以外，另一个很重要的目的是决定什么事情不应该做。时间管理不是完全的掌控，而是降低变动性，它最重要的功能是透过事先的规划，作为一种提醒与指引。

阅读材料 7.1

华为的"精减原则"

无论对于一个部门的工作流量，还是七个部门的工作流量，华为要求员工做到"能省就省",并编制"分析工作流程的网络图",如果每一次去掉一个多余的环节,就有减少一个工作延误的可能性,这意味着大量时间被节省了。

7.3.2 时间管理方法

1. 帕雷托原则

帕雷托原则也称"二八定律",是由帕累托提出的,其核心内容是生活中 80%的结果几乎源于 20%的活动。他指出:在一个团队或一群人中,少部分人较大部分人创造出更多价值。比如,总是那些 20%的客户给你带来了 80%的业绩,创造了 80%的利润;世界上创造了 80%的财富是被 20%的人掌握着的,世界上 80%的人只分享了 20%的财富。因此,要把注意力放在 20%的关键事情上。

2. 帕金森原则

1958 年,帕金森出版了《帕金森定律》一书。书中提出了著名的帕金森时间定律:"工作会自动地膨胀占满所有可用的时间。"帕金森时间定律也被称为"爆米花"定律,很少的米会膨胀成一箩筐。定律表明,如果你给自己安排了充裕的时间从事一项工作,你会放慢你的节奏或是增添其他项目以便用掉所有分配的时间。在管理上,主要指工作的杂务会被扩大、膨胀,充斥在人们的工作时间内,使其迷失方向,陷于杂务丛林之中。

因此,帕金森时间原则指出:要给事情,哪怕是小事也要设定完成期限,否则事情就会像橡皮筋一样被拉得很长,没完没了。

3. 麦肯锡 30 秒电梯理论

麦肯锡公司曾经得到过一次沉痛的教训:该公司曾经为一家重要的客户做咨询。咨询结束的时候,麦肯锡公司的项目负责人在电梯间里遇见了对方的董事长,该董事长问麦肯锡公司的项目负责人:"你能不能说一下现在的结果呢?"由于该项目负责人没有准备,而且即使有准备也无法在电梯从 30 层至 1 层运行的 30 秒钟内把结果说清楚。最终,麦肯锡公司失去了这一重要的客户。从此,麦肯锡要求公司员工凡事要在最短的时间内把结果表达清楚,凡事要直奔主题、直奔结果。

麦肯锡认为,一般情况下人们最多记得住一二三,记不住四五六,所以凡事要归纳在三条以内。这就是如今在商界流传甚广的"30 秒电梯理论"或"电梯演讲"。

4. 莫法特休息法

《圣经·新约》的翻译者詹姆斯·莫法特的书房里有 3 张桌子:第一张摆着他正在翻译的《圣经·新约》译稿;第二张摆的是他的一本原稿;第三张摆的是他正在写的一本侦探小说。莫法特的休息方法就是从一张书桌搬到另一张书桌,继续工作。

"间作套种"是农业上常用的一种科学种田的方法。人们在实践中发现,连续几季都种相同的作物，土壤的肥力就会下降很多，因为同一种作物吸收的是同一类养分，长此以往，肥力就会枯竭。人的体力也是这样，如果长时间持续同一项工作内容，就会产生疲劳，使活动能力下降。如果这时改变工作内容，就会产生新的优势兴奋灶，而原来的兴奋灶则得到抑制，这样人的脑力和体力就可以得到有效的调剂和放松。

5. 6点优先工作制

该方法是效率大师艾维利向美国一家钢铁公司提供咨询时提出的。

该方法使这家公司用了5年的时间，从濒临破产一跃成为当时全美最大的私营钢铁企业，艾维利因此获得了2.5万美元咨询费，故管理界将该方法喻为"价值2.5万美元的方法"。

这一方法要求把每天所要做的事情按重要性排序，分别从"1"到"6"标出6件最重要的事情。每天一开始，先全力以赴做好标号为"1"的事情，直到它被完成或被完全准备好，然后再全力以赴地做标号为"2"的事，以此类推……

艾维利认为，一般情况下，如果一个人每天都能全力以赴地完成6件最重要的事情，那么他一定是一位高效率的人士。

6. ABC时间管理法

（1）主要内容。ABC时间管理法是由美国管理学家莱金（Lakein）提出的。他建议以事务的重要程度为依据，将其各阶段事务由重要到不太重要的顺序分为ABC三个等级。

A级事务。A级为最重要且必须完成的事务，是与实现自己的目标相关的关键事务，比如管理性指导、重要的客户约见、重要的期限临近、能带来领先优势或成功的机会。A级事务都是必须在短期内完成的任务，一旦完成，就会产生显著的效果。如果没有完成，则可能产生严重的、令人沮丧的，甚至是灾难性的后果。A级事务的关键是需要立刻行动起来去做。

B级事务。B级为较重要很想完成的事务，往往是指具有中等价值的事务，这类事务有助于提高个人或组织业绩，但不是关键性的。B级事务是应该在短期内完成的任务。虽说不如A级事务那样紧迫，但它仍然很重要。这些事务可以在一定期限内相应地推迟。如果规定的完成期限较短，就应该将它们很快提升为A级。

C级事务。C级为不太重要或可以暂时搁置的事务，是指价值较低的一类事务。C级事务是可以推迟但不会造成严重后果的工作。该事务中的有些工作甚至可以无限期地推迟。但其他一些事务，尤其是那些有较长时间限制的事务，也会随着完成期限的临近最终转变为A级或B级事务。

（2）管理步骤。ABC时间管理的步骤如下。

① 列出目标。每日工作前列出"日工作清单"。
② 目标分类。对"日工作清单"进行分类。
③ 排列顺序。根据工作的重要性、紧急程度确定ABC顺序。
④ 分配时间。按ABC级别顺序定出工作日程表及时间分配情况。

⑤ 实施。集中精力完成 A 类工作，效果满意，再转向 B 类工作。对于 C 类工作，在时间精力充沛的情况下，可自己完成，但应大胆减少 C 类工作，尽可能委派他人执行，以节省时间。

⑥ 记录。记录每一事件消耗的时间。

⑦ 总结。工作结束时评价时间的应用情况，以不断提高自己有效利用时间的技能。

7."时间四象限"管理法

（1）主要内容。"时间四象限"管理法是美国的管理学家科维提出的一个时间管理的理论，把工作按照重要和紧迫两种不同的程度进行了划分，基本上可以分为四个象限：重要并且紧迫（如客户重大投诉、即将到期的任务、财务危机等）、重要但不紧迫（如建立人际关系、人员培训、制定防范措施等）、不重要但紧迫（如电话铃声、不速之客、部门会议等）、既不重要也不紧迫（如上网、闲谈、发邮件、写博客等）。按处理顺序划分，先是既重要又紧迫的，接着是重要但不紧迫的，再是不重要但紧迫的，最后才是既不重要也不紧迫的。"时间四象限"法的关键在于第二类和第三类的顺序问题，必须非常小心区分。另外，也要注意划分好第一类和第三类事情，都是紧迫的，区别就在于前者能带来价值，实现某种重要目标，而后者不能。

科维根据"时间四象限"管理法，建立了一个二维的"时间四象限"图，如图 7-6 所示。

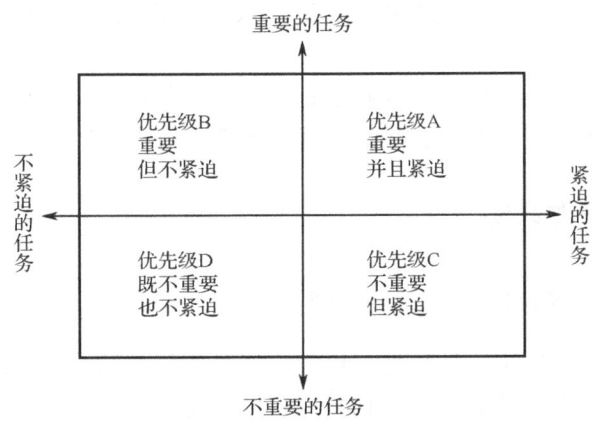

图 7-6 "时间四象限"图

（2）管理策略。时间管理策略应根据各象限工作的重要性和紧迫性不同而有所不同。

① 第一象限（优先级 A）：重要并且紧迫的事情——马上去做。

这一类事情具有影响的重大性和时间的紧迫性，无法回避也不能拖延，必须首先处理，优先解决。很多重要但不紧迫的事（即第二象限的事）都是因为缺乏有效的工作计划而转变成为第一象限的事。这也是传统思维状态下的管理者的通常状况，就是"忙"。

② 第二象限（优先级 B）：重要但不紧迫的事情——重点去做。

这一象限不同于第一象限，这一象限的事件不具有时间上的紧迫性，但是，它具有重大的影响，对于个人或者企业的存在和发展及周围环境的建立维护，都具有重要的意义。荒废这个领域的事将使第一象限的事日益扩大，使我们陷入更大的压力，在危机中疲于应付。反之，多投入一些时间在第二象限有利于提高实践能力，缩小第一象限的范围。做好事先的规划、准备与预防措施，很多急事将无从产生。

第二象限的事情很重要，而且会有充足的时间去准备，有充足的时间去做好。可见，投资第二象限，它的回报才是最大的。这也是传统低效管理者与卓越高效管理者的重要区别。建议管理者要把80%的精力投入到该象限的工作，以使第一象限的"急"事无限变少，不再瞎"忙"。

③ 第三象限（优先级C）：不重要但紧迫的事情——巧妙地安排别人去做。

这一象限的事件具有很大的欺骗性，即很紧迫的事实容易造成很重要的假象，耗费了人们大量的时间。依据紧迫与否很难区分第一、三象限的事情，要区分它们就须借助另一标准——看这件事是否重要。也就是按照自己的人生目标和人生规划来衡量这件事的重要性。如果它重要就属于第一象限的内容；如果它不重要，就属于第三象限的内容。例如，电话、会议、突来访客都属于第三象限的事情，表面看似是第一象限的，因为迫切的呼声会让我们产生"这件事很重要"的错觉，实际上就算重要也是对别人而言的。我们花很多时间在这个里面打转，自以为是在第一象限，其实不过是在满足别人的期望与标准。

④ 第四象限（优先级D）：既不重要也不紧迫的事情——尽量不做。

这一象限的事件大多数是些琐碎的杂事，没有时间的紧迫性，没有任何重要性，尽量不去做。如上网玩游戏、串岗聊天、打扑克等，就不要去做。如果确实需要休息一下大脑，调节一下精神，如网上听听音乐，也要限定一个时间，不要耗费太多的精力。

总之，对于"时间四象限"法要科学把握，只有把精力主要放在重要但不紧迫的事务处理上，合理巧妙地安排时间、规划时间，才能在有限的时间内创造更大的效益。

7.3.3 时间管理策略

1. 养成制订计划和列工作清单的习惯

凡事预则立，不预则废。计划性工作的习惯是做好时间分配和时间管理的关键。在实际工作中，应事先做出计划、按计划执行，并注意留出处理不可预计事务的时间。制订计划，并不是将未来一天、一周或一个月的时间都填满，在内容上更侧重于什么时间需要做什么事情，哪些工作在这个时间段会是关键或重点，完成这项目标需要哪些工作配合等，并根据"时间四象限"法则，做出自己的行动计划指南表。

在做计划时，把自己所要做的每一件事情都写下来，列一张总清单，这样做能让你随时都明确自己手头上的任务。在列好清单的基础上进行目标切割。

- 将年度目标切割成季度目标，列出清单，标明每一季度要做哪一些事情；
- 将季度目标切割成月目标，并在每月月初重新列一遍，以便遇到突发事件而需要更改目标的情形时及时进行调整；
- 每一个星期天，把下周要完成的每件事列出来；

● 每天晚上把第二天要做的事情列出来。

以某天为例，根据个人的要求不同，可以参考如表 7-8 所示工作时间管理规划表或如表 7-9 所示的 5 点优先工作表来列工作清单。

表 7-8　工作时间管理规划表

时　间	主要工作及要求
8:20～8:30	整理工作台面，打开 OA 系统，列一天工作清单，最好写下备忘录
8:30～9:30	1. 与下属交换意见和布置重要工作； 2. 集中精力认真完成重要且紧迫的工作； 3. 关闭所有的聊天工具和浏览器，手机调到静音状态
9:30～11:00	1. 集中精力，有计划性完成重要但不紧迫的工作； 2. 不要随意窜走办公室，尽量隔离自己，减少干扰
11:00～11:45	1. 回复所有需要回复的电话和短信； 2. 查询邮件并回复，处理好后关闭聊天工具
11:45～13:00	午饭和午休
13:00～14:00	1. 与其他部门之间的工作沟通； 2. 本部门内部的沟通工作； 3. 处理一些杂事
14:00～15:30	1. 收集、查询资料，写文件报告，批阅文件； 2. 向领导汇报工作
15:30～17:00	1. 为新的工作任务做准备，查阅资料； 2. 安排工作会议，组织或参加培训
17:00～17:30	1. 回复所有需要回复的电话和短信； 2. 查询邮件并回复； 3. 反省一天来的工作和思考下一步工作
19:00～21:30	1. 有计划读书，写读书笔记； 2. 写博客

表 7-9　5 点优先工作表

优先序号	时　间　段	工作项目内容	工作效率自评	是否完成
1	8:30～9:20	起草高管会工作议题的汇报内容	按时完成	√
2	9:30～10:20	讨论人才市场招聘方案	讨论充分	√
3	10:30～11:40	审定事业部考勤制度	讨论激烈，延时完成	√
4	13:00～15:00	修改《销售与收款》内控制度	提前 10 分钟完成	√
5	15:30～17:00	参加新入职管理人员座谈会	效果很好，增加信心	√

在制订计划和列清单时，要注意以下几个问题：

一是严格规定完成期限。巴金森（C. Noarthcote Parkinson）在其所著的《巴金森法则》中写下这段话："你有多少时间完成工作，工作就会自动变成需要那么多时间。"如果你有一整天的时间可以做某项工作，你就会花一天的时间去做它。而如果你只有一小时的时间可以做这项工作，你就会更迅速有效地在一小时内做完它。因此，应该规定完成期限并严格执行。

二是形成有条有理的工作作风，今日事今日毕。习惯拖延时间是很多人在时间管理中经常会落入的陷阱。"等会再做""明天再说"这种"明日复明日"的拖延循环会彻底粉碎制订好的全盘工作计划，并且对自信心产生极大的动摇。今日事今日毕体现的是一种强有力的执行力，这种执行力将指引按照自己设计好的轨道走向成功的彼岸。

三是用最充沛的精力做最重要的事情。确定一天中哪个时间段工作效率最高，然后恰当分配做事的时间，把需要高度专注的事务放在专注力高的时间段；反之，则放在专注力低的时间段。

2．善于倍增你的时间

在时间管理过程中，要使用一些策略以增加个人的时间。

① 用钱买时间。交通方面，能坐飞机就不要坐火车，能打车就不要等公交，乘坐最快的、有助于休息和学习的交通工具；学习方面，采用最有效的学习方法，如能面授听课就不看视频等。

② 运用工具。懂得运用工具倍增时间，学习最新的知识，掌握最新的工具，改进效率，本来花1个小时的工作，想办法在0.5小时内完成，这样可以节省更多时间用于学习。

③ 以人替时法。能让别人代劳的事情尽量安排别人去做。因为每个人的精力都是有限的，所谓"有所为有所不为"，把自己的精力和时间用在最能体现自己价值的事情上。

④ 充分授权。列出你目前工作中所有觉得可以授权的事情，把它们写下来，找适当的人来授权。学会授权和委托，不必事必躬亲。只有这样，才能使我们从纷繁的工作中脱身出来，集中精力做重要工作，提高工作效率。

⑤ 学会借力。个人的知识和精力是有限的，依靠和利用团队完成工作才是明智的选择。

3．学会拒绝和适当搁置

时间管理中最有用的词是"不"，在管理中给自己设置底线和限定，否则，其他人可能会觉得既然你还有时间和精力，就应该继续干更多的工作。要学会说"不"，因为有时拒绝是保障自己行使优先次序的有效手段，勉强接受他人的请托而扰乱自己的安排，是不合理的。如果有的请托由他人承担可能比自己更合适，不妨向请托者提出合理的建议。量力而行地说"不"，对己对人都是一种负责，也才能使自己得到真正的自由。

不要固执于解决不了的问题，可以先把问题记下来，让潜意识和时间去解决它们；尽量不要"钻牛角尖"；不要开展无谓的争论，无谓的争论不仅影响情绪和人际关系，而且还会浪费大量时间，到头来还往往解决不了什么问题。

4．利用时间碎片和"死时间"

生活中有许多零碎的时间很不为人注意，其实这些时间虽短，但却可以充分利用起来做一些事情。比如等车、排队、走路、搭车等时，可以用来思考问题、背单字、打电话、温习功课等。在疲劳之前休息片刻，既避免了因过度疲劳导致的工作效率低下，又可使自己始终保持较好的"竞技状态",从而大大提高工作效率。

同步训练7.4

1. 训练形式:课堂管理沙龙。

2. 训练主题:问题处理分析。

3. 训练素材:

李明远经理新任易捷办公用品的经理,管理江城10个分店的业务。上任的第一天,许多问题不期而至。

(1)顾客订购了一张昂贵的办公桌,发现有许多划痕,非常愤怒,客服经理想知道应该怎么处理。

(2)上个月应该交纳的各种费用还没有支付,而且这个公司总是会延迟交付的。

(3)仓库有一大堆箱子,一直没有按位置整理。

(4)商店有一些欠款已经超过很长时间了,会计想知道应该采取什么措施。

(5)你手下的50名员工,精神困顿,仿佛很不喜欢这里的工作,应该如何解决?

(6)乱上加乱的是,供应商提前一周送来100张桌子,你的仓库已经放不下了,于是拒绝收货,司机非常愤怒,不肯离开,把车停在店门口,堵塞了交通,堵车的司机不停地按喇叭。

4. 训练要求:

以小组为单位进行讨论,按以下标准对李明远经理遇到的问题进行分析,将各类问题进行分类并评判,最后排出问题处理的先后次序,将结果填写如表7-10所示的表格中。

时间性:问题有多迫切?是否涉及最终期限?

趋势:问题可能有什么发展?可能产生的变化是什么?

影响:该问题有多严重?它对顾客、产品和组织的影响是怎样的?

表7-10 问题分析处理表

主要问题	子问题	时间性	趋势	影响	处理顺序

续表

主要问题	子问题	时间性	趋势	影响	处理顺序

同步训练 7.5

1．训练形式：个人训练。

2．训练主题：时间管理方法总结。

3．训练要求：结合所学时间管理的方法，用一句最精辟的话总结其核心思想，并完成如表 7-11 所示的内容。

表 7-11　时间管理方法总结

时间管理方法	方 法 总 结
帕雷托原则	
帕金森原则	
麦肯锡 30 秒电梯理论	
莫法特休息法	
6 点优先工作制	
ABC 时间管理法	
"时间四象限"管理法	

提升训练 7.3

1．训练形式：课外个人训练。

2．训练主题：工作时间管理规划表和 5 点优先工作表（扫描二维码进行阅读）。

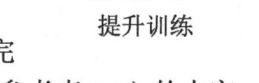

提升训练

3．训练要求：以某天为例，根据自身的时间管理要求不同，完成工作时间管理规划表（格式参考表 7-8）和 5 点优先工作表（格式参考表 7-9）的内容。

知识拓展：从《亮剑》李云龙的对话中学习沟通的技巧

知识拓展：关于时间的名言

知识拓展：胡适先生关于时间的演讲

视频：时间管理

项目 8

团队管理能力训练

管理名言

企业的成功靠团队,而不是靠个人。

——管理大师罗伯特·凯利

合作是一切团队繁荣的根本。

——美国自由党领袖大卫·史提尔

最好的CEO是构建他们的团队来达成梦想,即便是迈克尔·乔丹也需要队友来一起打比赛。

——通用电话电子公司查尔斯·李

大成功靠团队,小成功靠个人。

——比尔·盖茨

项目导图

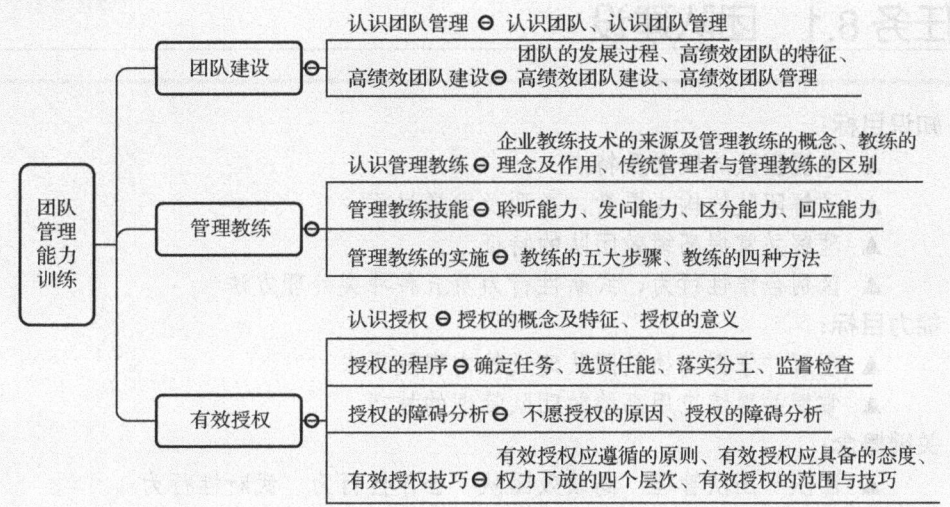

项目导入

【学习情景】

学习要求：
▲ 课前个人观看视频，并进行预分析，完成个人分析提纲；
▲ 课上分小组进行讨论（10分钟），并整合一份分析报告，分享讨论结果。

学习路径：
▲ 扫描二维码，观看视频。

情景视频

课前思考：
▲ 从视频中对狼群的特征描述，你认为狼群是一个高绩效的团队吗？请描述一个高绩效的团队应具备什么样的特征。
▲ 透过李云龙的角色，你认为团队领袖在团队中发挥什么作用？应具备什么样的特质？优秀的领导力应包括什么要素？
▲ 结合视频内容，谈谈在针对下属开展教练管理时应注意什么问题。
▲ 请用精辟的话总结什么是亮剑精神（4~6句话）。
▲ 结合视频，谈谈你对团队精神及团队建设的感受。

课后训练：
针对视频及上述问题，在课前分析的基础上，以小组为单位，完善并提交分析报告。

成功的企业，20%靠策略，80%靠团队！现代的企业，不再是靠个人单打独斗，而是靠团队的资源整合、抱团打天下。因此，团队管理与建设能力是管理者有效实现组织目标的一项关键能力，也是每位管理者必不可少的管理技能。

任务8.1 团队建设

知识目标：
▲ 掌握团队的概念及特点
▲ 了解团队的构成要素、类型及发展过程
▲ 理解并掌握高绩效团队的特征
▲ 区别合作性行为、武断性行为及五种冲突处理方法

能力目标：
▲ 理解并掌握高绩效团队建设的内容及要求
▲ 掌握并熟练应用高绩效团队管理的技巧

关键概念：
▲ 团队　团队管理　高绩效团队　合作性行为　武断性行为

建议学时：
▲ 2个学时

> **课前训练 8.1**
>
> **训练活动**：管理游戏
> **训练主题**：下属与领导角色模拟（详细内容扫描二维码并进行阅读）

训练游戏

8.1.1 认识团队管理

1. 认识团队

（1）团队的概念。管理学家斯蒂芬·P·罗宾斯认为：团队就是由两个或两个以上的相互作用、相互依赖的个体，为了特定目标而按照一定规则结合在一起的组织。

从组织管理的角度来看，团队是由员工和管理者组成的一个共同体，它合理利用每一位成员的知识和技能协同工作，解决问题，达到共同的目标，如工作团队、销售团队、管理团队、项目团队、服务团队等。

（2）团队的特点。团队不同于群体，团队与群体的区别如图 8-1 所示。团队具有四个特点：以目标为导向；以协作为基础；需要有共同的规范和方法；成员在技术或技能上形成互补。

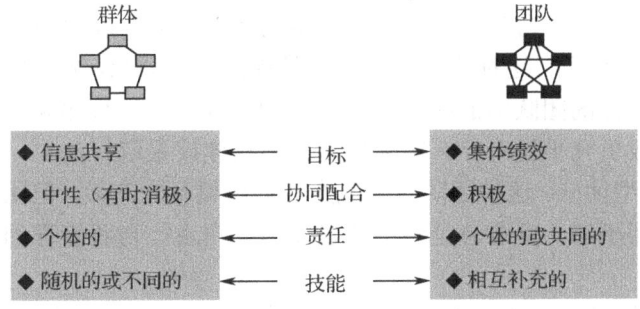

图 8-1 团队与群体的区别

（3）团队的构成要素。团队有几个重要的构成要素，总结为 5P。

① 目标（Purpose）。团队应该有一个既定的目标，为团队成员导航。团队成员有一致的目的，大家认同组织的目标，并且建立强烈的使命感，同时能将长远的目标转化为短期的业绩目标。

> ◆ **管理思考 8.1**

三 叶 草

自然界中有一种昆虫很喜欢吃三叶草（也叫鸡公叶），这种昆虫在吃食物的时候都是成群结队的，第二个趴在第一个的身上，第三个趴在第二个的身上，依次类推。它们通常由一只昆虫带队去寻找食物，这些昆虫连接起来就像一节一节的火车车厢。管理学家做了一个实验，把这些像火车车

管理启迪

厢一样的昆虫连在一起,组成一个圆圈,然后在圆圈中放了它们喜欢吃的三叶草。结果它们爬得精疲力竭也吃不到这些草。

思考:从这个自然界的现象中你得到什么启迪?

② 人(People)。人是构成团队最核心的力量,两个(包含两个)以上的人就可以构成团队。目标是通过人员具体实现的,所以人员的选择是团队中非常重要的一个部分。一般来说,构成团队的成员的数量不多,也就是说,团队的构成不是一个大杂烩,而是精干的少数人。

③ 定位(Place)。团队的定位包含两层意思:一是团队的定位,即团队在企业中处于什么位置;二是个体在团队的定位,即作为成员在团队中扮演什么角色。

④ 权限(Power)。团队权限关系的两个方面:一是整个团队在组织中拥有什么样的决定权?比如说财务决定权、人事决定权、信息决定权等;二是组织的基本特征,比如组织的规模有多大,团队的数量是否足够多,组织对团队的授权有多大,它的业务是什么类型等。

⑤ 计划(Plan)。计划包括两层含义:一是目标最终的实现,需要一系列具体的行动方案,可以把计划理解成目标的具体工作的程序;二是提前按计划进行可以保证团队的顺利进度。只有在计划的操作下团队才会一步一步地贴近目标,从而最终实现目标。

(4)团队的类型。根据团队存在的目的和拥有自主权的大小,可以将团队分为四种类型:问题解决型团队、自我管理型团队、多功能型团队和虚拟型团队。

① 问题解决型团队。这种团队的核心点是提高生产质量、提高生产效率、改善企业工作环境等。在这样的团队中的成员往往会就如何改变工作程序和工作方法相互交流,提出一些建议。成员几乎没有什么实际权利来根据建议采取行动。

② 自我管理型团队。这种团队对表现企业的质量行之有效,但团队成员在参与决策方面的积极性显得不够,企业总是希望能建立独立自主、自我管理的团队——自我管理型团队。

③ 多功能型团队。这种团队由来自同一个等级、不同工作领域和员工组成,他们来到一起的目的是完成一项任务。例如,IBM的任务攻坚队其实就是一个临时性的多功能团队。多功能团队是一种有效的方式,它能使组织内(甚至组织间)不同领域员工之间交换信息,激发新的观点,解决面临的问题,协调复杂的项目。多功能型团队建设成为流行趋势是一种事实,但在具体组建团队的过程中也会遇到一些阻力。

④ 虚拟型团队。这种类型的团队是一个人员群体,虽然他们分散在不同的时间、空间和组织边界,但他们一起工作完成任务。虚拟团队由一些跨地区的、跨组织的、通过通信和信息技术的联结、试图完成组织共同任务的成员组成。

2. 认识团队管理

团队管理(Team Management)指在一个组织中,依成员工作性质、能力组成各种小组,参与组织各项决定和解决问题等事务,以提高组织生产力和达成组织目标的组织形式。基本上,小组是组织的基本单位,各种小组的形成,若是成员能力具有互补性,形成异质性团队,则其效果较佳,因为可从不同观点讨论,激发更有创意或独特的问题解决方式。

8.1.2 高绩效团队建设

1. 团队的发展过程

布鲁斯·塔克曼（Bruce Tuckman）按以组织目标为参照将团队发展阶段分为五个阶段。

（1）组建期。团队小组启蒙阶段。

① 团队酝酿，形成测试。通过测试，建立团队成员的相互关系、团队成员与团队领导之间的关系，以及各项团队标准等。

② 团队成员行为具有相当大的独立性。这一时期团队成员缺乏团队目的、活动的相关信息。部分团队成员还有可能表现出不稳定、忧虑的特征。

③ 团队领导在带领团队的过程中，要确保团队成员之间建立起一种互信的工作关系。

此阶段宜实行指挥或"告知"式领导。

（2）激荡期。形成各种观念，以及激烈竞争、碰撞的局面。

① 团队获取团队发展的信心，但是存在人际冲突、分化的问题。

② 团队成员面对其他成员的观点、见解，更想要展现个人性格特征。对于团队目标、期望、角色及责任的不满和挫折感被表露出来。

③ 团队领导指引团队度过激荡转型期，强调团队成员的差异，相互包容。

此阶段宜实行教练式领导。

（3）规范期。规则、价值、行为、方法、工具等均已形成。

① 团队效能提高，团队开始形成自己的身份识别。

② 团队成员调整自己的行为，以使团队的发展更加自然、流畅。有意识地解决问题，实现组织和谐。动机水平增加。

③ 团队领导允许团队有更大的自治性。

此阶段宜实行参与式领导。

（4）高效期。人际关系结构成为执行任务活动的工具，团队角色更为灵活和功能化，团队能量积聚于一体。

① 团队运作如一个整体。工作顺利，高效完成，没有任何冲突，不需要外部监督。

② 团队成员对于任务层面的工作职责有清晰的理解。没有监督，实现自治；成员表现出积极的工作态度，互助协作。

③ 项目领导让团队自己执行必要的决策。

此阶段宜实行委任式领导。

（5）休整期。任务完成，团队解散。

① 有些学者将第五阶段描述为"哀痛期"，反映了团队成员的一种失落感。

② 团队成员动机水平下降，关于团队未来的不确定性开始回升。

③ 为了形成新的发展阶段，领导有必要介绍关于新项目的好点子。

此阶段宜实行分离式领导。

2. 高绩效团队的特征

随着组织间的竞争日趋激烈，打造高绩效团队已成为加强组织核心竞争力、提高凝聚力和创新力的必要手段。高绩效的团队，并非一般意义上的普通团队。高绩效的团队的特征如图8-2所示。

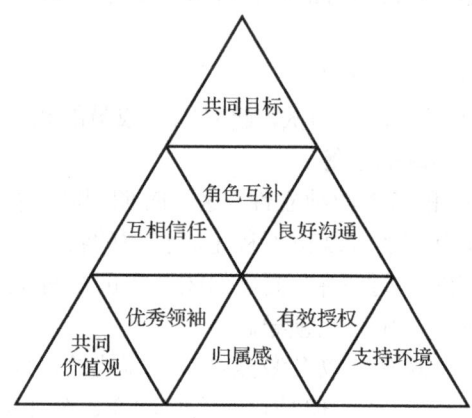

图8-2　高绩效团队的特征

（1）共同目标。共同目标是团队存在的基础，心理学家马斯洛曾说，杰出团队的显著特征便是具有共同的愿望与目的。一支高绩效的团队必定拥有一个大家认可的共同目标，还要使这一目标具有一定的挑战性和吸引力，以得到其他成员的认同，从而成为他们的动力。

（2）互相信任。高绩效团队要求团队成员要互相尊重对方的意见、观点，尊重对方的知识、技能，尊重个体的差异与需求，欣赏对方的才华与贡献，共享资源、知识、经验和技能，不要猜忌和诋毁。

（3）角色互补。高绩效团队是由一群具有相关技能并且能够优势互补的成员组成的。在团队中，应该把适合的人放到适合的位置上去，然后给予他们充分的自主权，每个人都非常明确自身的职责，并能在团队中体现他的价值。

（4）良好沟通。群体成员通过畅通的渠道交流信息，团队成员之间愿意公开并诚实地表达自己的想法，积极主动地聆听别人的意见，了解与接受别人，相互间的关系更融洽，成员不同的意见和观点会受到重视。

（5）共同价值观。团队成员拥有共同的价值观。共同的价值观像电脑的操作系统一样，为不同的团队成员提供共同的、可兼容的、统一的平台。

（6）优秀领袖。优秀的团队领袖往往充当教练员和协调员的角色，能在动态环境中对团队提供指导和支持，鼓舞团队成员的自信心，帮助他们更充分认识自己的潜力，并为团队指明方向，团队领导的行为直接影响团队精神的建立。

（7）归属感。成员喜欢他们的团队，愿意属于这个团队，具有一种归属感。在具有归属感的团队中，成员之间可以分享成就，分担失败带来的忧虑和不能按时完成工作的焦急。

（8）有效授权。谋求正确有效的领导力，授权是必然要面对的问题。在团队建设中的有效授权，要做到人人有职有权，这对领导、员工及公司等多方面都有利。

（9）支持环境。要成为高效团队的最后一个必需条件就是要拥有良好的内外部支持环境。从内部环境来看，团队应拥有一个合理的基础结构，包括适当的培训、一套易于理解的并用以评估员工总体绩效的测量系统、一个起支持作用的人力资源系统等。恰当的基础结构应能够支持并强化成员行为以取得高绩效水平。从外部环境来看，管理层应给团队提供完成工作所必需的各种资源。

阅读材料 8.1

高绩效团队的典范：雁群

每只雁鼓动双翼时，对尾随的同伴都具有"鼓舞"作用。雁群排成"V"字形时，比孤雁单飞增加了 71% 的飞行距离。

当带头的雁疲倦了，它会退回队伍，由另一只取代它的位置。

队伍中后面的大雁会以叫声鼓励前面的伙伴继续前进。

当有雁生病或受伤时，另外两只雁会由队伍飞下协助及保护它。这两只雁会一直伴随在它的旁边，直到它康复或死亡为止。然后，它们自己组成队伍再开始飞行，或者去追赶原来的雁群。

3．高绩效团队建设

高绩效团队建设应包括：制定共享的团队目标；认知和选择团队成员；建立健全有效的管理制度和激励机制；打造团队精神。

（1）制定共享的团队目标。团队目标具有激励力、向心力和凝聚力的作用。团队目标的制定应遵循 SMART 原则。

（2）认知和选择团队成员。一个完整的团队是由众多的角色构成的。根据英国剑桥大学产业培训研究部的贝尔滨教授的实验研究，一个优秀的团队需要具有特定性格特征和能力的成员分别担任不同的角色。优秀团队的组成角色如图 8-3 所示。

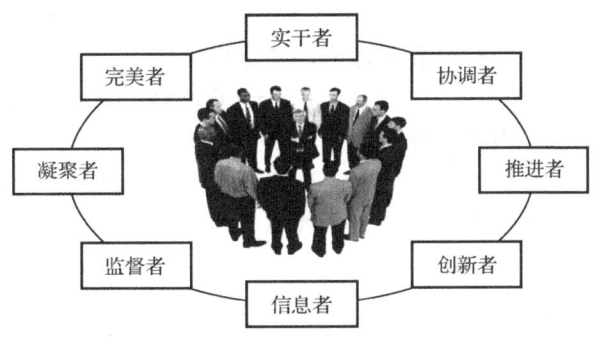

图 8-3　优秀团队的组成角色

在这八种类型的角色中，实干者善于行动，有助于团队目标的实现，团队中如果缺少实干者，团队中其他人的想法和计划可能得不到实现；协调者善于寻找合适的人，团队中如果缺少协调者,则领导力不强;推进者善于让想法立即变成行动,团队中如果缺少推进者,则工作效率将会不高;创新者善于出主意,团队中如果缺少创新者,则思维会受到局限;信息者善于发掘最新"情报",团队中如果缺少信息者则会比较封闭;监督者善于发现问题,团队中如果缺少监督者,则工作绩效不稳定甚至可能大起大落;凝聚者善于化解矛盾,团队中如果缺少凝聚者,则人际关系将会变得紧张;完美者强调细节,团队中如果缺少完美者,则工作会比较粗糙。一个团队角色的"梦幻组合"并不是说要具备八种,而是团队所有成员组合在一起时,总体上看必须齐备上述的八种角色倾向。

(3)建立健全有效的管理制度和激励机制。健全的管理制度和良好的激励机制是团队精神形成与维系的内在动力。美国哈佛商学院詹姆斯教授的一项研究表明,一个人如果受到激励,就会发挥他全部潜能的80%,没有受到激励,其潜能只能发挥出20%。一个高效的团队必须建立合理、有利于组织的规范,并且促使团队成员认同规范,遵从规范。

(4)打造团队精神。团队精神是高绩效团队的灵魂,是团队成员为了实现团队利益和目标而互相协作、尽心尽力的意愿和作风。团队精神应包括凝聚力、合作意识、士气三个要素。

① 凝聚力是团队使成员从事团队活动、拒绝离开的吸引力。

② 团队的合作意识是指团队和团队成员表现为协作和共为一体的特点,这是团队精神的核心。

③ 士气是组织内部全体成员的工作热情与工作行为的总和,这是团队精神的重要方面。

阅读材料 8.2

团队建设的一些观点

团队是对人性的关怀,因为团队中有梦想、信任和责任。
—— Peter Ducker(彼得·德鲁克 管理学大师)

失败的团队中没有成功者,成功的团队中没有失败者。
—— David House(北电网络总裁)

团队行动可以完成单个行动者永远不敢奢望的事情。
—— Franklin Delano Roosevelt(美国总统)

人因为梦想而成长,因为重视而忠诚,因为信任而出色。
—— Stephen Robins(著名管理学家)

我们要么拧成一股绳;要么一个一个被绳吊死。
——Benjamin Franklin(政治家)

5. 高绩效团队管理

团队管理的工作主要是处理团队冲突和有效激励团队。

(1)处理团队冲突。在日常的团队管理中,总会碰到各种各样的团队冲突之类的问题,如团队成员之间的不配合、争吵、互相推诿责任,个人利益与团队利益之间发生冲突、个人和团队之间利益纷争等。这种冲突并不是一件坏事,关键是如何合理有效地处理。

① 冲突处理的方法。冲突处理的方法包括合作性行为和武断性行为两种行为,以及托马斯·基尔曼冲突模型的五种冲突处理方式。

合作性行为和武断性行为。合作性行为和武断性行为的特征与表现如表 8-1 所示。

表 8-1 合作性行为和武断性行为的特征与表现

行为类别	特 征	表 现	举 例
合作性行为	一方愿意满足另一方愿望的行为,越愿意满足另一方愿望,合作性就越强	1. 每个人天生就有与人合作的倾向 2. 从别人的角度和观点去看问题 3. 随时善于从别人的角度和反应来调整自己	市场部需要一些办公用品,到行政部领取,此时恰好没有市场部需要的用品,行政部为了不耽误市场部的工作,马上去买,满足了市场部的需要
武断性行为	一方愿意满足自己愿望的行为,越愿意满足自己的愿望,武断性就越强	1. 我绝不会去找别人,而是等着别人来找我 2. 我永远是对的,别人是错的,一旦发生什么事,都怪别人 3. 在任何情况下,我绝对不会改变自己的观点	陈经理到行政部盖章,但行政部说下周才能盖,陈经理就有些恼火,我无论什么时候来盖,你都得给我盖,你们就是干这个工作的

托马斯·基尔曼冲突模型。该模型(如图 8-4 所示)是一种领先的冲突解决方案的评估和选择方法。其中,武断或不武断,指的是对自己的关心程度,是否坚持自己的观点或行为不肯放弃;合作或不合作,指的是对他人的关心程度,对冲突的另一方是否能够采取宽容、合作的态度。按照这种合作性和武断性的不同,可以形成五种解决冲突的策略。托马斯·基尔曼冲突模型的五种冲突处理方法如表 8-2 所示。

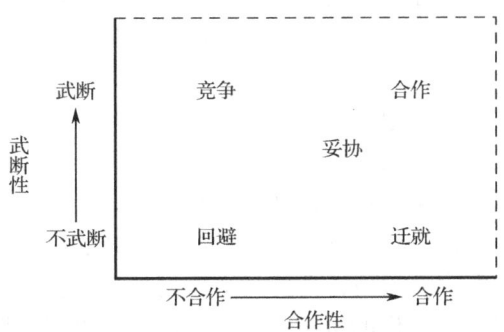

图 8-4 托马斯·基尔曼模型

表 8-2 托马斯·基尔曼冲突模型的五种冲突处理方法

方 法	特 征	表 现	适用情景
竞争	高度武断且不合作	满足自我而不相互合作的处理方式,寻求自我利益的满足而不考虑他人,且有一定的对抗性	1. 处于紧急情况,需要迅速、果断做出决策并要及时采取行动; 2. 问题对团队前景极其重要,而你知道自己是正确的

续表

方法	特征	表现	适用情景
合作	高度武断且高度合作	自我满足并相互合作的积极处理方式，与对方一起寻求互惠互利的双赢来解决冲突	1. 双方的利益都很重要，不能折中； 2. 你的目标是学习、了解他人的观念； 3. 需要从不同的角度解决问题； 4. 决策的内容中有他人的建议和主张
妥协	中等程度的武断和合作	合作与自我满足程度均处于中等水平，放弃部分应得利益，以求事物的继续发展	1. 目标的重要性处于中等程度； 2. 双方势均力敌； 3. 面对时间压力； 4. 协作与竞争方法失败后的预备措施
回避	不武断也不合作	不合作的消极处理方式，表现为对冲突就不合作，也不强求当前利益，使其不了了之	1. 解决冲突带来的损失大于带来的利益； 2. 双方情绪比较激动； 3. 为获取更多信息比立即决定更有效
迁就	不武断且保持合作	不满足自我而相互合作的处理方式，维持整体的友好关系，冲突的一方做出让步，甚至牺牲自我，以迁就他人	1. 认为自己错了； 2. 这件事情对别人更具重要性； 3. 为将来重要的事情或个人信誉打下基础； 4. 和谐比相互竞争或分裂更重要； 5. 帮助员工发展，允许他们在错误中吸取教训

② 冲突处理的技巧。除了掌握冲突处理的方法以外，还应掌握一些处理冲突的技巧。

- 反应及时。团队内的冲突必须做到及时处理，积极引导，求同存异，把握时机，适时协调。只有做到及时，才能最快求得共识，保持信息的畅通而不至于导致信息不畅、矛盾积累。
- 坦诚沟通。"态度决定一切"，胸宽则能容，能容则众归，众归则才聚，才聚则业兴。以坦诚、相互包容的态度处理冲突，做到相互包容，假设自己被对待的方式对待他人，才能更好地体会团队协作的满足与快乐，赢得他人的支持和理解，化冲突为和谐。
- 换位思考。如果产生分歧的双方总是站在自己的立场上，这就导致冲突难以调和。只有双方都能从对方的角度考虑问题，理解对方的处境，体验对方的身心感受和情绪变化，才能有利于他们之间化解矛盾。
- 跟踪回馈。处理团队内部冲突，一定要形成良好的回馈机制，管理者应当对事件进行及时跟踪，看看员工是否真的知道如何处理工作了。回馈机制的建立能够让管理者随时掌握协调工作的进度，如果冲突双方没有按照协商结果办，管理者要继续进行协调，以免影响其他工作。
- 宽容错误。一个团队完全没有冲突，表明这个团队没有什么绩效，因为没有人敢讲话，一言堂。所以，高效团队需要承认冲突之不可避免及容忍之必需。冲突不可怕，关键是要有丰富的解决冲突的方案，鼓励团队成员创造丰富多样的解决方案，是保持团队内部和谐的有效途径。

③ 冲突处理注意事项。

- 竞争可能是有益的，也可能是有害的，需要把握好竞争的水平。
- 回避是日常工作中最常用的一种解决冲突的方法。但采用回避的方式，容易导致更多的工作被耽误，更多的问题被积压，更多的矛盾被恶化。
- 迁就有可能会使一些问题被积压下来，导致更为严重的冲突。
- 妥协是很多职场人士与同事打交道时常用的方式。
- 合作是一种理想的解决冲突的方法，最后可以达到双赢的效果。

（2）有效激励团队。要想带好一个团队，不能把激励仅仅看成是一种推动成员动力的手段，而是要把激励放在一个战略的高度，作为一种企业文化来塑造与培养，这样才可以将激励做到潜移默化，激发成员超越常规，发挥创造性。常见的激励方式有榜样激励、目标激励、授权激励、尊重激励、沟通激励、信任激励、宽容激励、赞美激励、情感激励、竞争激励、文化激励、惩戒激励等。

同步训练 8.1

1. **训练形式**：户外团队拓展训练。
2. **训练主题**：团队合作意识与团队精神培养。
3. **训练说明**。

（1）题目：团队建设与管理实训。

（2）训练目标：
- ▲ 加深对课本知识的认识，增强学生的团队意识和管理能力，营造团结和谐的团体气氛。
- ▲ 学习凝聚团队共识的方法，增进对集体的参与意识与责任心；改善人际关系，学会关心，更为融洽地与他人合作。
- ▲ 在合作过程中体会团队的合力，感受自我超越的可能性。
- ▲ 理清个人目标，定位团队目标。
- ▲ 克服心理惰性，磨炼战胜困难的毅力；启发想象力与创造力，提高解决问题的能力。

（3）训练要求。
- ▲ 严格遵守训练规则；
- ▲ 积极参与每项训练；
- ▲ 维护团队荣誉；
- ▲ 认真思考，积极发言；
- ▲ 爱护训练器材、设备；
- ▲ 遵守训练时间；
- ▲ 共享训练成果。

（4）训练任务。
- ▲ 积极参与各项活动；
- ▲ 认真完成训练任务；
- ▲ 认真完成实训总结。

（5）注意事项。
- ▲ 安全是我们所有活动的前提和最重要的环节；
- ▲ 要求所有学生严格服从老师安排，听从指令；

▲ 老师起到应有的指导作用，必要时可请其他老师配合；
▲ 所有同学穿运动装参加训练，不得穿拖鞋和高跟鞋，女同学不得穿裙子；
▲ 实训过程中，一旦学生感到不适，应及时报告老师，中止训练，休息。

4. 训练项目

风雨同舟踩报纸

项目时间：约 10 分钟。

项目简介：团体成员以小组为单位，每组 10 人左右。将报纸看作本小组在落水时唯一的一艘救生艇，请小组想办法让更多的人站到报纸上获救，每个人都必须踩到报纸作为支点，最后看哪一组获救的人最多。具体分为以下几个步骤。

（1）主持人宣布比赛开始（开始计时，以 2 分钟为时限），第一轮比赛开始时，各个小组开始往报纸上站，站成后举手示意，看哪一组站的人多，人多者获胜（如果在有限的时间内没站好，以站在报纸上的人数为准计算人数）。

（2）以此类推，进行第二轮比赛，在第二轮比赛中，报纸要对折，其余操作跟第一轮相同；第三轮比赛再对报纸进行对折，其余的操作和第二轮一样。

（3）三局两胜，获胜组可以提出要求处罚失败组，如唱歌、三级跳，等等。

（4）成员分享活动感触，由小组代表进行总结发言。

注意事项：

（1）参赛队员所踩位置必须在报纸范围内，如脚踩到报纸以外的地面或一半在报纸上为犯规，均被淘汰。

（2）不能以其他器具和参赛队以外人员辅助，如有则直接淘汰。

游戏人数：10 人/组，可多组同时进行。

场地要求：课室。

需要器材：报纸 1 张/组。

"踩报纸"活动图片如图 8-5 所示。

图 8-5 "踩报纸"活动图片

木桶原理

项目时间：约 30 分钟。

项目简介：木桶原理又称短板理论或木桶短板管理理论,其核心内容为一只木桶盛水的多少,并不取决于桶壁上最高的那块木板,而恰恰取决于桶壁上最短的那块。根据这一核心内容,木桶原理还有两个推论:其一,只有桶壁上的所有木板都足够高,木桶才能盛满水。其二,只要这个木桶里有一块木板不够高度,木桶里的水就不可能是满的。

木桶理论可以启发我们思考许多问题,比如企业团队精神建设的重要性。在一个团队里,决定这个团队战斗力强弱的不是那个能力最强、表现最好的人,而恰恰是那个能力最弱、表现最差的落后者。因为,最短的木板在对最长的木板起着限制和制约作用,决定了这个团队的战斗力,影响了这个团队的综合实力。也就是说,要想方设法让短板达到长板的高度,或者让所有的板子维持足够高的相同高度,这样才能完全发挥团队作用,充分体现团队精神。

游戏规则：
- 每位队员将椅子排成一个圆圈。队员全部坐在椅子上,统一向左转,然后向后平躺在后面队员的身上。
- 保护队员将椅子抽走。但是千万注意,不要突然用力抽,要注意保护。
- 保持这个状态 30 秒。
- 另一队队员在侧面保护。当队员支撑不住的时候要双手托住腰部,防止扭伤。
- 交换队员进行游戏。

项目道具：椅子或塑料凳 10 个。

木桶原理活动图片如图 8-6 所示。

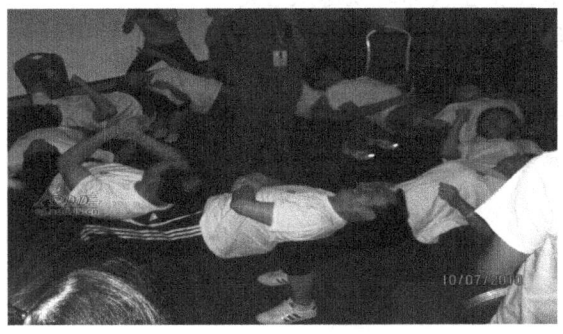

图 8-6　木桶原理活动图片

分享总结：
- 讨论在游戏过程中碰到了什么问题?
- 你们是怎样分析问题的?每个人的任务是什么?
- 你们是如何克服困难的?
- 哪些因素有助于成功地完成游戏?
- 游戏过程中有无冲突产生?你们是如何处理冲突的?

- 游戏过程中有无领导者产生？其他人是否属于被迫接受领导？他们对此感受如何？
- 这个游戏揭示了什么道理？
- 如何将这个游戏和我们的实际工作联系起来？

提升训练 8.1

1. **训练形式**：课后个人训练。
2. **训练主题**：团队角色自我判断、高绩效团队的困惑。
3. **训练素材**：扫描二维码，阅读素材。
4. **训练要求**：结合所学知识，对案例进行以下问题分析并提交分析报告。
（1）请分析 A 先生是如何成功塑造高绩效的工作团队的。
（2）请描述这个高绩效团队的价值。
（3）目前 A 先生所领导的团队为什么会出现问题，应该如何克服？

训练素材

知识拓展：团队建设中的四戒

任务 8.2　管理教练

> **知识目标：**
> ▲ 理解并掌握管理教练的概念及理念
> ▲ 了解管理教练与传统管理者的区别
>
> **能力目标：**
> ▲ 掌握并培养管理教练应具备的四项技能
> ▲ 理解并熟练开展管理教练
>
> **关键概念：**
> ▲ 管理教练
>
> **建议学时：**
> ▲ 2 个学时

课前训练 8.2

训练活动：管理游戏
训练主题：七巧板（详细情况扫描二维码并进行阅读）

管理游戏

杰克·韦尔奇是一位出色的"企业教练"，他有一句经典名言："伟大的 CEO 是伟大的教练!"在企业里,员工 70%的能力来源于他的上司,是他的上司在工作当中辅导、教练或授权来的。另外的 30%可能来自于企业的培训和教育活动。因此,下属的能力是在管理者的辅导下成长和具备的。对于现代的管理者来讲,对下属的管理教练能力是一项十分重要的能力。

8.2.1 认识管理教练

1. 企业教练技术的来源及管理教练的概念

(1) 企业教练技术的来源。企业教练衍生于体育,是将体育教练的理念、方法、技术应用到企业管理实践而产生的一种全新的企业管理理论、方法、技术和顾问流派。它起源于 20 世纪中后期的美国,经过多年的发展,教练技术已成为欧美企业家提高生产力的有效管理技术。

阅读材料 8.3

教练技术的产生

20 世纪 70 年代,美国海军退役的添·高威从打网球中得到一个有益的启示:注意力集中法。因为这个方法,他成功地教会了许多人打网球。后来,添·高威对外界宣称,他可以让一个完全不会打网球的人在 20 分钟内学会基本的打球技巧。此事引起了美国 ABC 电视台的兴趣,他们决定派记者现场采访,并以"质疑者"的身份组织了 20 个根本不会打网球的人作为试验者,要求添·高威教他们打网球,并现场直播。电视台的目的是证明这是一场骗局。

在来到网球场的 20 人中,有一位叫莫莉的胖女人,已经很多年不运动了。当她穿着长裙来到球场时,只见添·高威轻松地挥着球拍,告诉莫莉,不要担心姿势和步伐,也不需要拼尽全力。其实很简单,当球飞过来时,用拍去接。接中了就说"Hit(击中)";如果球落到了地上,就说"Bounce(飞弹)"。莫莉就照着他的话去做,一副很无所谓的样子,反正不是击中就是飞弹,一切易如反掌。结果,莫莉成功了。

添·高威说:"我并没有教她(莫莉)打网球的技巧,我只是帮助她克服了自己不会打球的固有意识,她的心态经历了'不会'到'会'的转变。就是这么简单。"

这个过程在电视上播放之后,引起了 AT&T 高层管理者的兴趣。他们把添·高威请到公司来给经理们讲课。添·高威最初以为会到网球场上去,不料被带到了会议室。在授课过程中,经理们不停地在笔记本上记录着。下课后,添·高威发现经理们的笔记本上找不到和网球有关的字眼,反而满篇都是企业管理的内容。原来,AT&T 的管理者们已经将运动场上的教练方式转移到企业管理上来。

于是,一种崭新的管理技术——教练技术诞生了。

(2) 管理教练的概念。管理教练是指通过有效对话引发员工的智慧,激发员工警觉性与责任感,从而快速提升员工绩效的管理技术。它通过一系列有方向性、有策略性的过程,洞察被教练者的心智的模式,向内挖掘潜能,向外发现可能性,令被教练者有效达到目标。其工作原理如图 8-7 所示。

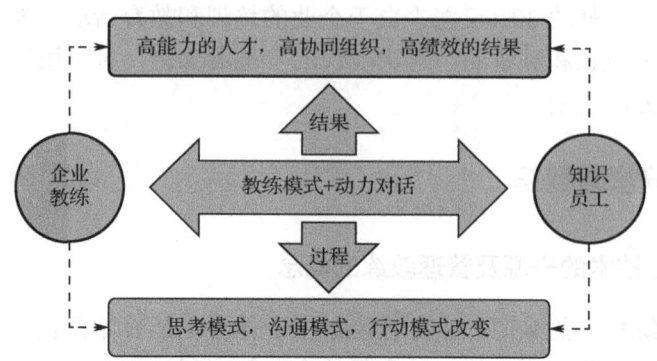

图 8-7　管理教练的工作原理

具体地说，管理教练是这样的一门技术/过程：
- 本质上是一种谈话，是教练与被教练者之间进行的建设性、结果导向性的谈话；
- 和学习有关，教练运用各种教练技术，支持被教练者自我检视和自我成长；
- 提出问题而非提供答案，教练和被教练者共同确定目标，提出行动计划；
- 是关于改变的过程，教练的过程是一次心智模式的改变之旅；
- 和情感有关，教练可以透过情感发掘被教练者不同行为的潜在动机。

（3）教练的角色定位。在管理中，教练的作用如同镜子、指南针、催化剂和传教士。

① 镜子角色。教练像一面镜子，能够反映真相，反映被教练者的心态、行为和状况。

② 指南针角色。教练起到一个指南针的作用，帮助被教练者理解自身目标，并清晰其自身目标的作用。

③ 催化剂角色。教练有如催化剂，能够促使被教练者立即采取行动，激发意愿，提高行动力，向更高的目标挑战。

④ 传教士角色。教练如同传教士，能够以人为本，相信每个人都是愿意进步的，愿意进行自我改善的。

2．教练的理念及作用

（1）教练的理念。教练的基本理念是陪伴、倾听、观察并激励被教练者，支持他们自主解决问题，帮助他们自主实现目标并获得成功。教练相信所有人都有创造性，都拥有丰富的可利用资源。在适当的激励下，被教练者能够自觉地确定解决问题的战略和对策。

（2）教练的作用就是帮助被教练者，赋予其个人强烈的动机感，使人主动发现问题、解决问题，自觉地将已拥有的技术、资源和创造性等最大限度地发挥出来。教练在企业中的具体作用如下：
- 把所有的能量都集中在团队的目标上；
- 使员工的心态由被动待命转变为积极主动，素质得以提升；
- 清晰员工或团队的目标，协助制定业务发展策略，提高管理效益；
- 激发员工的潜能和创意，提升解决问题的能力，冲破思想限制，创造更多的可能性。

阅读材料 8.4

教练的特点

1. 教练不是老师，不会告诉你问题的答案，甚至不比你懂得更多。
2. 教练不是顾问，不提供解决方案，而是让你自己去发现。
3. 教练不是心理医生，不会去平复你的情绪，而是让你自己管理情绪。
4. 教练不关心你的过去，而关心你的现在和未来。
5. 教练"对人不对事"，通常意义的管理往往是"对事不对人"。
6. 教练既不是给方法，也不是传授新的知识和理论，教练着眼于对方行为背后的心态，着眼于"激发人的潜能"。
7. 教练从拓宽人的信念和改变人的心态入手，着眼于人的自我超越和心智模式的改善，以突破自我、挖掘潜能、发现更多的可能性，最后达到想要的成果。
8. 企业教练是一种态度训练，而不是一种知识训练或技巧训练。

3. 传统管理者与管理教练的区别

传统管理者与管理教练的区别如表 8-3 所示。

表 8-3 传统管理者与管理教练的区别

比较	传统管理者	管理教练
方式	输出（给）	提炼（取）
身份	顾问，提供答案	教练，有效对话引发思考
焦点	答问题，解决问题	问问题，探索最佳答案
手段	指挥、命令或控制	引发、支持、协助
流程	用 P（计划）→D（执行）→C（检查）→A（调整）循环方式	以成果为导向的价值管理模式
作用	提供答案	引发对方发现答案
职责	监控/监管	引发/支持
谈话时	说的时间多	听的时间多
工作检视时	指示多	提问多
工作布局时	补救多	预防多
距离感	保持距离	用心零距离

其中，传统管理者与管理教练的最大不同点在于，传统管理者习惯"给"，管理教练习惯"取"。

传统管理者"给"的特点包括：

（1）给的前提是"无"，管理者不相信员工有智慧；
（2）给错了怎么办？管理者往往希望直接高效，但通常难以奏效；
（3）给了白给，管理者侃侃而谈，员工一脸茫然；

（4）给习惯了，管理者已经给了结论，员工的探求再也难求；
（5）责任无法传递，借口重重，期望总是要落空，主管成了信息传递员，高管成了调控中心。

因此，"给"的结果是员工停止了思考，停止了探求，自然也就关闭了智慧的大门。

管理教练"取"的特点包括：
（1）取的前提是"有"，相信员工有智慧，"相信"产生信任和动力；
（2）取的核心是激发思考和探索，是引发智慧，是支持和激励；
（3）取的目的是让员工自己找到最优方案；
（4）取的结果是员工勤于思考，勇于探索和勇于承担；
（5）取是让管理者和员工都从被动转向主动。

员工在教练的支持下从被动接受转向主动思考，勇于探索和承担，那么员工的智慧自然就呈现出来了。

8.2.2　管理教练技能

管理教练应具备四项基本技能：聆听能力、发问能力、区分能力和回应能力。

1．聆听能力

（1）能力的提出。教练只有聆听才能发现被教练者的需要，使对方有被尊重的感觉，也更好地了解对方，并给予适当的回应。

（2）对教练的要求。一般来说听有多个层次，分别是：
- 听而不闻——根本没有听；
- 假装听——做出聆听假象；
- 选择性地听——只听你感兴趣的内容；
- 专注地听——从我的角度去听，专注于对方所说的话，能复述，但不一定能听出本意；
- 设身处地地听——从对方的角度倾听（用他的眼睛看世界），用心倾听及回应来了解对方的感受，以理解讲话的内容、目的和情感；
- 全身心地聆听——发动全身心聆听，焦点在情绪、身体语言、声调、语气等。

教练必须全身心地认真倾听被教练者说话，从对方的叙述中了解他的目标和现在的位置。

2．发问能力

（1）能力的提出。教练与被教练者之间的沟通，通常教练的说话内容涉及开放问题（70%）、对方未知的知识（15%）、重复对方的话（10%）及封闭式的问题（5%）。教练需要通过发问，让对方回答，从而了解被教练者的心态，帮助对方挖掘自我盲点，理清思路，并发现他的潜力所在。

（2）对教练的要求。教练在发问时应简单明了、自然，多问开放式问题，少问封闭式问题，多问什么少问为什么，用最少的字发问。教练发问"为什么"与"什么"之间的转换如图 8-8 所示。

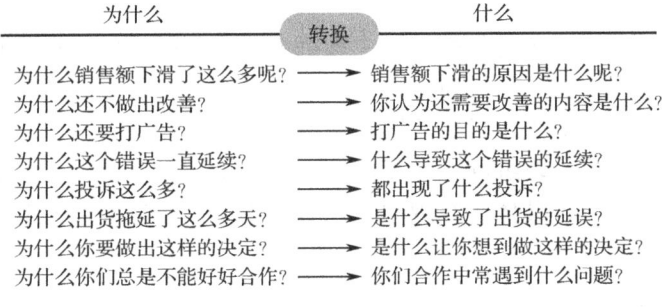

图 8-8　教练发问"为什么"与"什么"之间的转换

教练常见的问话有：
- 你想要的是什么？
- 发生了什么？
- 对你有什么影响？
- 它对你有什么重要？
- 目前的现状如何？
- 是什么阻止你达成这个目标？
- 你打算这么做的原因是什么？
- 你如何得知已经达到目标？
- 你认为你是一个什么样的人？
- 从这件事中你了解了什么？
- 是什么因素促使了这种改变？
- 还有呢？
- 多说点？
- 那对你意味着……

3．区分能力

（1）能力的提出。从聆听和对话中，教练要理清分类，判断、区分事实的真伪，去伪存真，聚焦注意力，发现关键点，让对方更加清晰自己的信念。

（2）对教练的要求。管理教练在进行区分环节时，应按以下六步进行，如图 8-9 所示。

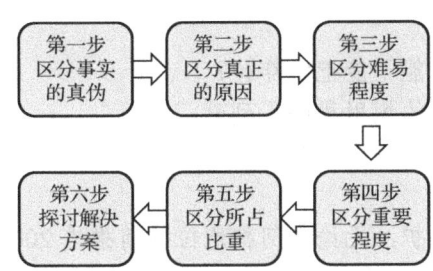

图 8-9　区分环节的步骤

4．回应能力

（1）能力的提出。回应是教练过程中教练者对被教练者的一种积极的、建设性的意见。教练的回应是发挥镜子的反射作用，通过及时指出对方存在的问题，让他清楚地看到自己的长处和弱点，即快速找到答案，快速解决问题。

（2）对教练的要求。教练回应时要注意：不是批评，不是指责；真诚、善意、欣赏优点；焦点明确、明白、具体；客观中立，数据事实；给出的回应具有直接操作性，一听便知如何执行。

阅读材料 8.5

以铜为镜，可正衣冠；
以人为镜，可知得失；
以史为鉴，可鉴兴衰。

——李世民

8.2.3　管理教练的实施

1．实施的五大步骤

管理教练的实施应按以下五大步骤进行。

第一步：理清目标。

理清目标就是先要清晰你做事的真正目的，否则你的行为将不是最有效的，甚至可能是南辕北辙的。因此，教练的指南针作用，可以让你最有效地实现目标。

阅读材料 8.6

如何理清目标

电视连续剧《亮剑》里面的李云龙，无形中就是一个很好的教练。每一次的战斗在他指挥时，很多时候是在用教练的方式。在一次攻坚战中，李云龙指挥他的炮手时，说过这样一段对话：

"看到敌人的碉堡没有？"
"看到了。"
"你用最后的三颗炮弹能不能把它炸掉？"
"团长，太远了，我们的炮射程够不到呀。"
"你看我要把你送多远才可以？"
"200 米。"
"好。同志们，火力掩护，无论如何把炮位往前推进 200 米。"

分析：李云龙先给他的炮手理清目标，让他清楚自己和目标的距离，清楚怎么样才能更好地达成目标。

第二步：反映真相。

反映真相就是让你知道你目前的状态和位置。这是教练的镜子作用。让被教练者认识到自己目前所处位置和目标之间的差距，并让他知道这个差距不是问题，正是解决问题的开始。

所以，教练的反映真相包括两个方面的内容：

- 帮助被教练者认识自己的目标；
- 帮助被教练者认识自己现在所处的位置。

第三步：改善心态。

一个人有什么样的心态，就会带来什么样的行为。教练与传统的顾问等管理方式最大的不同在于，教练管不到被教练者的具体工作内容，只管得到被教练者的心态调整。发生了什么事情并不重要，重要的是被教练者面对它的态度。教练就像催化剂，帮被教练者调整心态，从而去实现目标。

第四步：目标行动。

通过教练的辅导，被教练者目标得以理清，真相得以反映，心态得到改善，会看到自己的现状与想要的目标的差距，自然会做出相应的调整。这时候，教练要帮助被教练者制订切实可行的计划，并让他看到自己的潜能及新的可能性，挑战自我，做得更好。

第五步：回馈跟进。

如果教练活动的计划时间到达，就要对其进行评估，看员工行为改变的情况如何。这时事先约定的奖惩机制必须要兑现，只有这样，下一次的培训才能站在一个更高的起点上，实现良性循环。

2. 教练的四种方法

（1）我示范，你观察。
（2）我指导，你试做。
（3）你试做，我指导。
（4）你汇报，我跟踪。

同步训练 8.2

1. **训练形式**：头脑风暴法。
2. **训练内容**：课室改造的创意。

（1）训练时间：15～45 分钟。
（2）训练人数：6～12 人。
（3）训练要求：

- 自由、轻松、畅所欲言的气氛，场地开阔，空气流通。
- 与会者不断创造性的集体思考，互相激发，一个主持人主导和鼓励大家，最后合并归类总结创意。

- 过程中不得表达判断性意见，即"好""不好"的结论，不论觉得好或不好，先记录下来；
- 鼓励创意，数量越多越好；
- 创意越奇特越好。

（4）组织实施。
- 一人主持，大家发言。一人负责用立可贴记录大家的创意并张贴（5 分钟）。
- 最后对所有创意进行适当的归类（2 分钟）。

（5）训练评价。各组运用头脑风暴法比赛，看哪组的创意多、质量高。

同步训练 8.3

1．**训练形式**：集体讨论。

2．**训练主题**：发问训练。

情景 1　假如你是总经理，月度计划会上，销售总监向你报告了本月的销售目标是卖出 100 套房。而你很想让他们挑战自己，实现更高的目标。听完销售总监的报告后……

如果你是这位总经理，接下来你会怎么问？

情景 2　假如你是企业的人事总监，在制定绩效目标的时候，招聘主管向你报告，在现有招聘人员编制的情况下，2020 年的年度招聘计划人数是 100 人，但你的期望目标是 130 人。当你向他说 130 人的时候，招聘主管说：这不可能。

如果你是这位人事总监，接下来你会怎么说？

3．**训练要求**：集体讨论，在上述两种情景下各设计四句问话。

提升训练 8.2

1．**训练形式**：课后个人训练。

2．**训练主题**：鹰的飞行训练。

3．**训练素材**：扫描二维码并阅读素材。

4．**训练要求**：结合所学知识，对案例进行以下问题分析，并提交分析报告。

训练素材

（1）总结教练应具有什么样的特征？

（2）教练应具有什么样的核心技能？

（3）训练过程中应该按照什么样的步骤进行？

知识拓展：教练技术及其应用

任务 8.3　有效授权

> **知识目标：**
> ▲ 理解授权的概念及特征
> ▲ 了解授权的障碍
> **能力目标：**
> ▲ 掌握并熟悉授权的程序
> ▲ 掌握并熟悉有效授权的技巧与方法
> **关键概念：**
> ▲ 授权
> **建议学时：**
> ▲ 1个学时

课前训练 8.3

训练活动： 管理游戏
训练主题： 他的授权方式（详情请扫描二维码并阅读相关素材）

管理游戏

管理者的时间永远是有限的，合理有效的授权既能让团队成员分担工作，又可以人尽其才，减少资源浪费；在缓解自身压力的同时，又可以有效激励和培训员工，让其获得成就感和快速成长。

8.3.1　认识授权

杰克·韦尔奇曾经说过："不能有效授权的经理，不可能有效完成桌上堆积如山的工作。"

1. 授权的概念及特征

（1）授权的概念。授权就是指管理者根据工作的需要，将自己所拥有的部分权力和责任授予部属去行使，使部属在一定工作机制下放手工作的一种领导方法和技术。要正确理解授权，需要注意以下几点。

- 授权不是参与。授权之后，领导不要过多地干涉员工的工作。
- 授权不是弃权。授权是将完成任务所需要的权力、资源分配下去，再做适当的监督、帮助和支持。
- 授权不是授责。虽然把工作内容和资源分配给下属，但责任还在主管肩上。
- 授权不是代理职务。授权不是全权委托。
- 授权不是助理。授权不是让下属打杂，而是要他独立完成一项工作。
- 授权不是分工。工作分工在岗位里已经形成了，每个员工都有各自的工作职责。

而授权是将一个具体工作任务和相对应的资源分配给某个员工，这项工作可能在他的岗位之内，也可能在他的岗位之外。

◆管理思考8.2

三星集团总裁上任后发现的集团所有的工作都是由总裁办决策的。但公司如此庞大，涉及多个行业，凡事都由总裁办决策必然会导致反应速度慢，办事效率低。于是，集团总裁调整策略将整个集团划分成电子、机械、化学和金融保险四个事业部，把相应的权力分配给它们，再由每个事业部的负责人组成集团经营委员会，和总裁办一起负责最高决策。这就形成了多元化经营、专业化管理。

管理启迪

思考：从该案例中你得到什么启迪？

（2）授权的特征。授权的本质就是上级对下级的决策权力的下放过程，也是职责的再分配过程。授权具有四个特征：

第一，授权是职责的再分配过程；

第二，授权的发生要确保授权者与被授权者之间信息畅通和知识共享，确保职权的对等，确保被授权者得到必要的技术培训；

第三，授权也是一种文化；

第四，授权是动态变化的。

（3）授权的两个元素。授权的两个元素包括：

① 任务本身。即分配给下属需要完成的某项工作。

② 相应的权力和资源。要想授权成功，必须授予下属相应的权力，使他能调度相应的人、财、物，并视其工作能力，允许他决定完成工作所使用的方法，放手让他独立完成工作任务。

2. 授权的意义

（1）节约精力。授权使领导者减少琐碎、重复性的例行工作，以便有更多的时间和精力处理重要的事情。

（2）激励下属。授权给下属一个独立自主的空间，让他们独立完成工作，可以增加下属的自信心和成就感，提高企业组织成员的士气。

（3）发展下属。通过授权让下属尝试新工作、解决新问题，促进下属成长，增加下属的自信心；同时也能挖掘人才，培养后备管理者。

（4）减少瓶颈。授权避免工作在主管层面的堆积，让部门内部的流程更加顺畅，同时也提高下属的责任心、团队的氛围融洽，增强组织机构决策效率和水平。

8.3.2 授权的程序

授权一般分为四个步骤：确定任务、选贤任能、落实分工和监督检查。

1. 确定任务

确定任务要求授权前先列出工作的重点，如目标、进度、准则和要求，以及下属在执行工作时的决定范围等。

例如，有一项编写工作报告的工作任务，要求报告篇幅不超过10页纸，每页不超过3 000字，还需要配有相关的统计数据、图表、指标等，确定任务后要求7天内完成。由此可见，这项任务具备明确具体、可以测量、有时间限制等特征。

2. 选贤任能

确定任务之后就要选择合适的人进行授权。授权的关键是选择合适的人做合适的事情。选人要用其所长。授权要在信任的基础上进行。如果缺乏信任，授权就无从谈起。

（1）四类人才。可授权的人员可分为四大类：经验丰富的人；颇有经验的人；极具潜质但缺乏经验的人；颇有经验和极具潜质的人。

（2）三种方法。授权时对这四类不同的人要采用不同的方法：

- 对经验丰富的人，授权后就不要再干涉其工作，否则，他会觉得领导对他不信任，容易引发不满情绪；
- 对颇有经验的人，要提供一定的支持和监督，一方面支持他，另一方面监督他，相辅相成；
- 对极具潜质但缺乏经验的人，在授权前要加强辅导、培训，授权后做充分的支持和监督。
- 对颇有经验和极具潜质的人，可以分配风险低、常规性的任务，对这类人可以委派大型、重要的任务。

（3）选择人选时的因素。选择人选的时候，要考虑两个因素：一是下属的工作范围是否与将要授权的任务相关；二是被授权者是否有足够的兴趣、足够的时间。需要提醒的是，对下属的授权可能是他本职工作以内的，也可能是他本职工作以外的。

3. 落实分工

找到合适的人选以后就要落实分工，具体要做好以下工作：

（1）陈述背景。说明这个任务的背景、重要性和为什么要选择他的原因。

（2）评述工作。详细告知工作的范围、预定的进度、要求的水准、所拥有的权力范围，并征询意见，取得被授权者的承诺。这项工作类似人力资源里的岗位描述。

（3）支持和指导。对没有经验或缺乏信心的下属加强培训、指导。

（4）商定进度。商讨工作方法，研究工作计划、工作方案和进度。

（5）通知各方。通知所有相关部门，使下属名正言顺地利用他的权限开展工作。

4. 监督检查

监督检查是授权程序中必不可少的一项重要工作。授权不等于放权，领导者既要下放一定的权力给被授权者，让其在一定范围内享有自由，又要对授权工作进行必要的监督和控制，给予其必要的指导、考核，发现偏差及时引导和纠正。监督检查时要注意三点：

一是有效的跟进建立在坦诚沟通的基础之上，不能暗中盯梢，搞"地下工作"。要积极客观地处理问题，而不只是追究责任。按照现代管理的观点，追究责任更多是着眼于解决问题，防止再犯错误。

二是下放权力后不要轻易干预，所谓疑人不用，用人不疑。应该充分信任下属，但适当的监督必不可少，必要的时候要提供协助，但又不能越俎代庖。

三是及时激励员工，在任务完成后，给予被授权者一定的奖励。如果任务没有很好地完成，也应该根据实际情况使其承担一部分责任。

8.3.3 授权的障碍分析

1．不愿授权的原因

工作中常见的不愿授权的原因有以下几个方面：
（1）缺乏信心。对下属的能力存疑，对下属缺乏必要的指导。
（2）害怕挑战。担心下属的成长对自己形成威胁。
（3）失去控制。如果主管习惯全面清楚地答复上级的检查、询问，就有可能担心授权后失去控制。
（4）效率假象。效率假象是说有些主管认为自己能做得更快、更好，与其花半个小时向下属讲解、示范，不如自己花 10 分钟就能做好。但关键问题是，假如每天都有这样的工作，那主管永远都要自己做，而下属则永远也不会做。

2．授权的障碍分析

授权并不是只要了解和掌握授权方式就能够顺利进行，许多组织的管理者或下属可能都非常清楚授权的意义和方法，但还是无法展开授权工作。

授权是否有效，能否真正发挥作用受很多因素的制约。授权的常见制约因素如表 8-4 所示。

表 8-4　授权的常见制约因素

不愿授权的原因	管理者的类型
不愿授权	权力主义者
不够条理	担心失去控制
自己不容代替	不喜欢下属超越
不接受异己	工作主义倾向
不信任别人	技术专家心态
授权太滥	自己做会更快
怕出问题	管理角色障碍

8.3.4 有效授权技巧

1．有效授权应遵循的原则

（1）公开原则。授权一定要在公开场合进行，让相关部门和人员了解被授权人的工作目标、工作内容、权力范围等,从而避免被授权人在后续开展工作时遇到不必要的阻力。

(2) 适度原则。授权不能超过一定的限度,即必须在可控范围之内授权。授权过度,就会出现放弃权力的情形,不好控制;但如果授权不足,又可能压抑下属的积极性,并造成管理者的负担过重。

(3) 权责统一原则。授权时必须保证被授权者的职权与职责相一致,即有多大的权力就应担负多大的责任,做到权责统一。

(4) 级差授权原则。一些关系人事和财务的授权采用级差授权,一般采用隔级授权,比如人事的任免不能由直接上级决定,而应通过隔级上级来决定。

(5) 个性化授权原则。授权不能一刀切,而是根据不同任职人的能力、意愿和工作目标的不同,以不同的方式和不同的程度授权。

(6) 资源配套原则。俗话说"巧妇难为无米之炊",在授予职权的过程中,管理者不是简单地将职权一放了之,对于被授权人还要做到给钱、给人、给资源、给工具、给方法、给方向。

2. 有效授权应具备的态度

拥有正确的授权态度是成功授权的必要条件,是工作中取得下属支持的保证。一般而言,领导者在授权时应具备四种态度:

(1) 尽量放手。授权者要尽量放手,减少不必要的干预,提升勇气,敢冒风险,静等奇迹。

(2) 表明信任。首先,授权者要表明对下属充分信任,这样才能促使下属全力以赴;其次,在出错时不推卸责任,维护下属的合法利益。

(3) 永远支持。即使下属犯错,甚至是造成了严重的后果,授权者也要支持并把责任承担下来,同时尽快找出错误的原因并及时更正。

(4) 取得承诺。将任务、权力和资源都委托给下属是对下属的信任,下属也应该对任务、权力和资源负责。所以授权时要取得下属的承诺,而且必须是书面承诺,或称之为责任书,明确规定各种情形的处理办法。

3. 权力下放的四个层次

可以用四个层次说明授权时权力下放的程度,如图8-10所示。从图中可以看出,主管的权力是如何逐步下降的,下属的权力又是如何逐步上升的。

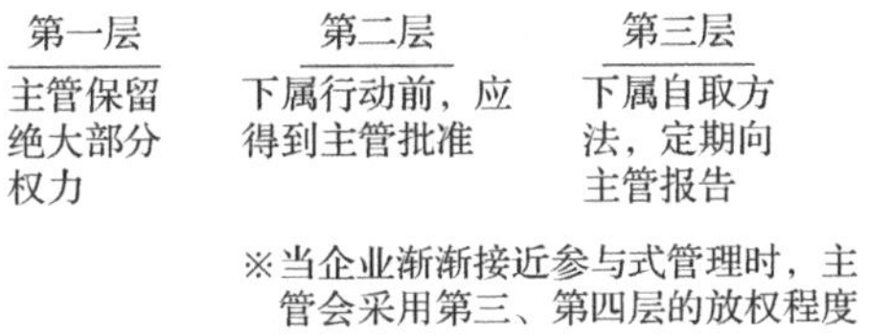

第一层	第二层	第三层	第四层
主管保留绝大部分权力	下属行动前,应得到主管批准	下属自取方法,定期向主管报告	下属不用经常向主管报告

※当企业渐渐接近参与式管理时,主管会采用第三、第四层的放权程度

图 8-10 权力下放的四个层次

(1) 第一层:主管保留绝大部分权力。在这一层次上,主管分配工作,下属无任何

自主权力，必须按照主管批示行事，不能有偏差，遇到困难时也要请示主管。

（2）第二层：下属行动前，应该得到主管的批准。在这一层次上，下属思考及讨论如何完成工作，最后由主管修正、决定和批准。

（3）第三层：下属可以自取方法，定期向主管报告。这时下属的权力越来越大，他可以自己设定目标，采取方法，但是必须定期向主管报告工作进度。这个层次是支持式的，在作决策之前经常采用民主集中制进行广泛、充分的讨论，讨论后再由下属执行，但需要定期向主管汇报，不能完全失控。

（4）第四层：下属不用经常向主管报告。这一层次的授权更充分。主管给予下属全部权力，自己退居幕后，放手让下属完成工作。

4．有效授权的范围与技巧

（1）授权的范围。授权，实际上是上司和下属之间的权力划分和分配，从而保证上司和下属各自拥有保证工作效率和品质的权力。但并非所有的工作都可以授权，在分析授权范围的过程中，我们可以将工作分为四种类型。

① 必须授权的工作。这类工作有以下几个特征。
- 特征一：授权风险低，如接听电话、传真、整理文件等。
- 特征二：经常重复，如按工作规范进行的生产工序、车工等。
- 特征三：下属会做得更好，如网页设计等。
- 特征四：下属能够做好。

② 不应该授权的工作。这类工作有以下几个特征。
- 特征一：刚任职时不具备完成此项工作的能力，经过辅导后逐渐具备。
- 特征二：过去从来没有做过，有挑战性，但风险不大。

③ 可以授权的工作。有一定的难度和挑战性，一般中层经理自己做，但考虑锻炼下属的能力，可以授权，但必须"错了算我的，对了算你的"。

④ 不应授权的工作。如公司重大决策、设定工作目标、制定标准等，尤其注意签字权不能授权。

授权的范围如表 8-5 所示。

表 8-5　授权的范围

可以授权的工作	不可以授权的工作
日常工作	下达目标
需要专业技术的工作	人事问题（如激励、保持士气）
收集事实和数据的工作	解决部门之间的冲突
准备报告	发展及培养下属
可以代表其身份出席的工作	任务的最终责任
某些特定领域中的决定	维护纪律和制度
监管项目	签字权
	制定标准

（2）有效授权的技巧。

技巧一：先列清单再授权。管理者可先列出每天自己要做的事，再根据不可取代性及重要性删去非自己做不可的事，剩下的就是可授权的事项清单。

技巧二：选最信任、最有能力的人授权。管理者所指定的人，如果经验较丰富但对该项任务不擅长或意愿较低，未必会比经验较少、有心学习而跃跃欲试的人更适合。因此，授权选对人很重要，德才兼备、态度积极的人往往是最佳选择。

技巧三：避免被逆授权。所谓逆授权就是被授权者把事情又推回给授权者，也就是把球踢回来了，比如部门经理授权一个下属去办一件事，下属在执行的过程中遇到问题，要求经理去解决，这时就是逆授权。遇到这种情况，作为管理者可以反问下属，问他觉得应该怎么办？为什么？而不是把事情揽过来替下属解决问题或一步一步告诉他应该怎么办。

技巧四：明确绩效指标与期限。管理者必须明确告知下属达到哪些具体目标，以及在什么时间内完成，清楚了这些才能有基本的行动方向。授权不是单单把事情丢给下属，还要让他明白管理者期望的结果是什么。

技巧五：请被授权人复述任务。管理者习惯性会问员工"懂了吗""我讲的你明白了吗"。在这种情况下，许多对细节还不太懂的员工都会反射性地回答"知道""明白"，他们不想当场被领导看低，这样容易导致被授权者目标任务不明确。因此，管理者授权时，要说清目标和要求，请被授权人复述任务。

技巧六：给予一定的支持和帮助。虽说授了权就该适度放手，不能表面授权，私下不放。但仍要适时关注进度，给予意见，并交代下属，有问题时可以向谁求助，并给他们提供需要的工具或场所，给予他们一定的支持和帮助。此外，授权者要让员工了解，他们日后还是可以寻求授权者的意见和支持的。

技巧七：分清授权的限度。有些下属会自作主张，做出一些超出授权的事，因此技术型管理者最好在授权时能特别交代事情的底线，一旦快触碰到，就该提醒他们"急刹车"。

技巧八：检查并评估每次授权。每次授权后，管理者应找被授权者讨论这次的表现，以便检讨改进。管理者也可以让员工描述自己在这次工作过程中学到了什么，再配合管理者自己观察的状况，作为下次授权的参考。

同步训练8.4

1. **训练形式**：头脑风暴法。
2. **训练主题**：人事经理工作授权分析。

请对以下情景进行分析，并指出人事经理的哪些工作可以授权，哪些工作不能授权。

▲ 出席主管部门召开的人事会议；

▲ 对新进员工进行面试；

▲ 制订年度工作计划；

▲ 考核部门员工；

▲ 制定公司薪酬方案；

▲ 出差报销审批；

▲ 对新进员进行专题培训；
▲ 处理下级员工的投诉；
▲ 中层主管培训班的内容安排；
▲ 为总经理起草一个讲话稿；
▲ 签发下属违纪的处罚决定；
▲ 统计公司人员流动报表；
▲ 决定购买人力资源管理软件；
▲ 制定管理规章制度。

同步训练 8.5

1. **训练形式**：头脑风暴法。
2. **训练主题**：王先生的烦恼。

王先生是一个部门的主管，他发现下属的工作效率非常低，还不及他亲力亲为的一半，而且工作方法也不是很理想，还怀疑下属对自己不够忠诚，所以尽量避免分配重要的任务给这个下属。

讨论1：你认为下属对王先生的做法可能会有何反应？

讨论2：你觉得王先生的做法对吗？应该怎么解决这件事情？

提升训练 8.3

1. **训练形式**：课后个人训练。
2. **训练主题**：授权技巧训练。
3. **训练素材**：扫描二维码并阅读材料。
4. **训练要求**：结合所学知识，对案例进行以下问题分析，并提交分析报告。

训练素材

（1）请结合案例谈谈领导者实行授权有什么好处？

（2）刘民在授权方面存在什么问题？

（3）你认为刘民应该如何改进与两个助手的关系？

知识拓展：为授权者提供必要的资源　　　知识拓展：授权的趋势

项目 9

工作管理能力训练

管理名言

通其变,天下无弊法;执其方,天下无善教。

——《文中子·周公》

项目导图

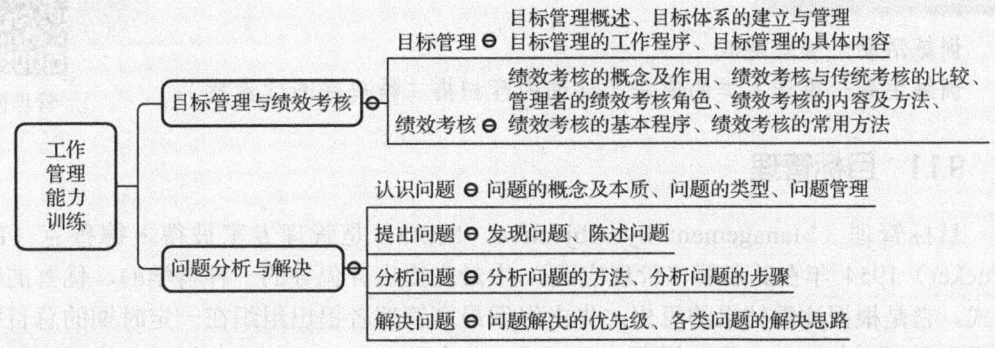

项目导入

管理者工作能力的高低,对保证组织目标的实现和管理效能的提高起着决定性的作用。要实现组织目标,应明确目标,有效地实施目标管理与考评;准确把握与分析问题,有效地解决工作问题;借助绩效管理这种持续改进的管理思想和控制系统,使员工自身目标与企业目标有机地结合起来;提升企业核心竞争力,从而赢得市场。

任务 9.1　目标管理与绩效考核

知识目标：
  ▲ 掌握目标及目标管理的概念
  ▲ 理解并掌握目标管理的特点及工作程序
  ▲ 掌握绩效及绩效管理的概念
  ▲ 掌握绩效管理的内容、方法及基本程序

能力目标：
  ▲ 具备目标管理的能力
  ▲ 具备绩效管理的能力

关键概念：
  ▲ 目标　目标管理　绩效　绩效管理

建议学时：
  ▲ 2 个学时

课前训练 9.1

训练活动： 管理游戏
训练主题： 重塑人类的使命（详细内容扫描二维码并阅读素材）

管理游戏

9.1.1　目标管理

目标管理（Management by Objective，MBO）是管理专家彼得·德鲁克（Peter Drucker）1954 年在其名著《管理实践》中最先提出并倡导的一种科学的、优秀的管理模式。它是根据注重结果的思想，先由组织最高管理者提出组织在一定时期的总目标，然后由组织内各部门和员工根据总目标确定各自的分目标，并在获得适当资源配置和授权的前提下积极主动地为各自的分目标而奋斗，从而使组织的总目标得以实现的一种管理模式。

1．目标管理概述

（1）目标管理的概念。

① 目标的概念。目标是组织在未来一段时间内要实现的目的。作为任务分配、自我管理、业绩考核和奖惩实施的目标具有如下特征：层次性、网络性、多样性、可考核性、可实现性、富有挑战性和伴随信息反馈性。

◆管理思考9.1

目标的意义

1952年7月4日清晨，加利福尼亚海岸起了浓雾。在海岸以西33.8千米的卡塔林纳岛上，一个43岁的女人准备从太平洋游向加州海岸。这名妇女叫费罗伦丝·查德威克。

这一次如果成功了，她就是第一个游过这个海峡的妇女，在此之前，她是从英法两边海岸游过英吉利海峡的第一个妇女。

那天早晨，雾很大，海水冻得她身体发麻，她几乎看不到护送她的船。时间过去了一个小时又一个小时，千千万万人在电视上看着她。有几次，鲨鱼靠近她了，被人开枪吓跑了，而她继续在游。在以往这类渡海游泳中，她的最大问题不是疲劳，而是刺骨的水温。

15个小时之后，她又累，又冻得发麻。她知道自己不能再游了，就叫人拉她上船。她的母亲和教练在另一条船上。他们都告诉她海岸很近了，叫她不要放弃。但她朝加州海岸望去，除了浓雾什么也没看到。

人们把她拉上船。又过了几个小时，她渐渐觉得暖和多了，这时却开始感到失败的打击。她不假思索地对记者说："说实在的，我不是为自己找借口，如果当时我看见陆地，也许我能坚持下来。"

人们拉她上船的地点，离加州海岸只有800米！后来她说，令她半途而废的不是疲劳，也不是寒冷，而是因为她在浓雾中看不到目标。查德威克一生中就只有这一次没有坚持到底。

两个月之后，她成功地游过同一个海峡。她不但是第一位游过卡塔林纳海峡的女性，而且比男子的纪录还快了大约两个小时。

查德威克虽然是个游泳好手，但也需要看见目标，才能鼓足干劲完成她有能力完成的任务。

管理启迪

思考：结合管理工作，谈谈这个故事带给你什么启迪。

② 目标管理的概念。目标管理是以目标的设置和分解、目标的实施及完成情况的检查、奖惩为手段，通过员工的自我管理来实现企业经营目的的一种管理方法。

（2）目标管理的特征。目标管理的特征，主要表现在下述几个方面。

① 参与决策。目标管理是员工参与管理的一种形式，由上下级共同商定，依次确定各种目标。

② 强调自我控制。目标管理的基本精神是以自我管理为中心的，用"自我控制的管理"代替"压制性的管理"，目标的实施由目标责任者自我进行，通过自身监督与衡量，不断修正自己的行为，以实现目标。

③ 建立目标锁链与目标体系。目标管理通过专门设计的过程，将组织的整体目标逐级分解，从组织目标到经营单位目标，再到部门目标，最后到个人目标。在目标分解过程中，权、责、利三者已经明确，而且相互对称。这些目标方向一致，环环相扣，相互配合，形成协调统一的目标体系。只有个人目标完成了，整个企业的总目标才有完成的希望。

④ 注重成果。目标管理以制定目标为起点，以目标完成情况的考核为终结。工作成果是评定目标完成程度的标准，也是人事考核和奖评的依据，成为评价管理工作绩效的唯一标志。至于达成目标的具体过程、途径和方法，上级并不过多干预。

(3) 目标管理的类型。目标管理可以分为三种类型。

① 业绩主导型目标管理和过程主导型目标管理。这是依据是否规定目标的实现过程来划分的。目标管理的最终目的在于业绩，所以从根本上说，目标管理也称业绩管理。其实，任何管理其目的都是要提高业绩。

② 组织目标管理和岗位目标管理。这是从目标的最终承担主体来划分的。组织目标管理是一种在组织中自上而下系统设立和开展目标，从高层到低层逐渐具体化，并对组织活动进行调节和控制，谋求高效地实现目标的管理方法。

③ 成果目标管理和方针目标管理。这是依据目标的细分程度来划分的。成果目标管理是以组织追求的最终成果的量化指标为中心的目标管理方法。

2. 目标体系的建立与管理

(1) 目标的层次。从组织结构的角度来看，组织目标是分层次、分等级的。目标可以分为四个层次：
- 高阶层的目标，必须代表一个组织的整体目标；
- 中层各部门的目标，必须代表为贯彻各部门所期望的各项成果；
- 基层工作单位目标，必须代表为完成基层工作目标的各项基本要素；
- 个人工作目标，必须代表为完成基层工作目标的各项基本要素；

我们又可以从另一个角度把组织目标简化和概括为三个层次：
- 环境层——社会加于组织的目标。即为社会提供所需要的优质产品和服务，并创造尽可能多的价值。
- 组织层——作为一个利益共同体和一个系统的整体目标。如企业提高经济效益、增强自我改造和发展的能力、改善员工生活、保障员工的劳动安全等。
- 个人层——组织成员的目标。如经济收入、兴趣爱好等。

组织目标与个人目标的矛盾，以及二者之间取得最大限度和谐一致的必要性，是"目标管理"产生的主要起因之一。

管理层次划分及各目标层级的关系如图9-1所示。

(2) 目标体系的制定。目标体系的建立应按以下方法进行。
- 目标建立过程开始于组织最高层宣布企业的组织使命。
- 根据组织使命建立长期目标。
- 根据长期目标建立整个组织的执行性目标（短期目标）。
- 建立组织内部每个主要部门或经营单位的长期目标和短期目标。
- 为每个主要部门或经营单位中的下属单位建立长期目标和短期目标。

(3) 目标体系的分解。目标的分解流程如图9-2所示。

(4) 目标体系的推行。公司或部门目标制定后，就应为下属分解目标，并将所制定的目标转变成详细的行动计划，使下属能够更好地理解和执行。

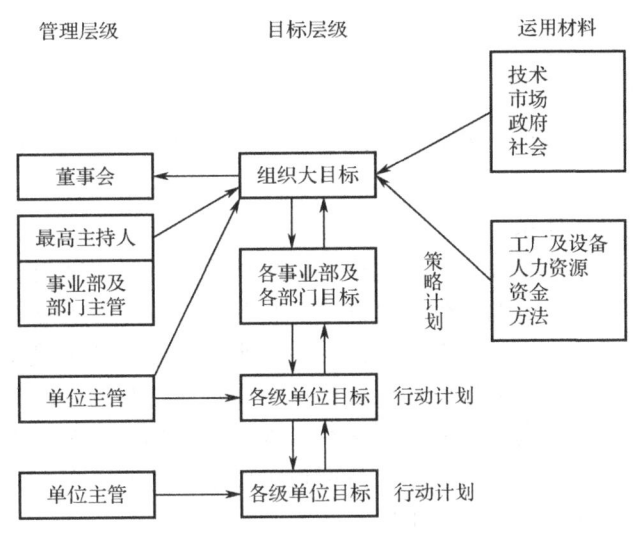

图 9-1 管理层次划分及各目标层级的关系

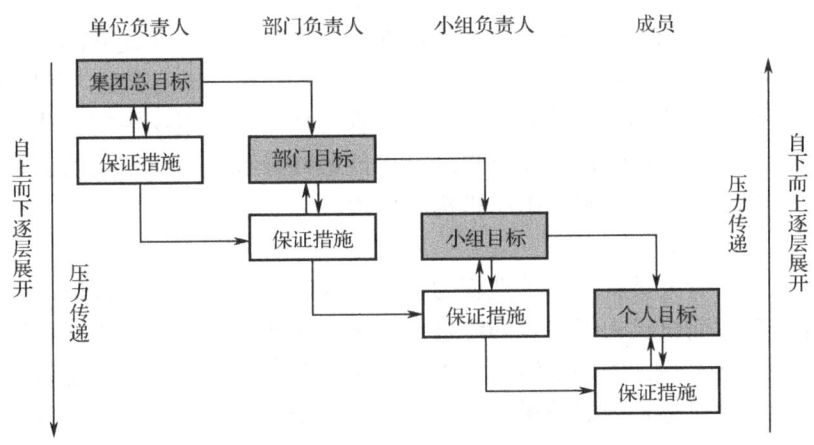

图 9-2 目标的分解流程

① 与下属目标对话。推行目标时，不能采取命令强迫的方式，应当采用对话的方式，内容包括以下几点：
- 解释目标带来的好处；
- 鼓励下属自己设定自己的工作目标；
- 分析实现目标所需的资源和条件；
- 如何循序渐进地推行；
- 统一目标与绩效标准；
- 向下属说明你所能够提供的支持。

② 目标转化为计划。一旦有了明确的目标后，应要将所制定的目标转变成详细的行动计划和工作方案，作为实现工作目标的支持系统，使下属能够更好地理解和执行。计划是描述使用可以动用的资源达到预先设定的工作目标的方法，应当指出：谁做，将要

做什么，什么时候做，什么地点做，如何做等。

3. 目标管理的工作程序

由于各个组织活动的性质不同，目标管理的步骤可以不完全一样，但一般来说，可以分为以下五步。

第一步：制定目标体系。

实行目标管理，首先要建立一套完整的目标体系。这项工作总是从企业的最高主管部门开始的，然后由上而下地逐级确定目标。上下级的目标之间通常是一种"目的—手段"的关系；某一级的目标，需要用一定的手段来实现，这些手段就成为下一级的次目标，按级顺推下去，直到作业层的作业目标，从而构成一种锁链式的目标体系。在这个过程中，应该通过上下协商共同制定下级和个人的分目标。组织内部上下左右各自都有具体的目标，从而形成一个目标体系。目标也可由下级或职工自行提出，由上级批准。同时，下级要参与上级目标的制定工作。

第二步：明确职责。

目标体系应与组织结构相吻合，从而使每个部门都有明确的目标，每个目标都有人明确负责。然而，组织结构往往不是按组织在一定时期的目标而建立的，因此，在按逻辑展开目标和按组织结构展开目标之间，时常会存在差异。其表现是，有时从逻辑上看，一个重要的分目标却找不到对此负全面责任的管理部门，而组织中的有些部门却很难为其确定重要的目标。这种情况的反复出现，可能最终导致对组织结构的调整。从这个意义上说，目标管理还有助于理清组织机构的作用。

第三步：组织实施。

目标既定，主管人员就应放手把权力交给下级成员，落实层次管理，分责分权，做到落实目标责任，而自己去抓重点的综合性管理。达成目标主要靠执行者的自我控制。如果在明确了目标之后，作为上级主管人员还像从前那样事必躬亲，便违背了目标管理的主旨，不能获得目标管理的效果。当然，这并不是说上级在确定目标后就可以撒手不管，上级的管理应主要表现在指导、协助、提出问题、提供情报及创造良好的工作环境等方面。注意做好授权与自我控制。

第四步：检查实施结果及奖惩。

对各级目标的完成情况和取得的结果，要及时进行检查和评价。对于完成效果良好的单位和个人应给予肯定或奖励；对于不能按要求达成目标的单位和个人应给予必要的惩罚，甚至在职务上给予降级。最终结果应根据目标的完成程度、目标的复杂程度及工作的努力程度进行评价。评价过程一般先由执行者自我评定等级，经过评议，最后由上级核定。

第五步：检查和评价。

对各级目标的完成情况，要事先规定期限并定期进行检查。检查的方法可灵活地采用自检、互检和责成专门的部门进行检查。检查的依据就是事先确定的目标。对于最终结果，应当根据目标进行评价，并根据评价结果进行奖罚。经过评价，使得目标管理进入下一轮循环过程。需要注意的是，在进行目标实施控制的过程中，由于环境的不确定，会出现一些不可预测的问题。为了随时了解目标实施过程中的动态情况，以便采取措施，及时协调，使目标能顺利实现，应重视目标实施过程中的信息反馈及处理工作。

4．目标管理的具体内容

（1）目标实施办法。

① 目标协商与授权。公司建立了大目标和组织目标之后，第二步应设定各事业部的目标。这类目标通常以各项特定职能目标为对象，阐明该项职能应达成的成果，应作为总公司负责有关职能的高级主管的任务。

② 目标实现的方法。业务负责人制定目标体系时，应通知各有关单位主管参与，倾听各部门的意见，并责成企划部门提高技术协助及汇总各部门目标，目标体系的建立需要所有管理者的参加。

③ 责任中心的建立。对各级主管人员的业绩评价，应以其对企业达成目标和计划中的贡献和履行职责中的成绩为依据。他们所主管的部门和单位有不同的职能，按其责任和控制范围的大小，这些责任单位分为成本中心、利润中心和投资中心。

（2）目标管理的控制。

① 建立控制系统。为了进行有效的控制，必须建立科学的控制系统。控制系统是由监督、反馈两条线路和分析中心构成的自动控制系统，如图9-3所示。

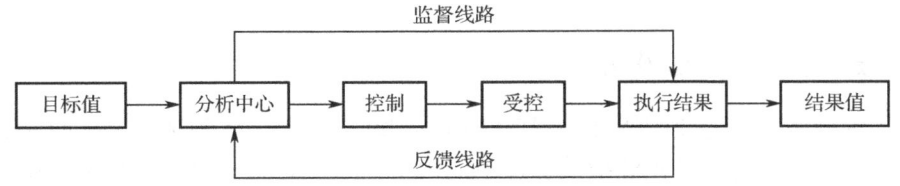

图 9-3　目标管理的控制系统

② 有效管理控制。目标管理的管理控制过程如图9-4所示。

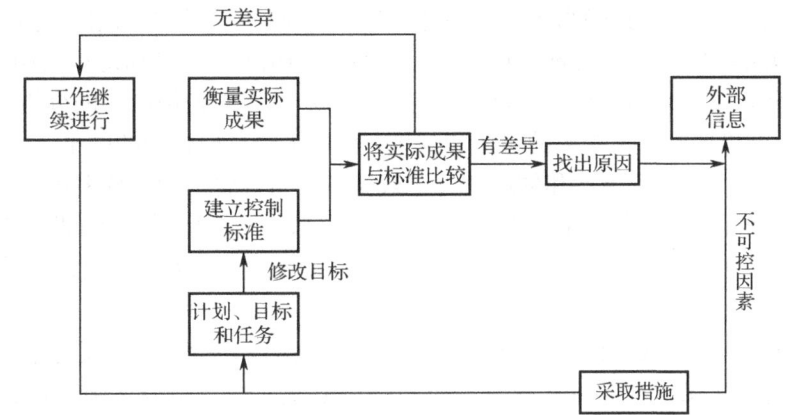

图 9-4　目标管理的管理控制过程

③ 目标控制。目标控制流程如图 9-5 所示。

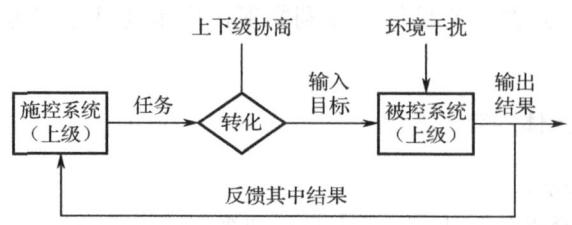

图 9-5　目标控制流程

④ 实施中的调节。在实施目标管理过程中，通过目标激励方式激发员工的需要，引导员工行为转化为目标行为，从而实现目标。目标管理实施的调节原理如图 9-6 所示。

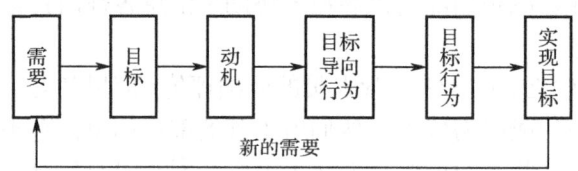

图 9-6　目标管理实施的调节原理

9.1.2　绩效考核

1. 绩效考核的概念及作用

（1）绩效及绩效考核的概念。绩效是指组织或个人为了达到某种目标而采取的各种行为的结果。绩效考核是企业绩效管理中的一个环节，是指考核主体对照工作目标和绩效标准，采用科学的考核方式，评定员工的工作任务完成情况、员工的工作职责履行程度和员工的发展情况，并将评定结果反馈给员工的过程。绩效考核的过程就是将员工取得的工作绩效同要求其达到的工作绩效标准进行比对的过程。

（2）绩效考核在目标管理的作用。绩效考核是顺利实施目标管理，循序渐进地推进目标管理的关键。由于目标管理是以重视工作成果为出发点，以制定和实施目标为手段，动员系统内全体成员共同实现组织目标的管理方式。那么，使用科学的分析与评价方法，客观、公正、准确地对目标成果的考核和评价，直接影响目标管理的效果。如果方法不当，就会影响和挫伤员工的积极性和创造性。绩效管理在目标管理中发挥着以下重要作用。

① 达成目标。绩效考核本质上是一种过程管理，而不是仅仅对结果的考核。它是将中长期的目标分解成年度、季度、月度指标，不断督促员工实现、完成的过程，有效的绩效考核能帮助企业达成目标。

② 挖掘问题。绩效考核是一个不断制订计划、执行、检查、处理的循环过程，体现在整个绩效管理环节，包括绩效目标设定、绩效要求达成、绩效实施修正、绩效面谈、绩效改进、再制定目标的循环，这也是一个不断发现问题、改进问题的过程。

③ 促进成长。绩效考核的最终目的是促进企业与员工的共同成长。通过考核发现

问题、改进问题,找到差距进行提升,最后达到双赢。

④ 人员激励。通过绩效考核,将员工聘用、职务升降、培训发展、薪酬分配进行结合,使得企业激励机制得到充分运用,有利于企业的健康发展;同时,对员工本人也便于建立不断自我激励的心理模式。

目标管理的实施,可以有效地将组织的战略规划落实的步骤转化为组织的具体行动,通过层层分解的目标计划,组织在全过程监控战略的实施。通过目标管理与绩效考核的结合,组织的绩效产出能力将大大提升。

2. 绩效考核与传统考核的比较

绩效考核与传统考核的区别如表 9-1 所示。

表 9-1 绩效考核与传统考核的区别

比较项目	传统考核	绩效考核
目的	奖惩	绩效改善
重点	过去表现	将来表现
考量点	整体结果	细节过程
结果	选拔干才	培育干才
对象	以人为主(与其他人比较)	以事为主(目标与衡量基准)
主管角色	审判长	教练
行为差异	控制监督	咨询协助
执行方式	回忆与记录	立即回馈
部属反应	被动抵制	主动合作

3. 管理者的绩效考核角色

绩效考核是管理者的责任。为了有效地开展绩效考核,管理者应演好以下五个角色。

(1) 合作伙伴。在绩效的问题上,管理者与员工的目标是一致的,管理者的工作通过员工完成,管理者的绩效则通过员工的绩效体现。所以,员工绩效的提高即是管理者绩效的提高,员工的进步即是管理者的进步。员工的绩效使管理者与员工真正站到了同一条船上,风险共担,利益共享,共同进步,共同发展。

(2) 辅导员。在员工实现目标的过程中,管理者应充当好辅导员角色,与员工保持及时、真诚的沟通,持续不断地辅导员工,使他们的业绩得到提升,帮助员工实现目标。业绩辅导的过程就是管理者管理的过程,在这个过程中,管理者要发挥自己的作用和影响力,努力帮助员工排除障碍,提供帮助,与员工进行沟通,不断辅导员工改进和提高业绩。

(3) 记录员。为了更真实、准确地反映员工的绩效表现,获取具有说服力的真凭实据,管理者应花点时间、花点心思,认真当好记录员,记录有关员工绩效表现的细节,形成绩效管理的文档,以作为年终考核的依据,确保绩效考核有理有据、公平公正,没有争执现象发生。

(4) 公证员。在绩效管理中,需要管理者综合各个方面给员工的绩效表现做出评价,这个评价结果是公司薪酬管理、培训发展、岗位调整等方面的重要依据。因此,管理者不仅仅是考官，更应该是站在第三者的角度看待员工的考核，作为公证员对员工进行考核。

（5）诊断专家。绩效管理的最终目的是提升绩效。因此，在绩效考核结束之后，管理者应对员工的绩效表现进行诊断，对员工提出建设性的改进建议，帮助员工制订绩效改进计划，做员工绩效改善的诊断专家；另外，管理者也应对所开展的绩效管理进行有效的分析，找出绩效管理中存在的问题和不足，提出改进的办法。

4．绩效考核的内容及方法

（1）绩效考核的考核内容。从总体来说，绩效考核涉及的内容包括业绩考核和行为考核两大方面。具体来说，可以分成三种类型。

① 结果导向型。考核的重点是工作内容和工作质量，如产品的产量和质量、劳动效率等，侧重点是员工完成的工作任务和生产的产品。

② 行为导向型。考核的重点是员工的工作方式和工作行为，如服务员的微笑和态度，待人接物的方法等，即对工作过程的考量。

③ 特征导向型。考核的重点是员工的个人特质，如诚实度、合作性、沟通能力等，即考量员工是一个怎样的人。

（2）绩效考核的方法。与绩效考核的内容相对应，绩效考核方法总体上可以分为结果导向型、行为导向型和特征导向型的绩效考核方法。

① 结果导向型考核方法。包括业绩评定表法、目标管理法、关键绩效指标法等，这类方法所做出的考核的主要依据是工作的绩效，即工作的结果。能否完成任务是第一要考虑的问题，也是评估的重点对象。

② 行为导向型考核方法。包括关键事件法、行为观察比较法、行为锚定评价法、360度绩效评估法等，这类方法都是以工作中的行为作为主要评估的依据，也就是说评估的对象主要是行为。

③ 特征导向型考核方法。这种方法是以心理学的知识为基础的评估方法，如图解式评估量表等。

5．绩效考核的基本程序

绩效考核全过程包含计划、实施、结果应用三大部分内容。

（1）计划。在绩效考核计划时，应确定工作要项和绩效标准。

① 确定工作要项。工作结果对组织有重大影响的活动或虽然不很重要但却是大量重复的活动。一个工作，其工作要项的选择一般不超过4～8个，抓住了工作要项，就等于抓住了工作的关键环节，也就能够有效地组织考核。

② 确定绩效标准。绩效标准的设定是将考核要项逐一进行分解，形成考核的判断基准。绩效标准设定时应注意事项：要明确；要可衡量；要切合实际；要难度适中；要有区分度。

◆**管理思考9.2**

有一个主人逼迫他家的大花猫必须每天抓一只老鼠来向他报告，以此判断它的能力，抓到一只老鼠就给一条鱼吃。这只猫想：我怎么能天天完成任务呢？老鼠也不能天天抓到呀！结果它跑去找老鼠商量，说咱俩达成一个协议："你每天8点的时候在洞口出现，我就跑过来咬住你的脖子，但是我不吃你，我咬着你到主人那儿转一圈，还把你放回去。然后，第二天你还给我出来，我再咬着你到主人那儿转一圈。你就让我完成任务，让我得到鱼，我保证以后不吃你，好不好？"最终猫和老鼠达成了协议。

思考：
1. 这个寓言说明了什么问题？
2. 您认为出现这种情况的关键问题是什么？
3. 如果你是这个主人，你会怎么做？

管理启迪

（2）实施。实施包括绩效辅导、考核实施和绩效反馈环节。

① 绩效辅导。绩效辅导主要是指绩效的沟通，包括计划跟进与调整、过程辅导与激励。在绩效辅导时注意数据收集，所要收集的数据应包括三个方面：a. 提供绩效评估的事实依据；b. 提供绩效改进的有利依据；c. 发现优秀绩效和不良绩效产生的原因。

② 考核实施。考核实施时要确定考核者、考核周期和考核办法。根据考核者的不同，考核方式可分为：a. 上级评估；b. 自我评估；c. 下级评估；d. 同事评估；e. 顾客评估；f. 小组评估。而考核周期的确定与企业的实际情况、被考核者在企业中的职位等因素有关。

③ 绩效反馈。绩效反馈的目的就是要让员工了解自己的工作情况，肯定员工所取得的成绩，确认仍然存在的问题，并在查清造成这些问题的原因的基础上制订解决这些问题的行动计划。

（3）结果应用。绩效考核结果主要用于制订绩效改进计划和修订绩效计划。

① 绩效改进计划。在制订时应切合实际、时间约束、具体明确。

② 绩效计划修订。绩效计划修订时，应明确绩效考核内容、目标值和绩效指导与强化的方法及绩效考核与回报方法。其中，绩效计划的绩效考核内容应包括工作要项、关键绩效指标等；绩效计划目标值应包括关键绩效指标的目标指标与挑战指标，以及工作目标的完成标准；绩效指导与强化的方法及绩效考核与回报方法：对指导及考核方法进行全面的验证分析，剔除不合理的因素，并进行修正。

6. 绩效考核的常用方法

绩效考核的常用方法包括360度综合考核、关键绩效指标法、平衡记分卡等。

（1）360度综合考核。360度综合考核也叫多视角考核或多个考核者考核，即上级、同事、下属、自己和顾客对被考核者进行考核的一种考核方法。通过这种多维度的评价，综合不同评价者的意见，则可以得出一个全面、公正的评价。

（2）关键绩效指标法。关键绩效指标法是以企业年度目标为依据，通过对员工工作绩效特征的分析，据此确定反映企业、部门和员工个人一定期限内综合业绩的关键性量化指标，并以此为基础进行绩效考核的方法。

（3）平衡记分卡。平衡记分卡从企业的财务、顾客、内部业务过程、学习和成长四个角度进行评价，并根据战略的要求给予各指标不同的权重，实现对企业的综合测评，从而使得管理者能整体把握和控制企业，最终实现企业的战略目标。

同步训练 9.1

1．训练形式：课堂管理沙龙。

2．训练主题：管理案例分析。

一家制药公司，决定在整个公司内实施目标管理，根据目标实施和完成情况，一年进行一次绩效评估。事实上他们之前在为销售部门制定奖金系统时已经用了这种方法。公司通过对比实际销售额与目标销售额，支付给销售人员相应的奖金。这样销售人员的实际薪资就包括基本工资和一定比例的个人销售奖金两部分。

销量大幅度提上去了，但是却苦了生产部门，他们很难完成交货计划。销售部抱怨生产部不能按时交货。总经理和高级管理层决定为所有部门和个人经理，以及关键员工建立一个目标设定流程。为了实施这个新的方法他们需要用到绩效评估系统。生产部门的目标包括按时交货和库存成本两部分。

他们请了一家公司咨询指导管理人员设计新的绩效评估系统，并就现有的薪资结构提出改变的建议。他们付给咨询顾问高昂的费用修改基本薪资结构，包括岗位分析和工作描述。还请咨询顾问参与制定奖金系统，该系统与年度目标的实现程度密切相连。他们指导经理们如何组织目标设定的讨论和绩效回顾流程。总经理期待着很快能够提高业绩。

然而，业绩不但没有上升，反而下降了。部门间的矛盾加剧，尤其是销售部和生产部。生产部埋怨销售部销售预测准确性太差，而销售部埋怨生产部无法按时交货。每个部门都指责其他部门的问题。客户满意度下降，利润也在下降。

请从目标管理的角度分析该公司出现矛盾加剧与利润下降的原因。

3．训练要求：结合案例，针对问题进行分析。先提个人观点，然后进行小组讨论，最后将形成的观点及处理对策进行汇报。

提升训练 9.1

1．训练形式：课后个人训练。

2．训练主题：案例分析——乔森家具公司五年目标。

3．训练素材：扫描二维码进行阅读。

4．训练要求：自行阅读材料，结合所学知识，对案例进行以下问题分析，并提交分析报告。

（1）你认为约翰董事长为公司制定的发展目标合理吗？为什么？

（2）结合本案例，你认为计划工作中制定目标时需注意哪些基本要求。

（3）假如你是托马斯，如果董事长在听取了你的意见后同意重新考虑公司目标的制定，并责成你提出更合理的公司发展目标，你将怎么做？

训练素材

知识拓展：目标管理的七个经典故事

任务 9.2　问题分析与解决

知识目标：
- ▲ 理解问题的本质及问题管理的机制
- ▲ 了解问题的分类并掌握各类问题的解决思路
- ▲ 掌握提出问题、分析问题及解决问题的方法及步骤

能力目标：
- ▲ 具备提出问题、分析问题和解决问题的能力

关键概念：
- ▲ 问题　问题管理　头脑风暴法　鱼骨图

建议学时：
- ▲ 2个学时

课前训练 9.2

训练活动： 管理游戏
训练主题： 囊中失物（详细情况扫描二维码进行阅读）

管理游戏

管理者的核心工作就是解决问题。解决问题是一个不断摆事实、查原因、提方案的过程。只有正确地理解与分析问题形成的原因，找到正确的应对策略，才能有效地解决问题。

9.2.1　认识问题

1. 问题的概念及本质

（1）问题的概念。从中文词语来看，问题意为"要求解答的题目"或"需要研究解决的疑难和矛盾"等。在管理学中，我们可以将"组织行为与其利益相关者期待之间的差距"称为问题，如图9-7所示。一个问题就是组织内部或外部正在出现的情况或事件，如果继续发展下去，就会对组织的运作或业绩及其未来利益产生重大影响。

（2）问题的本质。当现状与标准或预期的状态有了差距，我们说就遇到了问题。由此可见，问题的本质是期望与现状的落差。

2. 问题的类型

问题的分类方式很多，可以按问题性质的不同划分为四类。

（1）按问题的复杂性，可以将问题分为单一状况问题与复杂状况问题。
① 单一状况问题。这类问题涉及的因素较少，发生的状况十分单纯，比较容易解决。
② 复杂状况问题。这类问题涉及的因素极为复杂，解决起来比较困难。

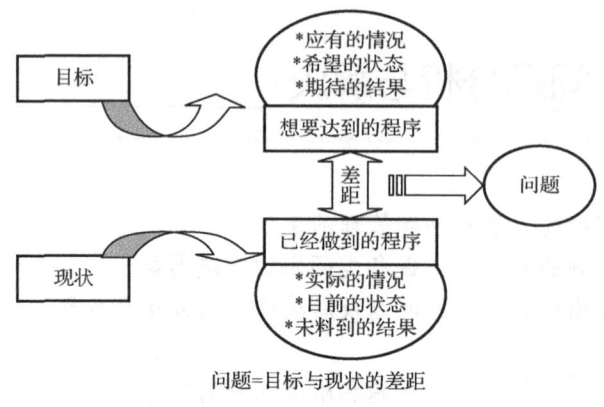

图 9-7 问题的定义

（2）按显在或潜在的时间性，可以将问题分为显在型问题和潜在型问题。

① 显在型问题。眼可见其行、或大或小，已发生不良状态的问题。

② 潜在型问题。现阶段并未发生危害，但未来可能发展成为显在型的问题。

（3）按期望的不同和产生落差发生时间的不同，可以把问题分为恢复原状型问题、防范潜在型问题和追求理想型问题三类。

① 恢复原状型问题。这种问题表现为大多数情况下，不良状况已全部显在化，因此，也等于显在型问题。

② 防范潜在型问题。目前并无大碍，但将来会发生不良状态的问题。应对此类问题的本质在于预防与应对并进。

③ 追求理想型问题。其目标在于提升现状以达到理想状况，从现状并无大碍的观点来看，属于潜在状态，但与防范潜在型问题不同的是，追求理想型问题即使置之不理，将来也未必会发生重大不良状态。

（4）按问题性质的不同，可以将问题分为发生型问题、探索型问题和设定型问题三类。

① 发生型问题。发生型问题是指已经形成的问题，是"看得见的问题"，问题所在很明确。可以分为"脱逸"问题和"未达"问题，例如：工厂爆炸；员工辞职率上升5%；不良品率上升5%；约定期已到，工作未完成。

② 探索型问题。探索型问题是指谋求进步的问题，凭意识性和主观性创造出来的差距。探究的范围除了原因之外，还包括目标。可以分为"改善"问题和"强化"问题，例如，如何提高A产品质量？能否加强现有的组织体系？上海世博会筹划委员会曾考虑：如何吸引更多国内外旅客参加世博会？

③ 设定型问题。设定型问题是指预先设想的问题，是以某种环境变化为条件，把必须采取的新体制作为目标所在来进行设想考虑的问题，是纯目标意向的问题。其又可分为"开发"问题和"回避"问题。例如，如果把产品打入欧洲，要具备什么条件？如果产品原材料成本上升10%，要使公司持续发展下去，应该做好哪些准备？

3. 问题管理

（1）问题管理的概念。问题管理是以解决问题为导向，以挖掘问题、表达问题、归结问题、处理问题为线索和切入点的一套管理理论和管理方法。也可以说，问题管理就是借助问题进行的管理。问题管理是四大管理模式之一（另外三种是科学管理、人本管理和目标管理）。

（2）问题管理的机制。问题管理的机制包括三方面，即提出问题、研究问题、解决问题，如图 9-8 所示。提出问题包括发现问题和陈述问题，研究问题包括分析问题和跟踪问题，解决问题包括制定解决方案、实施解决方案和跟踪反馈。

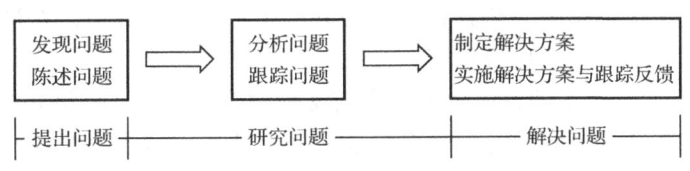

图 9-8　问题管理的机制

（3）问题管理的作用。问题管理的作用主要体现在三个方面：

一是防患于未然，防止问题演化为危机。问题管理强调"从危机管理到问题管理"，并不是要取代危机管理，而是要以危机管理为主转向。以问题管理为主，做到"以防为主，防消结合"。

二是发现和解决关键问题，过滤假问题，解决真问题。

三是跨专业、跨部分地分析和解决问题，打通专业管理或部门之间的鸿沟。

（4）问题管理的目的。问题管理最重要的目的在于：

第一，它是在拓展全体员工的思维深度，而不是对现状不闻不问；

第二，它把由经理人员和其他管理人员执行的管理变成了全员管理；

第三，它造成了一种危机意识，人们不仅要对自身的岗位提问题，还可以对企业的所有生产经营管理和其他方面提问题；

第四，它将问题的发现变成一种经常性的活动和制度，而不是一时兴起的冷热病；

第五，它将由管理者进行的管理降到了办公、生产、营销、后勤等第一线的前沿，使管理的层次扁平化；

第六，问题管理强化了所有领导和普遍员工的权责意识，培养了责任心；

第七，问题管理促使人们超越自我，给组织带来活力，又极大地降低了组织风险等。

9.2.2　提出问题

1. 发现问题

发现问题是解决问题的前提，只有及时准确地发现问题，才能全面正确地认识问题，才能深入科学地分析问题，从而积极稳妥地解决问题。

（1）发现问题的关键。发现问题的关键在于对变化的敏感性。面对情况，要经常问自己六个问题：
- 现状与期待状况之间有无落差；
- 现状是否发生变化；
- 是否有哪部分进行得不顺利；
- 是否有事情未达到标准；
- 有没有部分不是期待的状态；
- 如果置之不理，是否会发生不良状态。

（2）发现问题的方法。在管理工作中，管理者可以采用以下多种方法发现问题。

① 观察法。观察是基础，是发现问题、解决问题的首要步骤。在日常工作中，要勤于观察，善于从言谈举止中、公开资料中或开会中发现问题线索，个性问题要深挖，共性问题要找准，以小见大，见微知著。

② 调查法。通过问卷调查、访谈调查或文献调查等方式，收集并分析资料，从而发现问题。使用调查法分析问题时要注意由表及里，找出问题的根源。

③ 计算法。对于财务指标、质量指标等可量化指标，可以通过计算法做到心中有数。

④ 比较法。可采取实际指标与目标指标或预期指标比较、本期实际与上期（或上年同期、历史最好水平）实际指标对比、本期实际指标与国内外同类型企业的先进指标对比等形式，发现趋势与规律，查明原因，找出差距，提出进一步改进的措施。

⑤ 鼓励法。通过畅通的沟通渠道，鼓励人们及时向上级反映问题和真相。采取鼓励法注意不要让办实事、讲真话的人吃亏。

2．陈述问题

当发现问题时，要将这个问题清晰地陈述出来。只有把问题陈述清晰了，管理者才会知道到底发生了什么问题，然后才能寻找解决问题的方法。如果连问题本身是什么都不清晰，那么解决问题就会失去方向。

（1）准确陈述问题应具备的素质与能力。

① 沉着冷静的心理素质。当问题发生后，首先要做的是沉着冷静、遇事不慌。只有沉着冷静，才能有清晰的思维做出正确的判断与分析，才能给自己赢得思考的时间。否则，遇到问题就慌慌张张，六神无主，手足无措，会将原本简单的事情复杂化。

② 语言的概括表达能力。在陈述问题时，需要有一种抽象思维的能力，能从一种纷杂的现象中抓住事物本质。表达时能够条理清晰、用词准确、逻辑合理、内容完整。这就需要较强的语言概括表达能力，能够适情应景地传达信息。

（2）陈述问题的要求。

① 准确。所陈述的问题要能抓住问题的关键，明确问题所在。

② 清晰。表达的意思要清楚、完整，利于别人理解。

③ 具体。陈述的问题应具体、有内容，清楚列示问题涉及的各方面信息。

④ 简明扼要。在清晰、具体的基础上，要注意语言的简练。但简练不意味着不断删减，而是在把问题说清楚、说明白的基础上考虑简练。

（3）陈述问题的要素。一般来说，一个问题的陈述应包括以下几个方面。

① 人物。谁遇到了问题？
② 时间。这个问题发生在什么时候？
③ 地点。问题发生在什么地方？
④ 事件。到底遇到了什么事情？这是问题陈述最核心的部分。对事件把握得是否准确，会影响问题解决的方向和速度。
⑤ 程度。问题的严重情况和轻重缓急如何？有何发展变化的趋势？是往好的方向转变还是往坏的方向转变？
⑥ 问题解决后的状态。即解决问题要达到的最终目标。

9.2.3 分析问题

1. 分析问题的方法

问题陈述后，就需要对问题进行调查、了解和跟踪，只有查找问题产生的原因，才能有针对性地解决问题。查找原因方法很多，这里重点介绍头脑风暴法、鱼骨图和"5 Why"分析法。

（1）头脑风暴法。头脑风暴法又称脑力激荡法，是一种通过集思广益、发挥团体智慧，从各种不同角度找出问题所有原因或构成要素的会议方法。这种方法一般多于产生方案，也适用于问题原因的分析，但不用于进行决策。

在组织过程中，为了使大家能够畅所欲言，需要制定的规则有：第一，不要私下交谈，以免分散注意力。第二，不妨碍及评论他人发言，每人只谈自己的想法。第三，发表见解时要简单明了，一次发言只谈一种见解。主持人首先要向大家宣布这些规则，随后引导大家自由发言、自由想象、自由发挥，使彼此相互启发、相互补充，真正做到知无不言，言无不尽，畅所欲言，然后将会议发言内容进行整理。

（2）鱼骨图。鱼骨图又称因果分析法或特性因素图，是由日本管理大师石川馨先生所提出的，故又名石川图。鱼骨图法是发现问题根本原因、透过现象发现本质的分析方法。由于问题的特性总是受到一些因素的影响，通过头脑风暴法找出这些因素，并将它们与特性值一起，按相互关联性整理而成的层次分明、条理清楚的图形。通过图形的方式清晰地展现各种因素的相关性，这种方法有助于说明各个原因之间如何相互影响。它也能表现各个可能的原因是如何随时间而依次出现的，这有助于着手解决问题。

① 鱼骨图的基本结构。一般将标出重要因素的图形叫特性因素图，由于其形状如鱼骨，所以又叫鱼骨图。鱼骨图也用在生产中形象地表示生产车间的流程。鱼骨图基本结构如图 9-9 所示。

② 鱼骨图的类型。根据分析的内容不同，鱼骨图一般可分为三种类型：

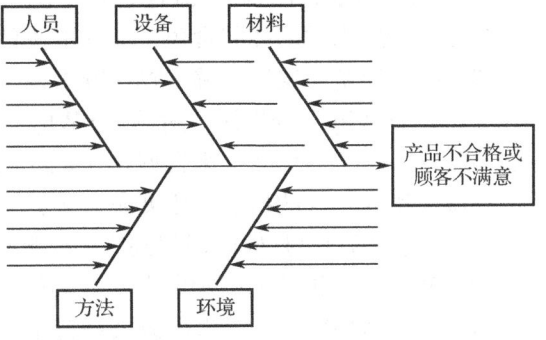

图 9-9　鱼骨图的基本结构

A. 整理问题型鱼骨图,其特点是各要素与特性值间不存在原因关系,而是结构构成关系,对问题进行结构化整理。

B. 原因型鱼骨图,其特点是鱼头在右,特性值通常以"为什么……"来写。

C. 对策型鱼骨图,其特点是鱼头在左,特性值通常以"如何提高或改善……"来写。

③ 操作步骤。制作鱼骨图包括两个环节的工作:分析问题原因及结构和绘制鱼骨图。

第一环节:分析问题原因及结构,共有如下四步。

第一步,针对问题点,选择层别方法(现场作业类的"人机环料法"层别;管理类问题的"人事时地物"层别)。

第二步,按头脑风暴法分别对各层别找出所有可能原因、要素。

第三步,将找出的各要素进行归类、整理,明确其从属关系,整理分析并因果关系。

第四步,分析选取主要因素。

第二环节:绘制鱼骨图。绘图分为如下四步。

第一步,填写鱼头(按为什么不好的方式描述),画出主骨。

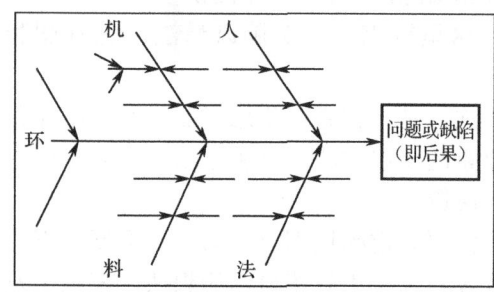

图 9-10 鱼骨图的形式

第二步,画出大骨,填写大要因(应视具体情况决定)。

第三步,画出中骨、小骨,填写中小要因(大要因必须用中性词描述——不说明好坏;中、小要因必须使用价值判断,如不良等)。

第四步,突出主要原因。

绘图时,应保证大骨与主骨成 60 度夹角,中骨与主骨平行,如图 9-10 所示。

④ 问题的主要影响因素分析。鱼骨图分析法将可能的原因区分为五大类别。

- 人(人员):参与流程的所有人员,包括顾客、雇员、经理、监管者和项目股东,他们的人力、思想和决策等。
- 机(机器):所有各种类型的装备和工具,如冲压机、计算机。
- 环(环境):处理工作的真实的物理和管理环境,以及市场大环境和自然环境。
- 料(物料、材料):所用的原材料,针对服务性行业,可能是某种信息或数据。
- 法(方法、法则):流程、程序、工作说明,操作手册,工作的方法等。

在分析原因时,如同食鱼,卡住喉咙的往往不是大的鱼骨,而是最小的一根刺。鱼骨图分析法便是要层层分解,找出喉中最小的刺,即可抓住解决问题的关键。

(3)"5 Why"分析法。所谓"5 Why"分析法,又称"5 问法",也就是对一个问题点连续以 5 个"为什么"来自问,以追究其根本原因。虽为 5 个为什么,但使用时不限定只做 5 次为什么的探讨,主要是必须找到根本原因为止,有时可能只要 3 次,有时也许要 10 次。通过"打破砂锅问到底"的重复追问,可以帮助更全面地思考问题的各个层面。"5 Why"分析法的关键所在:鼓励解决问题的人要努力避开主观或自负的假设和逻辑陷阱,从结果着手,沿着因果关系链条,顺藤摸瓜,直至找出原有问题的根本原因。

① 操作步骤。

步骤1：识别问题。在操作该方法的第一步中，开始了解一个可能大、模糊或复杂的问题。虽然掌握了一些信息，但一定没有掌握详细事实。问：我知道什么？

步骤2：澄清问题。方法中接下来的步骤是澄清问题。为得到更清楚的理解，问：实际发生了什么？应该发生什么？

步骤3：分解问题。在这一步，如果必要，需要向相关人员调查，将问题分解为小的、独立的元素。问：关于这个问题我还知道什么？还有其他子问题吗？

步骤4：查找原因要点。现在，焦点集中在查找问题原因的实际要点上。你需要追溯第一手的原因要点。问：我需要去哪里？我需要看什么？谁可能掌握有关问题的信息？

步骤5：把握问题的倾向。要把握问题的倾向，问：谁？哪个？什么时间？多少频次？多大量？

步骤6：识别并确认异常现象的直接原因。如果原因是可见的，验证它。如果原因是不可见的，考虑潜在原因并核实最可能的原因。依据事实确认直接原因。问：这个问题为什么发生？我能看见问题的直接原因吗？如果不能，我怀疑什么是潜在原因呢？我怎么核实最可能的潜在原因呢？我怎么确认直接原因？

步骤7：使用"5 Why"分析法来建立一个通向根本原因的原因、效果关系链。问：处理直接原因会防止再发生吗？如果不能，能发现下一级原因吗？如果不能，什么是下一级原因呢？怎么才能核实和确认下一级原因呢？处理这一级原因会防止再发生吗？如果不能，继续问"为什么"，直到找到根本原因。

步骤8：采取明确的措施来处理问题。

② 操作注意事项。进行问题分析，要注意区别"问题"和"问题点"的不同。问题是指现实与目标的差距，而问题点是指问题发生或问题明晰化后，能找出来、可以采取对策加以处理的原因。例如，问题是胡乱驾驶，还是交通事故？问题点又是什么？"Why"可以帮助找出问题点，帮助分析问题的"根"（真相），也可以帮助重新定义问题。

2．分析问题的步骤

第一步，用头脑风暴法列出造成问题的所有可能原因。

第二步，将所列出的所有原因进行分类，把结果制成鱼骨图。

第三步，利用"5 Why"分析法，以找出真正的问题点。

9.2.4 解决问题

管理者认识到问题的所在，并分析解决问题的相关条件后，就需要对问题的解决提出对策，制订实施计划，并将计划落到实处，以解决实现问题。

1．问题解决的优先级

问题有轻重缓急之分，在解决问题时要根据问题的优先级不同采取不同的对策。

（1）根据问题的紧急性和重要性决定优先级。

A．优先处理高重要性且高紧急性问题。

B．影响小且不紧急的问题最后处理。

C．能轻易解决的问题，最好尽快处理。

（2）不紧急但重要性高的问题，最容易忽略。

A．存在一拖再拖的危险。

B．由于被一些低重要性高紧急性的问题缠身，容易被忽略。

（3）防范潜在型问题，预防和应对并重。

A．评价问题重要性时，辨别问题的不良影响及今后扩大的可能性是最要紧的。

B．已经显现化的不良影响程度越大，则越紧急。

2．各类问题的解决思路

（1）单一状况问题与复杂状况问题的解决思路。

① 单一状况问题的解决思路。如果问题发生的状况十分单一，就可以直接进入问题确认的步骤去寻找原因及对策。

② 复杂状况问题的解决思路。由于大多数的问题均极为复杂，单凭个人的力量很难发现、评估、证实并解释所有的数据，因此必须运用团队的力量，将所有数据加以整合运用，来找寻真正的原因。

（2）恢复原状型问题、防范潜在型问题和追求理想型问题的解决思路。

① 恢复原状型问题的解决思路。这种问题的特点是恢复原来的状态被当作一种期望。遇到这类问题，要将原来的状况视为期待的状况，其思考方式是现在和过去状况之间的落差，要从落差中找出问题。处理该类问题的流程可以分为紧急处理、根本解决、防止复发。但紧急处理往往治标不治本，要根治问题，需要从事实出发（事实调查）分析原因。"分析"是指针对对象的状态和现象，追根问底筛选出问题的构成要素，从细节了解要素之间关系的过程，是将混沌的现实区分成有意义的群组后，阐明其相互关系的一种脑力作业。注意，如果此类问题频繁发生，则需要考虑如何能够防止问题复发。

② 防范潜在型问题的解决思路。应对此类问题的本质在于预防与应对并进。解决此类问题有两种途径，分别为"自下而上法"与"自上而下法"。两种方法都分为四步，且第三、第四步相同。

第一步：从现状中确定必须注意的特定因素（自下而上）/假设不希望发生的不良状态（自上而下）。

第二步：假设不希望发生的不良状态（自下而上）/确定引发不良状态的诱因（自上而下）。

第三步：拟定预防策略，排除可能的诱因。

第四步：预先拟定发生不良状态时的应对策略。

③ 追求理想型问题的解决思路。解决此类问题的困难在于，理想状况设定在哪个位置。换句话说，我们需要一个"标杆"，从而找出差异，消除差距。而价值观决定了理想的定位，当理想不明确时，需要以战略思考的角度去思考，去确定理想。当理想已经确定时，需要的则是规划性思考，明确行动计划。规划类思考可分为四步：

第一步，设定实现理想的期限。

第二步，列出实现理想的必要条件。

第三步，学习实现理想必备的技术或知识。

第四步，制订实现理想的实施计划（甘特图、关键路径法）。

在价值观明确的前提下才能分析出理想的具体形象。比如，在思考个人问题时，可以试着从健康、家庭、职业、经济、社会、精神、兴趣等各个层面，具体规划自己的理想。但是，即使在价值观维持不变的前提下，理想往往随环境和时代的变化而改变。另外，在追求理想的过程中，不要混淆了手段与目的。总体上，无论个人问题还是企业问题，追求理想型问题都可以以这样的逻辑去思考。

（3）发生型问题、探索型问题和设定型问题的解决思路。

① 发生型问题。发生型问题的解决思路是追究"为什么""为何变得如此"，找出问题点，消除造成现状的因素。

② 探索型问题。探索型问题的解决思路是探究"如何可以更好"，找出具有改善或加强的可能性之处。

③ 设定型问题。设定型问题的解决思路是思考"如何""如果……则如何"，找出改善方案、创意点子，创造达到目标的条件或避免可能面临的危险。

同步训练 9.2

1．训练形式：个人训练+集体讨论。

2．训练主题：绘制鱼骨图，即用鱼骨图分析以下问题出现的原因。

（1）员工流失严重。

（2）产品质量差。

3．训练要求：首先，个人按照鱼骨图绘制方法和步骤，分析上述问题出现的原因，并绘制鱼骨图；然后，小组成员各自展示与交流自己所绘制的鱼骨图，综合所有成员的分析，绘制小组的鱼骨图。

提升训练 9.2

训练形式：课后个人训练。

训练主题：解决草坪总被破坏的问题。

训练素材：扫描二维码并阅读素材。

训练要求：自行阅读材料，结合所学知识，对案例进行以下问题分析，并提交分析报告。

假如你就是王明科长，你准备怎样去说服你的领导，争取获得他对你的方案的认可与支持？请写出你的工作步骤并做具体说明。

知识拓展：美国电信公司的难题解决

知识拓展：如何解决管理中遇到的各种问题（精选）

参 考 文 献

[1] 王建民．管理学原理．北京：北京大学出版社，2006．
[2] 段从清．管理学．北京：人民出版社，2005．
[3] 周三多，陈传明，鲁明宏，等．管理学．4版．上海：复旦大学出版社，2003．
[4] 黄侍楚．管理学基础．北京：国防大学出版社，2005．
[5] 刘汴生．管理学．北京：科学出版社，2006．
[6] 徐国良，王进．企业管理案例精选精析．北京：经济管理出版社，2006．
[7] 李皖．现代企业管理．北京：人民交通出版社，2005．
[8] 邬适融．现代企业管理——理念、方法、技术．北京：清华大学出版社，2005．
[9] 里奇·格里芬．管理学．刘伟，译．北京：中国市场出版社，2006．
[10] 秦海金，等．管理学原理．北京：中国物资出版社，2004．
[11] 刘兴倍．管理学原理．北京：清华大学出版社，2004．
[12] 周志伟，孙玮林．管理学．杭州：浙江大学出版社，2004．
[13] 韩晓虎，等．新编管理概论．北京：清华大学出版社，2005．
[14] 杨凤敏．管理学基础与应用．北京：中国农业出版社，2005．
[15] 陈传明，等．管理学原理——原理与方法．4版．上海：复旦大学出版社，2004．
[16] 陈世艳，徐银富．管理学实训教程．广州：暨南大学出版社，2006．
[17] 董卫民，王永芳，李健，等．管理学．北京：中国市场出版社，2006．
[18] 曹秀娟，刘卫东．管理学基础．青岛：中国海洋大学出版社，2011．
[19] 曾宪达，毛园芳．新编管理学基础实训教程．杭州：浙江大学出版社，2009．
[20] 谢敏．管理能力训练手册．杭州：浙江大学出版社，2009．
[21] 张小红．管理学基础．北京：经济科学出版社，2009．
[22] 黄海力，曹继霞，杨欣．管理学．北京：经济科学出版社，2010．
[23] 王龙．管理学基础．北京：机械工业出版社，2011．
[24] 吴志清．管理学基础．北京：机械工业出版社，2010．
[25] 蒋永忠，张颖．管理学基础．北京：清华大学出版社，2007．
[26] 斯蒂芬·P. 罗宾斯．管理学．13版．北京：中国人民大学出版社，2017．
[27]《管理学》编写组．管理学．北京：高等教育出版社，2019．